人文社科
高校学术研究论著丛刊

新时代背景下的大学英语教学改革与创新思维

陈 霞　王晓彦　王晓霞　著

中国书籍出版社
China Book Press

图书在版编目(CIP)数据

新时代背景下的大学英语教学改革与创新思维 / 陈霞, 王晓彦, 王晓霞著. -- 北京: 中国书籍出版社, 2021.7

ISBN 978-7-5068-8614-7

Ⅰ. ①新… Ⅱ. ①陈… ②王… ③王… Ⅲ. ①英语 - 教学改革 - 研究 - 高等学校 Ⅳ. ① H319.1

中国版本图书馆 CIP 数据核字（2021）第 157580 号

新时代背景下的大学英语教学改革与创新思维

陈　霞　王晓彦　王晓霞　著

丛书策划	谭　鹏　武　斌
责任编辑	毕　磊
责任印制	孙马飞　马　芝
封面设计	东方美迪
出版发行	中国书籍出版社
地　　址	北京市丰台区三路居路 97 号（邮编：100073）
电　　话	（010）52257143（总编室）　　（010）52257140（发行部）
电子邮箱	eo@chinabp.com.cn
经　　销	全国新华书店
印　　厂	三河市德贤弘印务有限公司
开　　本	787 毫米 ×1092 毫米　1/16
字　　数	328 千字
印　　张	13.5
版　　次	2023 年 1 月第 1 版
印　　次	2023 年 1 月第 1 次印刷
书　　号	ISBN 978-7-5068-8614-7
定　　价	76.00 元

版权所有　翻印必究

目 录

第一章 大学英语教学简述 ... 1
- 第一节 大学英语教学的内涵 ... 1
- 第二节 大学英语教学的目标与原则 ... 3
- 第三节 大学英语教学的理论依据 ... 8

第二章 大学英语教学改革综述 ... 23
- 第一节 大学英语教学改革的历程回顾 ... 23
- 第二节 大学英语教学改革的必要性 ... 24
- 第三节 大学英语教学改革的目的与理念 ... 27

第三章 大学英语教学模式与学习方式改革 ... 32
- 第一节 大学英语教学模式改革 ... 32
- 第二节 大学英语学习方式改革 ... 40

第四章 大学英语基础知识教学改革 ... 50
- 第一节 大学英语词汇教学改革 ... 50
- 第二节 大学英语语法教学改革 ... 58

第五章 大学英语基本技能教学改革 ... 64
- 第一节 大学英语听说教学改革 ... 64
- 第二节 大学英语读写教学改革 ... 74
- 第三节 大学英语翻译教学改革 ... 87

第六章 大学英语教材的编写与设计改革 ... 91
- 第一节 大学英语教材简述 ... 91
- 第二节 大学英语教材编写的过程 ... 99
- 第三节 大学英语教材的多维度开发 ... 102

第七章 大学英语教师的素质与能力改革 ... 107
- 第一节 大学英语教学中教师的角色定位 ... 107
- 第二节 大学英语教学中教师素质的新要求 ... 109
- 第三节 大学英语教师的专业能力发展 ... 111

第八章　大学英语教学评价改革 …… 116
第一节　大学英语教学评价简述 …… 116
第二节　大学英语教学评价的原则 …… 127
第三节　大学英语信息化教学评价的发展 …… 130

第九章　网络视角下的大学英语教学创新思维 …… 142
第一节　大学英语网络教学简述 …… 142
第二节　大学英语网络教学实施的意义 …… 147
第三节　大学英语网络教学的具体模式 …… 150

第十章　文化视角下的大学英语教学创新思维 …… 166
第一节　大学英语文化教学简述 …… 166
第二节　大学英语文化教学实施的意义 …… 175
第三节　大学英语文化教学的具体策略 …… 177

第十一章　生态视角下的大学英语教学创新思维 …… 181
第一节　大学英语生态教学简述 …… 181
第二节　大学英语生态教学实施的意义 …… 187
第三节　大学英语生态教学的优化与重构 …… 188

第十二章　ESP视角下的大学英语教学创新思维 …… 196
第一节　大学英语ESP教学简述 …… 196
第二节　大学英语ESP教学实施的意义 …… 204
第三节　大学英语ESP教学的创新路径 …… 206

参考文献 …… 209

第一章　大学英语教学简述

在大学英语教学中,教师是重要的组成因素,起着重要的引导作用。并且随着人们对高校英语教学越来越重视,对高校英语教学的要求也越来越高。当前的高校英语教学不仅在于传播英语知识,还承担着培养英语实用型人才的责任。教师素质高低,对学生英语学习的积极性有着直接的关系。但当前,很多学校的师资力量紧张,并且师资水平也存在差异,导致大学英语教学存在明显的师资问题。

第一节　大学英语教学的内涵

"教学"这一概念的产生,与它所指称的对象——教学这一人类实践活动是密切相关的。教学这一活动在原始社会即已产生。在原始社会生活和生产劳动中,为了使人类社会得以延续和发展,人们之间必须传授和学习一定的生活经验,包括生产劳动经验和社会风俗习惯,亦即最初的知识和思想。可以肯定,教学在原始社会就已经有了。但同样可以肯定,这时的教学跟生活本身基本上是同一回事,教学与生活间的界限模糊,教学即生活,生活即教学。这与当今一些教育家认识到教育、教学要"回归"生活十分相似。如杜威提出"教育即生活""学校科目相互联系的中心,不是科学,不是文学,不是历史,不是地理,而是儿童本身的社会活动";赞科夫探讨"教学论与生活"的关系等,这不是一种简单的相似,而是反映了人类历史发展和认识发展的螺旋式上升。[1]

相应地,人们提出"教学"这一概念也有一个过程。"教学"二字,在我国古代很早就出现了。早在商朝,甲骨文中已经出现了"教"字,如"丁酉卜,其呼以多方小子小臣其教戒"。甲骨文中也已有了"学"字,如"壬子卜,弗酒小求,学",就是迄今发现的"教""学"二字的最早书写形式。但"教学"二字连为一词,则最早见于《尚书·商书·说命》:"学教半"。《学记》引用它作为"教学相长"思想的经典根据,特别用来说明"教然后知困""知困然后能自强也"。[2] 宋人蔡沈注:"教,教也。……始之自学,学也;终之,教人,亦学也。"意思是说,一开始自己学,这当然是学;而学了以后去教别人,这也是学。这与夸美纽斯认为"教导别人就是教导了自己"以及布鲁纳所说"教,是最好不过的学习方式",其见解和论断都是差不多的。但这些说法都还不是"教学"这个词通常的含义,只指"教"的一方面的活动,还未包括

---

[1] 裴娣娜. 现代教学论基础 [M]. 北京:人民教育出版社,2015.
[2] 吴艳. 大学课堂教学危机研究 [M]. 北京:北京大学出版社,2014.

教师的教和学生的学的双边活动，实际上即使在今天，在我们日常通俗说法中，"教学"也通常就是指"教师的教"，如我们通常说某某教师的教学质量高即是如此。①

无论中外，"教"的基本含义是传授，"学"的基本含义是仿效。"教学"的基本含义是传授和学习。我国明末清初时的王夫之曾经作了一个简要的解释。他说："推学者之见而广之，以引之于远大之域者，教者之事也。引教者之意而思之以反求于致此之由者，学者之事也。"意思是说，教的工作就是不断增长学生的见识，学习就是认真思考教师教导的意思。②

当代教育学界的专家、学者，在各自的教学论思想指导下，对"教学"提出了许多不同的看法，可以毫不夸张地说，有多少本教学论著作，就会有多少种"教学"的定义。这种现象看似不可理解，对同一事物为什么可以有如此殊异的看法或解读？这或许说明"教学"这一事物本身是十分复杂的，很难一下子就把握住本质的东西；或许也意味着不同的人对同一事物可以带着不同的体验、从不同角度加以理解。③

高校英语教学是我国的高等教育的一门重要课程，而这门课程的内容与社会需要、国家需要、学生需要有着紧密的关系。对于高校英语教学的内涵，可以从多个层面来理解与把握。

英语教学是以有目的、有计划的组织形式进行知识经验的传授，这有助于教学活动保证良好的节奏与秩序，从而提升教学的效果。各项规章制度对教学行为进行规范，使教学活动更具有整齐性与系统性，避免随意与凌乱，最终使教学变成一个专业性极强的特殊活动。

英语教学研究者考虑知识的构成规律，经过科学的选择，将内容按照逻辑循序编纂成教材，英语教师根据这样的教材进行教学，有助于学生认识世界，这要比学生自己选择知识更具有优越性。

英语教学是教师在精心安排与引导的过程中进行的，其可以避免学生自身学习的困难，帮助他们解决具体的问题。同时，英语教师会选择最优的方式展开教学，这保证了学生学习的每一步都能顺利开展。

英语教学不仅仅是为了传授知识，其要完成全方位的任务，既包含知识的获得、能力的提升，又包括个性特长的发展、品德的完善，这种全方位的发展只有通过英语教学才可以实现。

综上所述，可以将英语教学概括为：教师依据一定的英语教学目的与教学目标，在有计划的系统性的过程中，借助一定的方法和技术，以传授和掌握英语知识为基础，促进大学生整体素质发展的教与学相统一的教育活动。

---

① 裴娣娜.现代教学论基础[M].北京：人民教育出版社，2015.
② 杨小微.现代教学论[M].太原：山西教育出版社，2010.
③ 同上.

第二节　大学英语教学的目标与原则

一、大学英语教学的目标

教学目标是英语教学设计的前提，目标具有引导教学活动的功能。教学目标不同于教学目的，前者强调教育结果的可观察性和可测量性，而后者则过于宽泛和笼统，不易把握。教学目标是一个系统，它服务于教学目的。我们可以通过以下的体系通过逐层分项具体描述来确定英语课堂教学目标。

（一）英语课程与教学研究课程的设置目标

英语课程与教学研究课程目标的设置决定着教学的内容，也决定着教学实施的过程。同时，内容与目标是相辅相成的，二者在一定条件下互为因果，有着很高的依存度。英语课程与教学研究课程设置的目标是多维的、多水平的。就课程的要素而言，课程的目标包含师生教育，教学和学习的动机，课程行为、课程手段和课程结果等。因此，英语课程与教学课程所设置的目标就必然具备三大主要功能。

（1）激发功能，即激发和维持动机的功能。
（2）导向功能，即组织和协调师生行为的功能。
（3）标准功能，即检验和评价实际结果的功能。

英语课程与教学研究课程目标的设置首先是激发学生的学习动机，保持学习的兴趣。动机和兴趣既是课程教学和学习的动因，又是维持学习过程的动力。教师应从学生课程学习的意义和作用着手，激发学习兴趣，培养课程学习热情和心向。其次，英语课程与教学课程目标的导向功能是指在课程教学过程中规定、组织和协调师生的行为。最后，英语课程与教学研究课程具有标准功能，即课程目标是对课程检查、评估产生的标准作用。也就是说，课程设置的目标是课程评价的标准。课程目标体系是对学生学业成就进行评价和测量的基本标准体系；课程设置的目标是对课程产品进行检查和评估的基本体系。

（二）英语课程与教学研究课程设置目标的缘由

英语课程与教学研究课程设置有明确的目标来源。我们所设置的目标主要源于三个方面。

1. 来自英语教师的实践研究

英语课程与教学研究课程教学的对象是英语教师，他们有着英语教学的经历和背景，有着丰富的一线英语教学经验。首先，他们的教学和教学研究经验是该课程教学与研究的基础，他们的教学理念和教学智慧是该课程教学与研究的立足点。其次，研究英语教师的成长有利于了解英语教师职业发展的基本规律。再次，对该课程教学而言，理论学习过程也是英语教学实践反思和教育智慧提炼的过程,即英语教师积极参与和主动探究的过程。离开了他们的参与和探究,理论学习便成为空洞的说教。他们的参与将使课堂教学变得更加丰富多彩。教师作为学员,他们既是该课程教学的对象,也是该课程研究的伙伴。也正是这样,他们的实践成为教学目标的来源。

2. 来自课程专家的目标设置理论和建议

任何课程目标的设置和实施与科目专家理论上的建议是不可分离的。由于科目专家最了解自己的领域,因而他们能够根据这门学科的内容和训练方法等,指出该学科能对学生有哪些贡献。我们从理论文献和专家的直接建议中得到许多启示。这些建议的目标不仅涉及该课程的基本知识结构,涉及学生必须掌握的基本技能和习惯,涉及学科的基本思想和理论体系,也涉及基本思维方式和研究理念。该学科科目专家所建议的目标的重要性是显而易见的。因此,科目专家的建议成为课程目标的来源便不难理解。

3. 来自对英语课程与教学知识结构的系统研究

英语课程与教学研究课程的教学目标在一定程度上源自其知识结构的系统研究。知识演进和研究是永无止境的,研究和探究是知识生成的基本途径,也是知识生成的基本属性。随着英语教师教育研究和英语学科研究的不断深入以及英语学教师教育课程的不断完善,英语课程与教学研究逐步趋向合理,其知识结构更加系统,学科和课程内容更加丰富。这使学科学习的系统性更强,目的性更明确。因此,英语课程与教学研究课程本身知识结构的系统研究为其目标产生的来源和根据便不证自明。

(三)英语课程与学科教学研究的三个层次目标

1. 知识目标

英语课程与教学研究设置的知识目标可以分为三个方面。英语课程和教学在很大程度上是知识系统的存在。离开了知识,英语课程与教学的存在和发展是不可能的;离开了课程和教学知识,英语课程与学科研究同样是不可能的。首先,研修英语课程与学科的教育硕士或在职英语教师必须具备一定的课程与学科知识才能反思自身的教学实践。只有通过理论知识的学习,才能不断积累和培养教学反思的经验和能力;其次,英语教师都具备一定的教学经验和教学能力,实践证明,教学或教育理论知识的贫乏是限制教师职业发展的瓶颈。因此,夯实他们的理论知识基础对于英语教师的自身发展是十分必要的;最后,英语教师教学研究水平的高低直接与其教学理论知识和语言学理论知识的基础有关。

就知识本身性质而言,如荀子曰:"凡以知,人之性也。可以知,物之理也"。胡军认为,知其然不是知识,知其所以然才能构成知识。由此可知,知识不是感性直观的本身,而是抽象和理性。知识是人的产物,反过来知识又塑造人,诱发人的更多需求。从这一角度来看,知识是构成学科的基础,也是学习的条件。于是,知识作为英语课程与教学研究的目标便自然而然。其基本目标和要求如下。

(1)研究英语主要教学流派的基本学术主张和思想内涵,历史渊源、教学流派产生的条件和环境,并从中探索英语教学发展的基本趋向。

（2）研究英语教材的基本性、基础性和系统性的意义，提高教学设计水平。

（3）理解英语教学模式的理论和实践基础以及模式运作的基本属性。

（4）了解基础知识、基本技能和多媒体在英语教学中的作用；把握英语基本知识和技能教学的基本规律以及多媒体应用的操作程序。

（5）研究英语新课程标准的精神实质，把握英语教学的政策取向。

（6）夯实理论知识基础；研究教学案例，使英语教学研究与提高教学效率相得益彰。

2. 教学技能和能力目标

对教师而言，教学既是一种知识体系，又是一种技能体系，英语教学也是一样。它作为技能体系，既有动作技能的一面，也有心智技能的一面。现代教学观认为，教学是科学，是技术，又是艺术。教学作为科学是有规律可循的，作为技术是可以通过职业培训掌握的。教学的科学性、技术性是教学艺术获得的基础，教学艺术则是教学技术发展的最高层次。教学具有三重性，即科学性、技术性和艺术性，教学技能同样具有三重性，它们三位一体，相互依存，相互促进。

英语教学技能是指教师在教学活动中特别有效的促进学生英语学习的活动方式。它是英语教师运用专业知识、教学理论，依据学习原理和原则进行教学设计、使用教学媒体、编制教学软件、进行教学研究、组织课内外教学活动，有效促进学生顺利完成学习任务的活动方式。英语教学技能有时表现为一种操作活动方式，有时表现为一种心智活动方式。从英语教学技能的概念和定义中我们提出了英语教学技能研究的要求和目标。

（1）理解英语教学技能形成和发展的动因、过程和可能的结果。

（2）了解英语教学技能生成的理论和实践根据，熟练掌握常用的英语教学技能。

（3）研究不同时空、不同教学对象、不同教学载体的情况下，英语教学技能的灵活性和有效性。

（4）研究英语教学技能的类别和范畴以及教学技能与教学各要素之间的相关性。

3. 英语教师教学智慧目标

实践中，教师基于自身的文化积淀、生活阅历和智商水平等，在特定的教育情境中形成的具有高度概括性的综合能力。它主要表现为教师拥有的知识体系、品德态度，对学生的爱心，对教育和教学活动总体的调控能力和高超的教育和教学技巧。教师的智慧包括教学机智、知识基础、教学态度、责任心和关爱等因素。英语教师教学智慧是指教师智慧在课堂中的表现。英语教师教学智慧主要体现在三个方面：首先，教学智慧在于引发和开启学生的智慧；其次，教学智慧表现在对课堂突发问题的反应程度；最后，教师教学智慧表现在课堂的组织和管理中。

英语教师智慧表现的另一个维度是指教师"学"的智慧。

英语教师在教学过程中不断学习，不断进步，逐渐形成自己"学"的智慧。教然后知困，学然后知不足。学是教师智慧的主要来源，也是教师智慧生成和提炼的主要途径。

（1）理解英语教材的本质属性和理论基础。学会把握教材的重点和难点，灵活取舍教材，使教材的使用与学生的实际和教师本人的教学水平或风格有机结合在一起。

（2）重视理论和实践知识的积累。知识是英语教师教学智慧养成的基础。对于英语教师而言，除了需要掌握学科专业知识之外，还要掌握相关学科的知识。不断地思考英语教学中出现的问题，提高问题的意识水平，挖掘英语教学的意义。

（3）挖掘课堂生活中的教师教育素材。英语教学智慧常常来自对课堂和生活的深刻理解，热爱生活，热爱课堂，热爱学生，热爱教学和教育是英语教师教学智慧的源泉。

（4）学会使用教学案例的智慧。案例是教师在英语课堂教学中遇到的问题或例子，也是英语教学经验的总结。分享教学案例、分析教学案例、使用优秀教学案例对于英语教师教学智慧的提炼无疑十分重要。

二、大学英语教学的基本原则

高校英语教学原则是从高校英语教学的任务与目的出发，基于教学理论的指导，经过长期实践总结出来的教学经验。这些教学原则是教师对教材进行处理、选用科学的教学方法、提升自身教学质量的指南针。

（一）互动性原则

根据生态的基本观点，任何事物都处于一定的关系中，学校是教育生态系统的子系统，在学校这个子系统中，教师与学生作为其中的两个因子相互作用与交往。教师与学生之间是一种以学生最终的发展为目的而联系在一起的共生关系。教学过程中信息的传递是相互的、双向的。如果教师与学生之间的互动保持相对平衡性、有序性，他们才能有效发挥各自的作用，进而实现和谐统一的发展。如果教师和学生之间的互动被打破，那么教育要素之间的平衡也会被打破，这不仅会损害师生自身的发展，也会损害整个学校甚至整个教育的发展。师生之间的交流与沟通是一种连续不中断的过程，在不断地动态变化发展中寻找平衡点。教师不断提高自身的教学水平与理论水平，从而应用到实践教学中，促进学生的可持续发展。学生获得的成绩也体现了教师的价值，并且是对教师的一个鼓励。因此，在高校英语教学中，师生之间是一种相互依存、共同发展的关系。

（二）系统性原则

英语教学的设计是一项系统工程，系统中的各要素相当于子系统，既相对独立，又相互依存、相互制约，组成一个有机的整体。教学设计各子系统的排列具有程序性的特点，即各子系统有序地成等级结构排列，而且前一子系统制约、影响着后一子系统，而后一子系统依存并制约着前一子系统。一个规范的教学一般由教材分析、学情分析开始，根据分析结果，确定教学目标。①

从形式上看，教材分析、学情分析和教学目标是相对独立的，但又是相互依存的。学情制约着教学目标，教学目标的制订建立在学情分析的基础上，彼此之间存在着内在的逻辑

---

① 陈冬花，冯建瑞，冯瑞娜，赵文霞，杜姣，康允，张兴锋.小学英语教学设计[M].北京：高等教育出版社，2015.

关系,它们之间的逻辑性是保证前后各要素相互衔接的前提。在这种逻辑的基础上,一旦教学目标明确了,教学重点、教学难点就能够确定了。

重点、难点是教师选择教学方法的重要指标和依据,它在一定程度上决定了教师选择什么样的方法突出重点、突破难点,以实现教学目标。所以,教学设计的程序是无法随意改变的,教学设计中教师应遵循其程序的规定性及联系性,确保教学设计的系统性和科学性。

（三）开放性原则

高校英语教学的一个重要特征就在于开放性,其体现为如下两个层面。

第一,教学资源的开放性。高校英语教学资源不仅来自于教材,还源于大学生的课外生活。当然,教学资源都是经过筛选的,选择的依据就是师生之间的知识交流、情感传递。换句话说,教学主体在日常生活生活中进行生活体验,并不断总结经验教训,然后积极构建出相关的知识,真正实现课堂教学的知识在生活中的运用。

第二,教学主体的开放性。在高校英语教学中,教师与学生不断地重复信息传递与信息接收的过程,进行着持续的互动交流,教师与学生有着巨大的差异性,主要体现在生活阅历、知识水平、情感态度等层面。教师会无意识地将自己的知识水平、生活阅历、情感态度等带入实际教学活动中,同时学生根据自身发展特点有选择性地吸收。因此,伴随着课堂教学活动的是教师与学生之间的信息流动。

（四）文化导入原则

我国的英语教学将培养学生的英语交际能力作为教学的重点。而成功的交际既需要语言知识,又离不开文化知识。语言是文化的载体,语言离不开文化,语言也不能脱离社会而存在,它是每个民族文化、风俗习惯的一面镜子,也是文化的表现形式。因此,文化导入也是英语教学的一个重要原则,在进行英语教学时要重视英语国家的民族文化和社会习俗,帮助学生了解中西文化差异,扩展视野。在英语教学活动中,我们可以从以下几个方面来进行文化教学。

（1）利用教材渗透多元文化,注意捕捉教材中的文化信息。在教材的处理上,教师可以结合课本内容,不断拓展,引出相关的文化信息,提高学生的英语文化知识水平。

（2）运用真实的情景讲授文化知识。教师要在课堂上深入浅出地引导和讲授文化知识,创造浓厚的语言文化学习氛围。同时,所讲授的文化项目应该与日常交际密切相关,以提高学生的实际应用能力为方向。

（3）认真分析中西文化的差异。教师在日常教学过程中,应加强中西文化的对比,让学生充分了解不同文化之间的差异,促使学生以博大的胸怀接纳不同文化带来的冲击,以减少跨文化交际中不同文化差异所带来的误解。

（4）充分利用多媒体与网络进行教学。大部分电影和录像片的内容本身就是一种文化某个侧面的缩影。教师可以充分利用网络和多媒体资源,让学生多看或多听一些与英语国家有关的文字或影像资料,这也是一种学习外国文化知识的重要方法。这些录像、电影等都能真实地记录和反映该国家的历史地理、风土人情、生活习俗等文化信息。

第三节 大学英语教学的理论依据

高校英语教学实践的开展必然建立在一定的理论基础上。只有以合理的、科学的理论作为指导,高校英语教学实践才能顺利开展,才能真正的有理可循。具体来说,高校英语教学需要以语言本质理论、语言学习理论等理论作为指导,本节就对这些理论展开分析。[①]

一、语言学基础

（一）行为主义语言学

按照行为主义的观点,语言从本质上看是一个由习惯构成的系统,语言学习和其他类型的学习一样是一个习惯形成的过程。行为主义者认为包括语言在内的人类行为可以用刺激—反应论来解释。根据这一观点,在语言学习过程中,学习者会对环境刺激:

stimulus,这里指语言输入,如 How are you? "你好吗？"

做出反应:

response,如 Fine, thank you, And you? "很好,谢谢。你呢？"

一旦达到了预期的效果（例如,完成了"打招呼"这一目的）,这一反应便会得到强化,当强化的次数足够多时,习惯便会形成。一旦反应没有达到预期效果,则可能会出现交际失败的情况。这时,学习者会重新做出反应,直至成功。行为主义心理学认为,获取新语言知识的过程也就是新习惯的形成过程,因此行为主义者提倡在教学中进行大量的句型操练,以帮助学习者形成合适的习惯。[②]

（二）社会语言学

社会语言学主要研究社会的方方面面对语言使用造成的影响。它与语言的社会学不同,后者主要关注语言对社会造成的影响。社会语言学与语言人类学密切相关,与语用学研究多有重叠之处,其研究话题中与二语习得密切相关的一个概念是交际能力。社会语言学重视对语言社区的研究。语言社区指以独有的、彼此相互接受的方式来使用语言的特定人群。要想成为某一语言社区中的一员,人们必须具有相应的交际能力。

这一能力不仅包括语音、词汇、语法以及其他语言结构知识,还涉及说话者使用和解读语言形式时所需要的社会和文化知识。

交际能力是海姆斯于1972年提出的,他将乔姆斯基提出的语言能力进一步拓展,认为在习得母语时,儿童不仅要习得语法能力,而且要习得其他能力以决定什么时候说话,什么

[①] 邹倩,张鲲,席玉虎,张璐璐.基础英语教学研究[M].北京:中国原子能出版社,2017.
[②] 吴得禄.英汉语言对比及翻译研究[M].成都:电子科技大学出版社,2016.

时候不说话以及与何人,在何时、何地,以何种方式交谈什么。海姆斯将这种根据既定的社会场合选择使用适当的语法知识的能力称作社会语言能力,其交际能力模型包括知识和使用能力,其中知识包括语法能力和社会语言能力。①

(三)认知语言学

在很大程度上,认知语言学的兴起是源自对形式语言学,尤其是生成语言学的局限性的不满。生成语言学的主要任务之一是推断人类语言所共有的原则和参数。然而,事实证明,探索这种原则非常困难,现有发现只不过是少数几句非常有限的关于语言特征的陈述。②根据《牛津认知语言学手册》,认知语言学研究的是语言的认知功能,这里,"认知"是指在我们与世界接触中,处于中介地位的信息结构所起到的关键性作用。从认知角度而言,认知语言学和认知心理学具有相似之处,均假设我们与世界的交往是在大脑中的信息结构的调解下进行的。不同之处在于,认知语言学比认知心理学更为具体,其研究的焦点是自然语言是如何作为一项工具来组织、加工和传递信息的。因此,语言被视为世界知识的存储器,它将各种具有意义的范畴按照一定的结构存储在一起,可以帮助我们处理新的体验,并存储关于以往体验的信息。

认知语言学否认语言习得机制的存在,认为理解和产出语言所应用的认知能力与执行其他任务时应用的认知能力没有本质上的区别,这些能力包括比较分类、模型探索和混合等。语言知识和学习是以使用为基础的。人们从每天接触到的语言输入中做出关于形式和意义的关系、典型模式和认知图示的判断,并不断地对心理词汇做出调整。在理解交际者的交际意图时,除了关注他们所说出的词语外,人们还需要借助关于所谈论话题的一般性知识以及对交际者所要表达的意义的期待。换句话说,人们听到或阅读到的词语所起的作用仅仅是诱发一系列的认知过程,在这些认知过程中,人们需要借助百科知识来填补剩余缺失的信息。③

(四)生成语言学

随着乔姆斯基 1959 年在 *Language* 杂志上发表对斯金纳的《语言行为》一书的评论,行为主义心理学受到了严峻的挑战,人们对语言习得的研究重心从外部影响开始转向学习者的内部因素。语言系统如此复杂,儿童却能够在认知能力尚不健全的情况下轻而易举地获得母语能力。人们开始尝试探索这一关于语言学习的逻辑问题。显而易见,行为主义心理学的机械模仿论无法提供关于这一问题的合理解释。④

事实上,儿童在学说话时并非一直在模仿成年人。儿童的语言知识和语言能力在很大程度上超越了他们从所获取的语言输入中能够学习到的知识和能力,解释这一现象的一个

---

① 张允.外语教与学的理念和方法[M].天津:南开大学出版社,2015.
② 同上.
③ 黄燕鹍"互联网+"背景下大学英语教学体系的反思与重建[M].成都:电子科技大学出版社,2018.
④ 张允.外语教与学的理念和方法[M].天津:南开大学出版社,2015.

较为充分的理由是儿童在习得母语时能够从所听到的有限的句子中提取出抽象的语言规则。毋庸置疑的是,这些语言规则远远超出了儿童的认知能力。那么,这些规则是如何习得的呢?回答这一问题,需要借助乔姆斯基的语言能力内在论。

乔姆斯基认为,语言能力是与生俱来的,儿童一生下来便具有人类语言所共有的知识,即普遍语法,这部分知识存储在人脑的一个组成部分——语言功能中。对于乔姆斯基来说,儿童之所以能够习得语言,关键在于其内在能力。即便如此,乔姆斯基并没有完全否认语言输入在母语习得中的作用,因为根据他的理论,儿童固有的语言知识需要借助语言输入才能够被激活。也就是说,虽然语言能力是天赋的,但是离开早期的语言输入,儿童不可能习得语言,狼孩的故事便是佐证之一。[1]

随着语言学研究重心转向语言的内在规则,二语习得研究从语言教学转向对语言学习过程的研究,开始关注学习者在语言建构中的创造能力。学习者不再被认为是语言刺激的被动接受者,而是在语言学习过程中主动的和具有创造性的参与者。于是,研究视角从对比分析转向错误分析、语际语研究监察模式等领域。[2]

(五)功能语言学

从功能角度对语言做出的研究可以追溯到20世纪初期的东欧的布拉格学派。功能语言学与结构主义语言学和生成语言学不同,他们强调话语的信息内容,将语言视为交际系统而不是语法体系。从功能角度对二语习得做出的研究认为,研究的焦点应该是在真实情景中的语言使用,而不是学习者内在的语言知识;语言的目的是用于交际,因此语言知识的发展离不开交际使用;他们关注的范围不再是句子,而是话语结构和语言是如何在交际中使用的以及交际中除了语言之外的其他方方面面的因素。[3]

功能语言学派中影响最大的是20世纪50年代末韩礼德开创的系统功能语言学。韩礼德认为:"学习母语就是学习语言的使用和与语言相关的意义,或者说是意义潜势。结构、语词和声音是意义潜势的实现形式,学习语言就是学习如何表达意义。"韩礼德认为,儿童在习得母语时普遍掌握了以下七个语言功能。[4]

(1)工具功能,即语言可以被用来做事情的功能。

(2)调节功能,即语言可以被用来调节他人的行为的功能。

(3)交往功能,即语言可以被用来和其他人交流的功能。

(4)自我表现功能,即语言可以被用来表达自我的功能。

(5)启发功能,即语言可以被用来探索周围世界的功能。

(6)想象功能,即语言可以被用来创造想象中的世界的功能。

(7)展示功能,即语言可以被用来表达命题、交流见闻的功能。

韩礼德认为儿童在语言习得过程中所习得的语言结构是围绕这七个功能展开的,因此

---

[1] 邹倩,张鲲,席玉虎,张璐璐.基础英语教学研究[M].北京:中国原子能出版社,2017.
[2] 张允.外语教与学的理念和方法[M].天津:南开大学出版社,2015.
[3] 同上.
[4] 邹倩,张鲲,席玉虎,张璐璐.基础英语教学研究[M].北京:中国原子能出版社,2017.

语言的发展与儿童的社会需求和个人需求密切相关。[①]

韩礼德对外语教学的影响巨大,比如在其语言功能和语言选择等理论的影响下产生了交际教学法,在其语言变体理论的影响下产生了特殊用途英语教学方法,在其情景语境和文化语境理论的影响下产生了以文化为基础的外语教学法,在其语境与意义之间的关系的理论下发展了体裁理论,并产生了以体裁为基础的教学方法,在其功能理论的影响下产生了新的课程设置理论。

功能语言学派中另一个较有影响的研究视角是功能类型学。功能类型学主要研究目的是通过对比分析世界语言来描述不同语言之间的相似性和差异性,以确定哪些语言结构和范式出现的频率高,哪些语言结构和范式出现的频率低。功能语言学研究中的一个关键概念是标记性。一般认为,如果一个语言特征与其他同类特征相比更为常见,其结构或概念更为简单,那么这一特征则不具有标记性或者标记性较弱。[②]比方说,两个人在街上见了面,寒暄之后,其中一个说:

"A nice today, isn't it? (天气不错,不是吗?)"

如果另一个人回答说:

"Yes, it is. (是的。)"

这一回答较为常见,一般认为不具有标记性。但是,如果后者说:

"A nice day? I don't think so. Look, it's cloudy, and… (天气不错?我不觉得。看,阴天……)

这一连串的话语在这样一个交际场合并不常见,属于标记性用法。[③]功能类型学在一定程度上可以用于解释二语习得过程中出现的一些现象。比如,为什么某一语言特征与其他语言特征相比习得起来更加困难?根据相关研究,二语中的非标记性用法更容易习得,会更早在学习者的二语输出中出现,而标记性用法不仅会给二语习得带来更多的困难,而且在学习者的二语输出中出现的时间也相对较晚。因此,在外语教学中,标记性用法应当受到教师和学习者更多的关注。

二、语言交际理论

高校英语教学的目的在于指导教师如何教授学生学好英语,其主要内容就是语言,因此必然会涉及人们如何认识语言的本质、如何认识语言活动。当前,很多学者从多个角度对语言本质理论展开研究,下面就一些学者的观点进行分析。

(一)言语交际

语言是人们进行交际的重要因素之一。语言跨越了人们的心理、社会等层面,与之相关的领域也很多。对语言进行研究不仅是语言学的任务,也是心理学、社会学等学科的任务和

---

① 邹倩,张鲲,席玉虎,张璐璐.基础英语教学研究[M].北京:中国原子能出版社,2017.
② 张允.外语教与学的理念和方法[M].天津:南开大学出版社,2015.
③ 薛国民,周阳.校园交际英语[M].苏州:苏州大学出版社,2003.

内容。因此,语言与交际关系的研究具有明显的跨学科性。[①]

人具有很多特征,如可以制作工具、可以直立行走、具有灵巧的双手等,但是最能够将人的本质特征反映出来的是人的语言。人之外的动物也可以通过各种符号来进行信息的传递,如海豚、蜜蜂等都可以传递信息,但是它们所传递的信息只能表达简单的意义,它们的"语言"是不具备语法规则的,也不具有语用的规则。

人们往往通过语言对外部世界进行认识与理解。语言具有分类的功能,通过分类,人们可以对事物有清晰的了解与把握。人们的词汇量越丰富,他们对外部世界的认识就越清晰、越精细。

1. 言语交际的过程

人们在进行言语交际的过程中,往往会存在一个信息取舍的过程。下面通过图 1-1 来表达言语交际的具体过程。

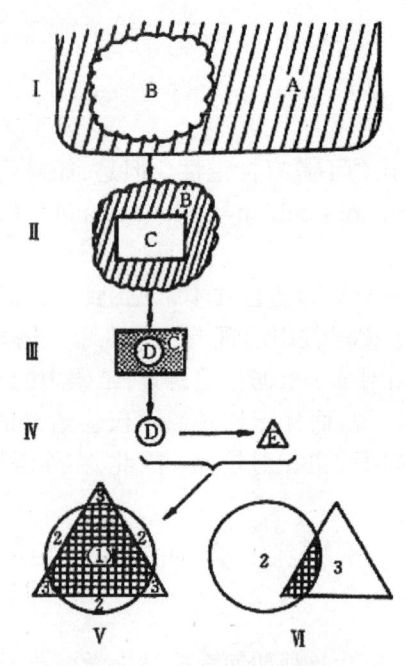

图 1-1 言语交际的过程

(资料来源:陈俊生、樊葳葳、钟华,2006)

在图 1-1 中,A 代表的是人们生活的无限世界,B 代表的是人类的听觉、视觉、嗅觉、味觉、触觉这五种感官所能触碰到的部分,如眼睛可以触碰到光线的刺激,耳朵可以触碰到 20～2 万周波声。另外,当这些感官不能处理多个信息的时候,在抓住一方时必然会对另一方进行舍弃。不过,还存在一些不是凭借五感来处理的,而是通过思维和感觉的部分。例如,平行的感觉,时间经过的感觉就属于五感之外的感觉。人们在头脑中进行抽象化的思维,有时候与五感的联系不大。

C 代表的是五感可以碰触的范围中个人想说、需要注意的部分。D 代表的是个人注意

---

① 陈俊森.跨文化交际与外语教育[M].武汉:华中科技大学出版社,2006.

的部分中用语言能够传达出来的部分,这里也具有一定的抽象性。例如,人的知觉是非常强大的,据说可以将700万种颜色识别出来。但是,与颜色相关的词汇并不多。就这一点来说,语言这一交际手段是相对贫弱的。同时,语言具有两级性,简单来说就是中间词较少。尤其是语言中有很多的反义词,如善—恶,是很难找到中间词的。

E代表的是对方获取的信息,到了下面的第V阶段,是D和E的重叠,在重叠的部分,1是指代能够传递过去的部分,2与3是某些问题的部分,其中2是指代不能传递过去的部分,3是指代发话人虽然并未说出,但是听话人自己增加了意义。在跨文化交际过程中,由于不同人的世界观、价值观不同,因此完全有可能形成Ⅵ的状况。

总之,从图1-1中我们不难看出,从A到E下降的同时,形状的大小也在缩小,这就预示着信息量也在逐渐变小。这里面就融入了抽象的意义。在阶段Ⅰ中,人的身体如同一个过滤器;在阶段Ⅱ中,人的思维、精神等如同一个过滤器;到了阶段Ⅲ,语言就充当了过滤器。这样我们不难发现,言语交际不仅有它的长处,也具有了它的短处。为了更好地展开交际,就需要对言语交际的这一长处与短处有清楚的认识。

2. 言语交际的内容

在对跨文化交际影响的多个因素中,语言作为文化的重要表现,是跨文化交际的一大障碍。从萨丕尔—沃尔夫(Sapir-Whorf)假设中我们不难发现,语言是人们对社会现实进行理解的向导,对人们的感知和思维有着重要的影响。无论是何种语言,都尤其独特的语音、词汇、语法、语言风格等。对一门外语进行学习,对其语言习惯与交际行为的了解有着十分重要的意义。

(1)言语调节。语言并不是一个简单的交流工具,语言不仅是文化的载体,它还是个人和群体特征的表现与象征。一般来说,能否说该群体的语言是判断这个人是否属于该群体的标志。同样,某些人都说同一语言或者同一方言,那么就可以很自然地认为他们都源自同样一种文化,他们在交流时也会使用该群体文化下的行为规范、价值观念、交际风格,因此也会让彼此感到非常的轻松。正因为所说的语言体现出发话人的身份,而且人们习惯于与说自己语言的人进行交流,人们都想得到更多群体的认同。不仅如此,语言还标志着一个民族的文化独立与主权,其对于一个国家和民族而言是非常重要的。统一的语言是民族、群体间的黏合剂,其有助于促进民族的团结。更为有趣的是,人们对其他民族语言如此的崇尚,往往会产生爱屋及乌的想法,对说本民族语言的外国人会不自觉地流露出亲近与欣喜之情。

语言具有的这种个人身份与凝聚力预示着言语调节的必然性。所谓言语调节,又可以称为"交际调节",即人们出于某种动机,对自己的语言与非语言行为进行调整,以求与交际对象建构所期望的社会距离。一般而言,发话人为了适应交际对象的接受能力,往往会迎合交际对象的需要与特点,对自己的停顿、语速、语音等进行稍微的调整。[1]

常见的言语调节有妈妈言语、教师言语等,就是妈妈、教师等为了适应孩子或者学生的认知与知识水平而形成的一种简化语言。这属于一种趋同调节的现象,有助于更好地进行

---

[1] 徐春娥,郑爱燕,杜留成.跨文化理论对大学英语教学的影响研究[M].长春:吉林人民出版社,2018.

交流,达到更好的交流效果。当然,与趋同调节相对,还存在趋异调节,其主要目的是维持自己文化的鲜明特征与自尊,对自己的言语与非语言行为不做任何的调整,甚至夸大与交际对象的行为,这种现象的产生正是由于语言作为文化独立象征以及个人身份而造成的。或者说,趋异调节的产生可能是因为发话人不喜欢交际对象,或者为了让对方感受未经雕饰或者原汁原味的语言。总之,无论是趋同调节,还是趋异调节,都彰显了发话人希望得到交际对象的认同,通过趋同调节,我们希望更好地接近对方;通过趋异调节,我们希望能够保持一定的距离。因此,理想的做法应该做到二者的结合,不仅要体现出自己向往与对方进行交际的愿望,还要保证一种健康的群体认同感。①

需要指出的是,在影响言语调节的多个因素中,民族语言活力有着非常重要的影响作用。所谓民族语言活力,即某一语言的社会经济地位,以及说这种语言的分布情况与人数等。如果一种语言的活力大,那么对社会的影响力也较大,具有较广的普及率,政府与教育机构也会大力支持,人们也会更加青睐。这是因为,人们会将说这种语言的人与语言本身的活力相关联,认为这些人会具有较高的声望,所以愿意被这样的群体接受与认同。

在跨文化交际中,言语调节理论证明了跨文化交际与其他交际一样,不仅是为了交流信息与意义,更是一个个人身份协商与社会交往的过程。来自不同文化的交际双方在使用中介语进行交流时,还需要注意彼此的文化身份与语言水平,进行恰当的调节。

(2)交际风格。在言语交际中,交际风格是非常重要的层面。著名学者威廉·古迪孔斯特和斯特拉·廷图米(William Gudykunst & Stella Ting-Toomey)论述了四种不同的交际风格,即直接与间接的交际风格、详尽与简洁的交际风格、以个人为中心与以语境为中心的交际风格、情感型与工具型的交际风格。

第一,在表达意图、意思、欲望等的时候,有人会开门见山,有人却拐弯抹角;有人直截了当,有人却委婉含蓄。美国文化更注重精确,美国英语的运用在很大程度上与这一点相符。从词汇程度上来说,美国人尝使用certainly,absolutely等这样意义明确的词汇。从语法、句法上来说,英语句子一般要求主谓宾齐全,结构要求完整,并且使用很多现实语法规则与虚拟语法规则。从篇章结构上来说,美国英语往往包含三部分:导言、主体与结论,每一段具有明确的中心思想,第一句往往是全段的主题句,使用连词进行连接,保证语义的连贯。与之相对的是中国、日本的语言,常用"可能""或许""大概"这些词,篇章结构较为松散,但是汉语中往往形散神不散,给人回味无穷的韵味。

英汉语言的差异,加上受个人主义与集体主义的影响,导致了英美人与中国人交际风格的差异。中国文化强调和谐性与一致性,因此在传达情感与态度以及对他人进行评论与批评时,往往比较委婉,喜欢通过暗示的手法来传达,这样为了避免难堪。如果交际双方都是中国人,双方就会理解,但是如果交际对象为英美人,就会让对方感到误解。因此从英美人的价值观标准上来说,坦率表达思想是诚实的表现,他们习惯明确地告知对方自己的想法,因此直接与间接的交际风格会出现碰撞。

第二,不同的交际风格有量的区别,即在交流时内容应该是言简意赅,还是详细具体,或者是介于二者间的交际风格。威廉·古迪孔斯特和斯特拉·廷图米在对其他学者的研究

---

① 王延香.文化生态下的外语教学研讨[M].长春:吉林大学出版社,2016.

结果进行研究的基础上指出,中东的很多国家都属于内容讲究详尽的交际风格,北欧和美国基本上属于内容讲究不多不少的交际风格,中国、日本等亚洲国家属于简洁的交际风格。这是因为,阿拉伯语言本身具有夸张的特点,这使得阿拉伯人在交际中往往会使用夸张的语言来表达思想和决心。例如,客人在表达吃饱的时候,往往会多次重复"不能再吃了",并夹杂着"向真主发誓"的话语,而主人对"no"的理解也不是停留在表面,而认为是同意。中国、日本作为简洁交际风格的代表,主要体现在对沉默、委婉的理解上。中国人认为"沉默是金",并认为说话的多少同地位有着密切的关系。一般来说,中国的父母、教师属于说教者,子女、学生属于听话者。美国文化中反对交际中的等级制,主张平等,因此子女与父母、学生与教师都享有平等的表达思想的机会。

第三,威廉·古迪孔斯特和斯特拉·廷图米提出了以个人为中心与以环境为中心的交际风格。以个人为中心的交际风格是采用一些语言手段,对个体身份加以强化;以环境为中心的交际风格是运用语言手段,对角色身份进行强化。这两种交际风格的差别在于,以环境为中心的交际风格是运用语言将社会等级顺序进行反映,将这种不对等的角色地位加以彰显;以个人为中心的交际风格是运用语言将平等的社会秩序加以反映,对对等的角色关系加以彰显。同样,在日语中,存在着很多的敬语和礼节,针对不同的交际对象、交际场合、角色关系等,会使用不同的词汇、句型,并且人际交往也非常正式。如果是在一个非正式的场合,日本人往往会觉得不自在,在他们看来,语言运用必然与交际双方的角色有着密切的关系。与中国、日本的文化存在鲜明对照的是英语,英美文化推崇直率、平等与非正式,因此他们在使用语言进行交际时往往使用那些非正式的称呼或者敬语,这种交际风格表达是美国文化对民主自由的推崇。[①]

第四,中西方交际风格的差异还体现在情感型与工具型的区别上。情感型的交际风格是以信息接收者作为导向,要求接收者具备一定的本能,对信息发出者的意图要善于猜测与领会,要能够明白发话人的弦外之音。另外,发话人在信息发送的过程中,要观察交际对方的反应,及时地改变自己的发话方式与内容。因此,这样的言语交际基本上是发话人与听话人之间信息与交际关系的协商过程。相比之下,工具型的交际风格是以信息发出者作为导向,根据明确的言语交际来实现交际的目标,发话人明确地阐释自己的意图,听话人就很容易理解发话人的言外之意,因此与情感型的交际风格相比,听话人的负担要轻很多。可见,工具型的交际风格是一种较为实用的交际风格。

显然,上述几种交际风格是相互关联与渗透的,它们是基于不同的文化价值观建立起来的,其中影响力最大的是集体主义与个人主义的差异,其在社会的各个领域都得以贯穿,并从很大程度上决定中西方文化的不同。

(二)非言语交际

言语交际是通过语言来展开交际的,而非言语交际是通过非言语交际行为展开交际的。非言语交际是言语交际的一种辅助手法,是往往被人们忽视的手法。但是,非言语交际在英

---

① 徐春娥,郑爱燕,杜留成.跨文化理论对大学英语教学的影响研究[M].长春:吉林人民出版社,2018.

汉交际中起着十分重要的作用,甚至有助于实现言语交际无法实现的效果。非言语交际包含多个层面,如体态语、副语言、客体语言等。

对于非言语交际行为,中外学者下了不少的定义,有的定义比较简单,如将非言语交际定义为不通过语言来传递的信息。有的定义比较具体,如非言语交际是不用言辞进行表达,被社会共知的人的行动与属性。这些行动是由发出者有目的地发出或被看成有目的地发出、由接收者有意识地接受的过程,或者有可能地进行反馈,或者非言语交际行为是在一定的环境下,那些语言因素外的对发出者与接收者有价值的其他行为因素。这些因素可以是人为生成的,也可以是由环境形成的。

对于非言语交际的范围,分类的方式有多种,一般来说主要包含如下几类。

1. 体态语

体态语又可以称为"身体语言",其由美国著名的心理学家伯得惠斯特尔(Birdwhistell)提出。在伯得惠斯特尔看来,他认为身体各部分的器官运动、自身的动作都可以将感情态度传达出去,这些身体机能所传达的意义往往是语言不能传达的。体态语包含身势、姿势等基本姿态,微笑、握手等基本礼节动作,眼神、面部动作等人体部分动作等。

所谓体态语,即传递交际信息的动作与表情。也可以理解为,除了正式的身体语言之外,人体任何一个部位都能传达情感的一种表现。由于人体可以做出很多复杂的动作与姿势,因此体态语的分类是非常复杂的。体态语包括眼睛动作、面部笑容、手势、腿部姿势、身体姿势等。

(1)眼睛动作。眼睛是人类重要的器官,其是表情达意的重要组成部分,如愤怒时往往"横眉立目",恋爱时往往"含情脉脉"等。在不同的情况下,眼睛也反映出一个人不同的心态。当一个人眼神闪烁时,他往往是犹豫不决的;当一个人白别人一眼时,他往往是非常反感的;当一个人瞪着他人时,他往往是非常愤怒的等。

之所以眼睛会有这么多的功能,主要是因为瞳孔的存在。一些学者认为,瞳孔放大与收缩,不仅与光感有关,还与个体的心理活动有着密切的关系。当人们看到喜欢的东西或者感兴趣的事物时,他们的瞳孔一般会放大;当人们看到讨厌的东西或者不感兴趣的事物时,他们的瞳孔一般会缩小。瞳孔的改变会无意识地将人的心理变化反映出来,因此眼睛是人类思维的投影仪。

既然眼睛有这么大的功能,学会读懂眼语是非常重要的,同时要注意不要读错。例如,到他人家做客,最好不要左顾右盼,这样会让人觉得心不在焉,甚至心术不正。

(2)面部笑容。笑在人的一生中非常重要。当人不小心撞到他人时,笑一笑会表达一种歉意;当向他人表达祝贺时,笑一笑更显得真挚;当与他人第一次见面,笑一笑会缩短彼此的距离。可见,笑是人类表情达意不可或缺的语言之一。

笑可以划分为多种,有大笑、狂笑、微笑、冷笑,也有轻蔑的笑、自嘲的笑、高兴的笑、阴险的笑等。当然,笑也分真假,真笑的表现一般有两点:一种是嘴唇迅速咧开,一种是在笑的间隔中会闭一下眼睛。当然,如果笑的时间过长,嘴巴开的缓慢,或者眼睛闭的时间较长,会让人觉得这样的笑容缺乏诚意,显得非常虚假和做作。当然,笑也有一些"信号"。

其一,突然中止的笑。如果笑容突然中止,往往有着警告和拒绝的意思。这种笑会让人觉得不安,会希望对方尽快结束话题。但是,如果一个人刚开始有笑意,之后突然板着脸,这说明他比较有心机,是那种难缠的人。

其二,爽朗的笑。这是一种真诚的笑,给人一种好心情的笑,一般会露出牙齿、发出声音,这种笑会让对方觉得你是一个很好相处的人,很容易信任与亲近你。

其三,见面开口笑。这种笑是人们日常常见的,指脸上挂着微笑,具有微笑的色彩,这种微笑具有礼节性,可以使人感到和蔼可亲。无论是见到长辈、小辈,还是上级、下属,这种笑都是最为恰当的笑。但是需要指出的一点是,在笑的过程中要更为谨慎,其不是一见面就哈哈大笑,这会让人感觉莫名其妙,它是一种谨慎的、收敛的笑。

其四,掩嘴而笑。这种笑是指用手帕、手等遮住嘴的笑。这种笑常见于女性,显得较为优雅,能够将女性的魅力彰显出来。

另外,由于文化背景的差异,不同国家的人对笑的礼仪也存在差异。在大多数国家,笑代表一种友好,但是在沙特阿拉伯的某一少数民族,笑是一种不友好的表现,甚至是侮辱的表现,往往会受到惩罚。

③手势。手是人体的重要部分,在表达情意的层面作用非凡。大约在人类创造了有声语言,手势也就诞生了。手是人们传递情感的行之有效的工具之一。一般情况下,手势可以传达的意思有很多,高兴的时候可以手舞足蹈,紧张的时候可能手忙脚乱等。当一个人挥动手臂时,往往是表达告别之意,当一个人挥动拳头时,往往是表达威胁之意。而握手这样一个日常生活中普遍的动作,也能够将一个人的个性表达出来。第一种类型是大力士型,其在与他人握手时是非常用力的,这类人往往愿意用体力来标榜自己,性格比较鲁莽。第二种类型是保守型,这类人在与他人握手时往往手臂伸得不长,这类人性格较为保守,遇到事情时往往容易犹豫。第三种类型是懒散型,这类人与他人握手时,一般指头软弱无力,这类人的性格比较悲观懒散。第四种类型是敷衍型,这类人与他人握手是为了例行公事,仅仅将手指头伸给对方,给人一种不可信赖的感觉,这类人做事往往比较草率。还有一种是标准的握手方式,即与他人握手时应该把握好力度,自然坦诚,不流露出任何矫揉造作之嫌。

④腿部姿势。在舞会、晚会、客厅灯场合,人们往往会有抖腿、别腿等腿部动作,这些动作虽然没有意义,但是它们在传达某种信息。因此,腿在人们的表情达意过程中有着非常重要的作用。对腿的动作的了解是人们了解内心的一种有效途径。当你坐着等待他人到来时,往往腿部会不自觉地抖动,以表达紧张和焦虑之情。当心中想拒绝别人或者心中存在不安情绪时,往往会交叉双腿。

2. 副语言

一般来说,副语言又可以称为"伴随语言""类语言",其最初是由语言学家特拉格(Trager)提出的。他在对文化与交际的过程进行研究的过程中,搜集整理了一大批心理学与语言学的素材,并进行了归纳与综合,提出了一些适用于不同情境的语音修饰成分。在特拉格看来,这些修饰成分可以自成系统,是伴随着正常交际的语言,因此被称为副语言。具体来说,其包含如下几点要素。

(1)音型(voice set),指的是发话人的语音物理特征与生理特征,这些特征使人们可以识别发话人的年龄、语气等。

（2）音质（voice quality），指的是发话人声音的背景特点，包含音域、音速、节奏等。例如，如果一个人说话吞吞吐吐，没有任何的音调改变，他说他喜欢某件东西其实意味着他并不喜欢。

（3）发声（vocalization），其包含哭声、笑声、伴随音、叹息声等。

上述三类是副语言的最初内涵，之后又产生了停顿、沉默与话轮转换等内容。

3. 客体语

所谓客体语，是指与人体相关的服装、相貌、气味等，这些东西在人际交往中也有着非常重要的作用。从交际角度而言，这些层面都可以表达非言语信息，都可以将一个人的特征或者文化特征彰显出来，因此非言语交际是一种非常重要的媒介手段。

（1）相貌。无论是西方文化还是中国文化，人们对于自己的相貌都非常看重。但是在各国文化中，相貌评判的标准也存在差异，有共性，也有个性。例如，汤加认为肥胖的人更美，缅甸人认为妇女脖子长更美，美国人认为苗条的女子更美，日本人认为娇小的人更美等。

（2）饰品。人们身上佩戴的饰品本身并没有什么意义，但是出现在不同的场合，就是一种媒介和象征。例如，戒指戴在食指上代表求婚，戴在中指上代表恋爱中，戴在无名指上代表已婚。这些作为一种约定俗成的代码，人们不可以弄错。

一般来说，佩戴耳环是妇女在交际场合的一种习惯。当然，少数的青年人也会佩戴耳环，以彰显时尚。

三、发展中的二语习得研究

（一）交际假设

根据《二语习得关键术语》，交际指学习者与他人之间的对话，而交际假设探讨的是此类交际是如何影响二语习得的。

关于这一问题，交际假设做出了两个主要的论断。

（1）可理解性语言输入是二语习得的必要条件。

（2）在围绕交际问题进行磋商的过程中，对话语的交际结构进行的修正有助于帮助二语学习者理解语言输入。

根据交际假设，通过交际，学习者或许能够被引导去关注那些他们在其他情况下关注不到的内容，起到这种引导作用的因素包括输入修正和信息反馈，其中输入修正是指其他说话者会根据对学习者所遇到的理解困难的感知来调整自己的话语，而信息反馈是指其他说话者会以某种方式告知学习者他们使用了一些非母语化的表达。

埃利斯对交际在二语习得中的作用进行了深入探讨，并对交际假设中存在的问题进行了详细论述，同时结合二语习得中三个基本过程对交际假设进行了修正。

修正后的交际假设如下。

（1）可理解性输入促进,二语习得;但并不是必要条件,也不是充分条件。

（2）对输入进行的修正,特别是在对交际问题进行磋商的过程中进行的修正,可以使语言习得成为可能。

（3）如果交际要求学习者对自己起初的语言输出进行修正,那么这种交际将促进二语知识的融合。

埃利斯认为,事实表明,有些语言结构可以在脱离语言输入的情况下被习得,因此关于可理解性输入的论断应该更加温和一些,即可理解性输入在二语习得中起到促进作用,并不是二语习得的必要条件。

此外,对于二语习得来说,经修正后的语言输入的重要性在于,它使习得成为可能,而不是它能够导致习得产生。埃利斯还明确了确保修正后的语言输入能够起作用的前提条件,即修正后的语言输入要能够帮助学习者开启语言习得的初期程序——注意和比较。新的交际假设还融入了语言输出的作用,认为输出能够促进新的语言知识的融合。

（二）对比分析

行为主义心理学对早期二语习得研究的影响主要体现在对比分析理论上,该理论的经典著作是著名语言学家拉多于1957年出版的《跨文化的语言学》。总体来说,从对比分析角度对二语习得做出的研究主要致力于通过比较一语和二语的异同点来对学习者在二语学习中可能遇到的困难进行预测和解释,目的是为了提高语言教学和测试的效率。[①]

对比分析理论认为,语言学习中存在迁移现象,即一语中形成的一些习惯或获取的一些元素会对二语学习造成一定的影响。如果某种结构或表达习惯在一语和二语中均可接受,那么就有可能发生正迁移,正迁移对二语习得有促进作用;如果一语中的某种结构或表达习惯在二语中属于不正确的用法,那么就有可能发生负迁移,负迁移对二语习得会产生干扰。

通过对两种语言进行对比得来的信息可以为课堂语言教学安排提供依据,以便教学活动集中围绕预计最需要学习者关注和练习的语言结构展开,并按照难度来对二语结构进行排序。[②]

从实用角度看,对比分析研究的出发点是为了服务语言教学和测试。因此,从严格意义上讲,此时的二语习得研究还没有脱离语言教学,尚没有形成一门独立的学科,而使二语习得逐步成为一门独立学科的研究是错误分析。错误分析理论的出现源于对对比分析研究的批判。从拉多对于负迁移的论述,人们发现,有些预计会发生的负迁移并没有出现,而二语学习中出现的一些错误也不能够用负迁移来解释,于是人们开始转向对学习者错误本身进行研究,以期从中发现二语学习的规律。[③]

---

① 张允.外语教与学的理念和方法[M].天津:南开大学出版社,2015.
② 吴文亮.信息化时代高校英语教学理论的解构与重塑[M].长春:吉林大学出版社,2019.
③ 邹倩,张鲲,席玉虎,张璐璐.基础英语教学研究[M].北京:中国原子能出版社,2017.

(三) 输出假设

根据《二语习得关键术语》，输出是指学习者在交际过程中，或者是为了表达某一信息时，产出的语言，而输出假设，是斯温于 20 世纪 80 年代提出的。斯温认为，二语习得领域过多强调语言输入，而忽视了语言输出在二语习得中的作用。她以加拿大浸入式教学项目为例对此进行了论述，指出虽然经过了多年的浸入式学习，学习者的语言能力与母语者相比依然存在明显的差距。斯温认为，造成这种现象的原因是缺乏语言输出，于是，为了回应克拉申提出的可理解性输入假设，她提出了可理解性输出概念，并从若干角度对可理解性输出的作用进行了详细论述。①

斯温认为，在语言学习中输出能够促使学习者对语言进行更加深入的加工，不管是在说或是在写的过程中，学习者均需要努力拓展自己的语际语以满足交际的需要。在产出语言时，学习者需要创造语言形式和意思，并在这一过程中发现自己的所能和所不能，因此，斯温认为输出或许能够激励学习者从理解过程中所涉及的语义加工转而关注准确产出外语所需要的语法加工。据此，富有意义的语言产出在学习者语言能力的发展过程中理应起到重要的作用。②

后来，斯温受到社会文化理论的影响，将输出的概念进一步扩展，视其为社会建构的认知工具，认为在二语学习中对话可以构建语言知识，对话可以让学习者的表现超出其语言能力的限制，可以使语言使用和语言学习同时发生。斯温所说的对话是指协作对话，在这样的对话中学习者既要解决问题，也要构建知识。她赞成韦尔斯的观点，将话语同时视为过程和产品。根据这一观点，在说话的过程中，学习者需要构建意义，产出能够被自己和他人回应的话语，并在这一过程中达到更为全面更为清楚的理解。同时，所说过的话语也将成为供自己或他人探索的目标产品。在通过实例对协作对话进行分析后，斯温指出，能够鼓励学习者既要反思语言形式又要关注意义构建的学习任务，对于学习语法来说尤为重要。在这种学习任务中，通过"说"以及对所说的话语进行的反思，学习者可以构建新的知识。③

(四) 错误分析

错误分析的经典代表作是科德于 1967 年在 *Intenational Review of Applied Linguistics* 杂志上发表的《论学习者错误的意义》一文。在该文中，科德对语言输入提出了新的看法，他认为语言输入是指"实际进入而不是能够进入的内容"，而且能够对语言输入，或者更恰当地说是语言"吸入"，进行控制的人不是任课教师，而是学习者自身，因此在课堂上仅仅将某一语言形式展现给学习者并不一定能够确保该语言形式能够成为语言输入。④科德还认为，在母语学习环境中，可以作为语言输入的数据相对来说是巨大的，但是儿童可以自行决定选择哪些数据作为语言输入。显然，科德所讲的语言输入并不是指学习者所接触到的

---

① 邹倩，张鲲，席玉虎，张璐璐. 基础英语教学研究 [M]. 北京：中国原子能出版社，2017.
② 张允. 外语教与学的理念和方法 [M]. 天津：南开大学出版社，2015.
③ 邹倩，张鲲，席玉虎，张璐璐. 基础英语教学研究. 北京：中国原子能出版社，2017.
④ 张允. 外语教与学的理念和方法 [M]. 天津：南开大学出版社，2015.

所有目标语材料,他引入了学习者的主观意识,将语言输入上升到了语言吸入的层面,认为语言输入是指学习者所察觉到的那部分目标语材料。但可惜的是,科德并未对语言"吸入"进行深入的探讨,也没有分析学习者是如何从巨大的目标语材料中选择部分材料作为语言"吸入"的,而是将研究的视角随后转向了对学习者错误的分析上。[①]

科德区分了行为错误和能力错误,认为前者是机会使然,不具有系统性,并将其称为失误。他用错误专指学习者所犯的系统性错误,这些错误有助于了解学习者现有的二语知识。科德认为错误的作用主要体现在三个方面。

(1)通过系统分析学习者所犯的错误,任课教师可以了解他们所取得的成绩以及今后有待学习的内容。

(2)学习者所犯的错误能够给研究者提供证据,以便探究语言是如何被学习或习得的以及学习者在语言探索中所采用的策略或程序。

(3)犯错误应当被视为学习语言的一个手段,因此对于学习者来说,是必不可少的,这一点,从一定程度上看,是错误最为重要的意义。

(五)注意假设

施密特关于注意在二语习得中的作用的经典论述见于他在1990年发表的 *The role of consciousness in second language learning* 一文。在该文中,施密特对意识的三个含义进行了区分,即作为觉察的意识、作为意图的意识和作为知识的意识。其中,作为觉察的意识又分为感知、注意和理解三个层面。这里,第二个层面,即注意,对施密特最终形成的假设贡献最大。施密特以阅读为例对注意这一概念进行了阐释,认为在阅读时,我们通常会注意阅读材料的内容,而不是文章句式的特殊性、文章的风格、隔壁收音机播放的音乐或者是窗外的背景噪音。

当然,我们依然能够感知到这些竞争性刺激的存在,并且根据自己的选择也有可能去关注它们。注意是一种个人经历。当我们注意到环境的某一方面时,我们可以去分析它,并拿它和我们在其他场合注意到的东西进行比较,还可以对意识到的东西进行反思,并试图理解它们的意义。

(六)语际语

语际语是指处于一语和二语之间的一种中间状态,是至少在一定程度上孤立于一语和二语的一种独立的语言系统。20世纪六七十年代,密歇根大学应用语言学家塞林科等人从语际语角度对二语习得进行了探讨,认为语际语的发展过程是一个创造性过程,受到内在动力和环境因素的共同驱动以及一语和目的语语言输入的共同影响。

塞林科从心理学角度对二语学习进行了探讨,指出在二语学习中,学习者用其母语发出的话语、用语际语发出的话语和以目的语为母语的人用目的语发出的话语三者之间在心理层面上是相互关联的。塞林科认为二语学习中有以下几个关键过程:语言迁移、训练迁移、

[①] 张允. 外语教与学的理念和方法[M]. 天津:南开大学出版社,2015.

二语学习策略、二语交际策略和目的语语言材料的过度概括。

　　塞林科在分析上述五个关键过程前结合实例对语际语石化现象进行了分析,指出可石化的语言现象是指某一特定母语的说话者在与某一特定目的语相关的语际语中所倾向保持的语言项目、语法规则和子系统,这些语言特征不会随着学习者年龄的增长以及后续关于目的语的解释和教学而发生变化。塞林科认为,如果可以通过实验证明,语际语行为中出现石化的语言项目、语法规则和子系统是受到学习者母语的影响而产生的,其中所涉及的学习过程便是语言迁移;如果石化现象是由于训练过程中某些可以明确识别出的内容所造成的,其中所涉及的学习过程便是训练迁移;如果石化现象是由于学习者处理学习材料的方法所导致的,其中所涉及的学习过程便是二语学习策略;如果石化现象是由于学习者与以目的语为母语的人进行交流的方式所造成的,其中所涉及的学习过程便是二语交际策略;如果石化现象是明显由于对目的语规则和语义特征的过度概括造成的,其中所涉及的学习过程便是目的语语言材料的过度概括。

第二章 大学英语教学改革综述

大学英语教学是我国高等教育的一个重要组成部分,它是以外语教学理论为指导,以英语语言知识与技能、跨文化交际和学习策略为主要内容,集多种教学模式和教学手段为一体的教学体系。本章我们就来回顾大学英语教学改革历程,分析大学英语教学改革的必要性、改革的目的与理念。

第一节 大学英语教学改革的历程回顾

一、大学英语教学改革尝试期

长期以来,我国外语教学在指导思想、培养目标和教学内容等方面存在一定问题,特别是教学效果。中华人民共和国成立以来,外语教学经历了数次改革。在教学内容上力求用进步的和有益的东西取代旧中国外语教材中错误的或不健康的东西,把语言知识教学放到应该有的地位,强调教学的实践性,注重各种形式的外语操练。20世纪50年代,社会急需俄语人才,大学外语教学以俄语为主,没有统一的教学大纲和相应的教科书。1959年是大学外语教学初次改革遇到困难的时期,急需要权威性文件对一些重大问题作出规定、指导教学实践。为了适应当时的社会形势,1962年颁布了《高等工业学校用英语教学大纲》(应云天,2003)。从此,开始了全国性的共同探索大学英语教学改革途径的发展阶段。这份大纲对大学英语教学的一些主要问题做了明确阐释,大纲的一些规定和主张在以后的教学实践中基本上得到了贯彻。1980年第二份部颁的大学外语教学大纲问世,这份大纲的教学思想和课程设计与第一份教学大纲基本相同,教学内容也雷同(应云天,2003)。[①]

之后,伴随着对外开放政策的实行,英语学习环境有了很大变化,学生学习英语的目的不再局限于能阅读英语书刊,中学英语教学水平也提高很快。此外,西方国家的一些外语教学法思想,特别是经验论派的教学思想广泛传入我国。为顺应时代要求,1985年先后颁布《理工科用大学英语教学大纲》和《文理科用大学英语教学大纲》。1985年颁布的大学外语教学大纲与前两份部颁教学大纲相比,有不少差别,除了教学思想和教学目的等有所不同,在教学组织或管理上也有若干新的规定(表2-1),第三份部颁大学外语教学大纲开始贯彻以后,大学外语教学进入了一个新的发展阶段(应云天,2003)。

---

① 吴碧宇. 大学英语教学改革的生命教育维度[M]. 郑州:黄河水利出版社, 2016.

表 2-1 大学外语三份部颁大纲简比

项目	第一份大纲和第二份大纲	第三份大纲
教学思想	语言是交际工具；大学外语是实践课	语言是交际工具；语言能力和谚语能力不同；大学外语是实践课
教学目的	培养阅读能力	培养阅读能力是首要目的，听力是第二层次目的，写和说能力是第三层次目的
教学流程	分基础和专业阅读两个阶段	分基础和专业阅读两个阶段；基础阶段分六级
教学内容	只定性或定量；基础阶段以课文为主,有专业倾向性；有列项语法	既定性又定量；基础阶段以课文为主,无专业倾向性；有意念表达式
教学方法	在课文基础上开展四项言语活动	在课文基础上培养四种言语能力

二、大学英语教学改革发展期

进入 21 世纪,大学英语教学改革进行了一次次的有效尝试。2002 年教育部启动了大学英语教学改革,并于 2003 年出台了《大学英语课程教学要求(试行)》。2004 年教育部指定了 180 所院校作为全国的改革试点单位。为全面实施大学英语教学改革,满足新时期国家和社会对人才培养的需要,教育部于 2007 年组织有关专家,根据大学英语教学改革目标要求结合大学英语教学改革实践,对《大学英语课程教学要求(试行)》进行了修订和完善。新的《大学英语课程教学要求》(后称《要求》)明确指出,大学英语的教学目标是培养学生的英语综合应用能力,特别是听说能力,使他们在今后学习、工作和社会交往中能用英语有效地进行交际,同时增强其自主学习能力,提高综合文化素养,以适应我国社会发展和国际交流的需要。[①] 与以往的大学英语教学大纲相比,《要求》不仅在教学目标上有了巨大的变化,在教学模式上也提倡尝试依托多媒体网络进行大学英语教学,同时《要求》也强调,对来自不同地域、具有不同英语水平的学生要分类指导,因材施教。我国大学英语教学经历数次改革尝试,内容涉及教学目标的界定,也关涉师生关系、教学策略、学习策略、教学理念教学管理、教学评价等诸多领域的探索。改革让教师从"人师""经师"转变为学生学习过程中的"促进者"和"引领者",课堂教学模式从"满堂灌"转变为鼓励学生"探究性学习"和"合作学习",学习方式从被动接受向主动接受转变。其中,学生自主学习能力的培养成为学界关注的焦点问题。

第二节 大学英语教学改革的必要性

教育部 2004 年在《大学英语课程教学要求(试行)》中对教学模式改革就提出要求:"新的教学模式应以现代信息技术,特别是网络技术的支撑,使英语教学不受时间和地点的限

---

① 吴碧宇. 大学英语教学改革的生命教育维度[M].郑州：黄河水利出版社, 2016.

制,朝着个性化学习、自主式学习方向发展,新的教学模式应体现英语教学的实用性,文化性和趣味性相结合的原则。"

由此可见,所谓的大学英语改革其实质是通过利用先进的技术手段创建一种全新的教学模式,使课堂教学从"以教师为中心"过渡到"以学生为中心",使教学重心从以往的突出读写转变为侧重听说,使学生的学习由"被动型学习"转变为"自主式学习"。

合理有效地利用多媒体和网络手段来激发并培养学生自主学习的能力,并最大可能性地融合好现代教育技术、教师和学生三者间的关系就是大学英语教学改革的要求和关键。在这种背景下,为了顺应时代的潮流,达到教育部的要求,在大学英语教学改革当中必然会体现出两种转换,其一就是教师角色的变化和重行定位,其二就是教学手段的多样性转变。

以下我们将尝试从语感、石化及归因心理等心理学的角度来重新诠释大学英语教改的必要性。

一、语感方面

作为一名语言学习者就常常有这样的经历,很多时候不明原因只靠感觉的情况下依然可以找到正确答案,这种"感觉"就是我们现在所说的"语感"。语言学家王尚文曾说,语言能力是一个多层次、多侧面的复杂系统,语感是它的核心。

很明显,要想应用好英语,应该具备良好的语感。但是,由于受传统教学及应试教育的大学英语要求突出"读"和"写"的影响,使教师往往过于偏重语法教学,采用"满堂灌""纯语法"的教师为主型的教学思路,一味地让学生死记硬背条条框框,并通过反复机械的句型操练来达到这一目的,结果却经常是不遂人意。事实上,人们进行言语活动,尤其在"说"的时候,却不太可能依据所用词语的理性含义及相关的语法规则,而主要靠语感。[1]

曾经有人在所教的几个大英教改班级中做了一次有趣的统计。在第一个学期,基本上所有的学生都知道第三人称单数在一般现在时中行为动词要加"s",但是把这一语法规则每次都能正确用于口语中的人数不到10%,但是经过了半年的听说练习,到了第二个学期,学生的语感成熟度明显有很大的改善,能每次都正确运用的人基本达到了60%。到了第三个学期,比例又有所提升,基本达到了80%。学生的语感心理成熟度在短短的时间有很大的提高,这是与教改的实施与其优越性紧密相关的。

教育部为了推进本科英语多媒体化教学改革,创建了"大学生英语自主学习中心",并在教材上有了很大的变化。现在教材除了有原来传统的课本,而且配备了配套多媒体学习课件、网络课程和电子教案等,听说教材也实现了课堂教学环节中视听说的完美结合。这些对学生的语感实践是非常有帮助的,能使学生形成敏锐、准确、丰富的语言感受能力。除此之外,这种基于多媒体网络技术的新型教学模式在提倡在教师指导下的、以学生为中心的学习这一过程中,可以多媒体的便利,在学习过程中运用不仅用了各种新鲜悦耳的声音刺激了学生的听觉,而且在视觉上采用了了大量的色彩鲜艳的、生动的图片或者动画,这一过程会先刺激学生的形象思维,随后就是把"形象思维"运用到口语练习,就这样的一个类似

---

[1] 吴美兰. 大学英语教育的教学方法和探索[M]. 天津:天津科学技术出版社, 2018.

"理论+实际"的过程对学生形成语感分析是非常有利的。即让学生在实践中,就语言的内容、形式和感受过程本身,结合自己的亲身实践与形象思维,做出分析判断。而形象思维与生活实践的参与是语感培养的重要组成部分。

二、石化方面

塞林科(Selinker,1996)指出"语言石化现象是指外语学习者的中介语中一些语言项目、语法规则和系统性知识趋向于固定下来的状态,年龄的增长和学习量的变化对改变这种固定状态不起作用"。塞林科根据石化的程度将其分为暂时性石化(temporary fossilization)和永久性石化(permanent fossilization)。暂时性石化又被称为稳定化,它是石化的前兆(塞林科,1996)。

塞林科和拉门德拉(Lamendella,1978a)提出石化现象是由"内因"和"外因"造成的。内因指学习者认为自己的语言能力已不再需要发展,外因指学习者脑神经结构由于年龄增长而发生变化限制了学习能力导致语言能力的石化。但目前理论界对此关系尚无定论,几乎所有建立在生理基础上的对于语言习得过程的阐释都处于"假说"阶段。而且,由生理因素造成比语言习得障碍似乎更顽固,更难以改变,所以导致暂时性石化的决定因素应是心理因素。

中国学生的语音石化错误主要是由缺乏工具性动机(instrumental motivation)导致的(杨玲,2002)。事实上,许多中国学生并不缺乏外语学习的工具性动机,但强大的工具性动机并没有体现在语音习得中。这主要是因为:第一,各类考试中,语音的优劣并不十分影响成绩;第二,在实际交流中,语音错误往往并不影响交流的顺利进行。因此,语音上的错误和石化现象总是没有引起人足够的重视。而语音的石化现象直接导致的结果就是学生在英语的听力和口语上遇到了"石化"。

《大学英语课程教学要求》将大学英语的教学目标确定为:"培养学生英语综合应用能力,特别是听说能力,使他们在今后工作和社会交往中能用英语有效地进行口头和书面的信息交流,同时增强其自主学习能力,提高综合文化素养,以适应我国经济发展和国际交流的需要。"2005年3月,又公布了《大学英语四六级考试改革方案(试行)》。2006年6月开始了大学英语四级新题型的考试试点,2006年12月全面实施了新题型四级考试。而在2008年,四六级大学英语考试又一次改革,

短短几年内,我们可以看到跟听力相关的比重由20%到35%又到70%,可谓扶摇直上,而且最新改革的四六级考试里面,要加入口语测试。这种种的变革可谓改善听力和口语"石化"现象的一剂催化剂,刺激了学生对口语和听力的兴趣,极大地减缓了大学生听力和口语的"石化",在有效的时间内改善了稳定化石化,使学生向目的语英语发生正向"移情",而减轻"石化"现象。

在另一方面,在大学英语教学改革的大环境下,丰富的课外网络资源给学生打开了一个绚丽多彩的英语世界,脱离了枯燥的书本,可以用自己喜欢的方式来学习,甚至可以寓学习于娱乐中,这一过程不仅给学生创造锻炼英语听、说、用的机会,从而营造了一个课内外相结合的"立体化"英语学习环境。而且能极大地激起学生对学习英语的兴趣,在这样的环境

下,能极大地改进学生开始对口语和听力的态度,用兴趣这个最好的"教师",有目的、有意识的改进自己在英语上的石化问题。

三、归因方面

归因论是从结果来阐述行为的激起,主要指人们知觉到谁或什么事应对自己生活中的事件或行为负责。不同的归因会直接影响人们的行为态度和积极性,进而影响随之而来的行为状态和工作绩效。在学习中,学生对自己的行为结果进行归因时会引起两方面的心理变化。

大学英语教学改革带来的新的教学环境和教学模式促进了学生学习角色的转变。学生从以往被动接受知识转变为主动参与,学生成了每堂课的主角,学习的主动性、积极性、能动性得到了充分的发挥,学习英语的兴趣、说英语的自信心有了明显提高。在我们对试点班学生进行的随机问卷调查中,100%的同学认为"新的教学模式对他们最大的影响是提高了学习兴趣"。在召开的教改座谈会上,有93%的同学认为新的授课方式最大的特点是"有用"。教师们也反映,开课之初,90%的同学在回答教师问题时,通常只选择"yes"或"no"。

教师课堂上准备的练习话题或问题,很快就可以结束,而经过一段时间之后,除了同学们能在回答问题时候自己主动发挥之外,还有很多同学愿意主动回答问题。现代大学英语教学以学生为中心,以人为本,其在学过程中的运用就是尊重学生个性,尊重教学规律,因地制宜,因材施教,让每个学生都找到成功和进步的感觉。这样的成功感会引起较强的情应,会极大地提高学生学习英语尤其是增强英语"听说"这一薄弱环节的信心,极大地提高积极性,产生进一步学习的欲望,逐渐形成一种良性循环,并逐步培养一种"世上无难事,只怕有心人"的心理。[①]

第三节 大学英语教学改革的目的与理念

大学英语教学改革在近年来受到了越来越多人的重视和关注。究其原因,大概有两点:一是其重要性,即大学英语教学对人才培养和国家发展的重要意义;二是其不适应性,即大学英语教学日益显现出来的弊端,已不能满足学生的自身发展和社会的长足进步。因此,对大学英语教学进行改革的呼声越来越高,并从未间断。

一、大学英语教学改革的目的

在了解了大学英语教学改革的背景后,我们就要思考这样一个问题,大学英语教学改革的目的何在?人们既已对教学改革的必要性达成共识,之后便会涉及教学改革的目的问题,下面就对大学英语教学改革的目的进行分析。

---

① 吴美兰. 大学英语教育的教学方法和探索[M].天津:天津科学技术出版社, 2018.

《国家中长期教育改革和发展规划纲要》中指出,中国高等教育的人才培养目标是"培养具有国际视野、通晓国际规则,能够参与国际事务与国际竞争的国际化人才"。因此,大学英语教学改革的首要目的就是要提高高等教育人才的培养质量,将中国的高等教育国际化。所谓的"国际化",是指课程的国际化、师资的国际化和学生的国际化。这一目标的提出与我国的国情密切相关。随着经济的全球化,教育的国际化步伐也在逐渐加快,我国正致力于建设人力资源强国,在如此关键的转型时期,更需要教育提供强有力的推动力。

其次,大学英语教学改革的目的是为大学生的个体发展服务,如今社会对高素质的具有创新能力的国际化人才的需求剧增,英语能力已成为学生综合能力的重要组成部分。

因此,只有坚持大学英语教学改革,才能不断适应社会发展的需要和学生个体发展的需要。此外,赵光慧和张杰在《大学英语教学改革:个性化、学科化、中国化》一文中从不同的角度对大学英语教学改革的目的进行了详细的分析。他们指出,当前中国高校的英语教学改革首要目的便是实现"个性化"教学,避免"趋同化"。充分发挥大学英语教学的引领作用,最终实现社会交往中的"学科化"。此外,大学英语教学只有立足"中国化",才能实现"国际化"。

(一)个性化

要通过大学英语教学改革实现"个性化"教育首先应克服的最大障碍便是"趋同化"。"趋同化"大致表现在以下几个方面。

首先,教育行政部门是统一的"社会行动主体"。在当今的大学英语教学中,不论是教学方案的制订,教学管理或评价制度的构建,还是教师队伍的培养,教学材料的编写或教学手段的开发等,都是在教育行政部门的统一指挥和监控下进行的,这便是"趋同化"的表现之一。

其次,统一化的教学管理。几乎所有的普通高校都是在教育部制订的统一的培养方案、管理制度和评价体系下进行英语教学,所使用的大学英语教材也不外乎是上海外语教育出版社、外语教学与研究出版社、高等教育出版社以及其他几所出版社出版的教材,并没有因为学校的差别和学生层次的不同而选用"个性化"教材。

"趋同化"教学体制的出现与国家的计划教育体制有着某种程度上的联系,其主要的教学核心是"教"而不是"学"。虽然,近些年来"以生为本"的呼声愈来愈大,但是在实际开展教学活动时是有一定难度的。[1]

"个性化"教学要求有灵活个性化的"动态"培养方案,即教学方案可以根据不同的学生、学生的不同表现随时进行调整,使方案适应学生,而不仅仅是让学生适应方案。[2] 教育行政部门在制订了统一的培养方案以后,只是具有宏观指导的功能,各个学校根据自身的实际情况和学生的层次水平可以调整方案和学制,学生也可以对培养方案提出合理性的建议,实现"教"与"学"之间的"相互理解"。此外,还可以尝试推广分层次大学英语教学。

---

[1] 林玲,倪高升.教学改革背景下的大学英语教学新探[M].北京:中国水利水电出版社,2017.
[2] 薛燕.基于教学改革的大学英语教学实践[M].延吉:延边大学出版社,2018.

（二）学科化

我国当前的大学英语教学主要是围绕"学习语言知识,掌握语言技能"展开的,并且受社会发展的影响,大学英语教学的中心应该转向以实用为目的的教学,即由"学"转向"用",在"用"中"学",通过一系列的语言实践,提升语言能力。

就"社会行动"而言,进行"学科化"的大学英语教学是十分有必要的。所谓的大学英语教学的"学科化",并不是"英语"与"专业知识"或"专业英语"简单相加,而是两者之间的相互融合,是集"实际运用""英语表达""学科趣味",甚至是"学术思维"于一体。大学英语教学"学科化"的有效途径之一就是在普通高校中开设以学科为中心的大学英语博雅课程,学生不仅可以了解与英语学科相关的知识和发展状况的表述,还可以接触相关的学术刊物、栏目等,同时还能为学生提供出国求学的帮助。

大学英语教学改革的最终目的是要走出"外语圈",改变其从属地位的现状,发挥大学英语教学的引领作用。各高校要在满足学生个性发展要求的基础上,开发多层次、立体式的大学英语教学模式,充分提高学生的英语应用能力和学科研究能力,在逐步提高学生的基本英语技能的同时,逐渐深化其专业英语知识和技能,使其在多个领域都能发挥专业英语水平的优势,力求做到英语"学科化"教学。

（三）中国化

语言具有深层次的思维功能。在当今的大学英语教学中,人们关注的更多的是学习英语的思维方式,克服汉语思维方式的消极影响,因此大学英语教学中更加注重以"西化"为特征的教学思维模式,即引进外籍教师,营造学习英语的环境等,或对英语教师进行出国培训,到国外大学进行实地考察等。这种教学思维模式是单向的,而大学英语教学改革的目的就是将单向变为双向互动的过程,既"西化",又"化西",即"中国化"。在引进西方思维模式的同时,还要使学生在中西文化的相互碰撞中,了解中华文化的传统,推动中华文化走向世界。

二、大学英语教学改革的理念

在进行大学英语教学改革时应遵循的理念是改革者必须要考虑的问题。我国的英语教学在开始之初是经过"西学东渐"的历史发展而来,是为了挽救民族危机而学习西方的先进文化技术,达到国富民强的目的。但是,在当今社会,我国正致力于建设创新型国家和人力资源强国,为适应这种发展趋势,大学英语教学要将培养国家需要的高素质人才作为教育思想,大学英语教学改革中要以中华文化为本,即以"中学为体",在大学英语教学中传播中华文化,同时学习世界先进的知识与技术,增强中国的软实力。因此,大学英语教学的指导思想便是"传播"与"借鉴"。为了更好地实现这一教育目标,大学英语教学改革要进行全方位的整改,使英语教学朝着特殊化、学术化方向过渡,这就要求改革既要转变教师角色、强调学生的主体地位,也要提高学生的学习技能。

(一)转变教师角色

现代教学模式主要依托教师讲授,教师对教学活动有主导权,给予学生的学习活动有限。而英语教学改革强调转变教师角色,将课堂还给学生,使学生能够以自己的需求和兴趣等为依据对学习进行自主选择,对学习进程自主安排。学习者可以自主学习,如在线阅读、对视频反复观看、向教师提问、与同学互动等,这种新的学习模式突出学生在学习中的主体地位,打破了传统的知识灌输式教学模式。

在大学英语教学改革中教师角色应发生如下转变。

1. 由课堂的"主角"转变为"引导者"

传统教学一直秉承以"教师中心""教材中心",课堂"满堂灌",教师对教学内容、教学手段、时间安排都处于"独裁"的状态,学生处于被牵引和压制的状态。长此以往,学生学习的主动性、创新性都受到很大的影响。在大学英语教学改革的大背景下,这种牵引和压制必定会被打破,学生可以利用网络更方便地获得质量较高的学习资源。优秀教师的视频也能为学生提供丰富的资源,学生可以在学校学习,在家中学习,在任何时候、任何地点进行学习。学习方式也因为网络而发生改变,学习者可以轻松看视频,可以徜徉在学科游戏中,可以在讨论吧自由地阐释自己的观点。学生的智商可以在新的学习方式中得到发展,也能具有更高的情商、更强的责任意识。教师通过了解学生,能够分析学生,引导学生自主发展、自主学习,教师的教书职能在信息化过程中逐渐被弱化,分析师、引导者的职能将逐渐被强化。教师是孩子成长过程的引导者,教师为孩子成长提供优质服务。

2. 由学生学习的"监督者"转变为"协助者"

传统的英语教学是将学生局限在教室里,学生的学习场所较为单一,教师可以充分监督学生在学习中的一举一动,而英语教学改革使得学生的学习时间、地点都变得很有弹性,所以教师"监督者"的角色受到冲击。但是教师作为"协助者"的角色还是不可替代的,教师需指导学生学会自学,学会利用网络学习资源提前预习所学的知识,学会自己去思考和解决问题,而不是等着教师告诉答案,教师在学生学习的过程中起的是抛砖引玉或是画龙点睛或是直击病灶的作用。

3. 由"单打独斗"者到"团队协作"者

传统的英语教学大多是教师自己备课,自己讲课,教师一直是单打独斗的角色,英语教学改革要求教师由"单打独斗"者转变成到"团队协作"者。这就需要建立一支由各学科骨干教师为主的课程研究团队,进行明确分工下的课程资源设计活动。

(二)强调学生的主体地位

知识型时代已经全面到来,社会对于应用型英语人才的需求与日俱增,而受传统教育模式的影响,学生的思维多受到限制,很难适应灵活多变的市场竞争的要求。因此,大学英语教学改革要全面关注英语应用的细节内容,以学生的发展为中心,强调学生的主体地位,依

第二章 大学英语教学改革综述

照学生不同的身心发展特征和学习水平,设定相应的职业、人生发展目标,并对应提高其在相应领域的英语综合应用能力和竞争实力,这是大学英语教学改革的基本理念之一。

(三)提高学生的学习技能

英语是传播中华文化,借鉴与吸收西方先进文化与技术的工具,因此大学英语教学要培养学生跨文化交流和学术交流的能力。为与这一教育理念相适应,大学英语教学改革必须改变其教学内容,通过加强阅读教学培养学生"借鉴"的能力,通过加强写作教学培养学生"传播"的能力。

三、实现大学英语教学改革目的与理念的策略

近年来,随着经济全球化发展趋势的日益加强,英语逐渐成为社会发展所需人才的一项必备技能,因此如何在大学英语教学中提高学生的英语应用能力,提高学生的市场竞争实力,是大学英语教学改革中应重点思考的问题。

(一)开创多元化社会实践交流平台

英语只有在"用"中才能学得深入和透彻,学生只有在特定的岗位和工作环境中进行实际操作和训练,通过处理不同的工作失误,接触不同的职务人员,才能了解自身真正的需求和市场的发展方向,也才能从根本上提升其英语对话能力和人文素质。但是,从当前的大学英语教学改革现状来看,学校为学生搭建合适的社会实践交流平台这一举措进行得并不完善。在部分高校中,英语教学仍局限于简单的课堂讲解和基本的情景演练。此外,课堂教学中也以理论知识为教学的核心,轻实践,不能很好地锻炼学生的英语灵活应用能力。

因此,为有效实现大学英语教学改革目的与理念,一些有能力和条件的高校可以考虑与相关企业建立长期有效的合作关系,共同建立丰富多样的社会实践交流平台,使学生在实际操练中领略英语学习的真谛。

(二)革新传统的测评模式

对现有的测评模式进行灵活的调整也是实现大学英语教学改革目的与理念的有效策略之一。通过设置不同的语境考核单,为学生自我素养水准客观细致化的鉴定提供依据的同时,也为日后教学改革侧重点进行人性化的变更提供了参考。教师要积极灵活地依照英语课程和市场环境等多种因素的要求,对传统测评模式的路径和难易状况进行革新,真正发挥出测评的功效,为之后实现良好的教学循环过程提供保障。

第三章 大学英语教学模式与学习方式改革

在这个信息技术快速发展的时代,各高等学校应该充分利用各种信息技术改革旧的教学模式,采用新的教学模式,使大学英语教学可以摆脱时间和地点的束缚。此外,大学生在学习英语的过程中也可以利用当前的科学技术手段转变学习方式。本章主要研究大学英语教学模式改革与学习方式改革。

第一节 大学英语教学模式改革

一、教学模式的内涵

"模式"一词源于"模型",最初指的是实物模型,后发展为非实物模式。非实物模型最初应用于数学领域,后拓展应用于人文社科领域,即成为人们常说的"模式",是指用文字或图解对非实物现象进行一种抽象的说明和描述。这种说明和描述作为经验和理论之间的中介,是沟通两者的具有可操作性和简约化的知识系统。从中文语义上看,"模式"的内涵和外延广于"模型",其英文对应词是 model。

将教学模式作为专门的研究对象,还是 20 世纪 70 年代的事。一般认为,教学模式研究是从美国乔伊斯(B.Joyce)和韦尔(M.Well)合著的《教学模式》(*Models of Teaching*)一书正式出版开始的。他们在其专著《教学模式》中为教学模式下的定义是:教学模式是构成课程和课业、选择教材、提示教师在课堂或其他场合教学的一种计划或范型。[1] 在该书的撰写过程中,乔伊斯和韦尔系统地研究了多个相关理论和学派,从中选取了 25 种较有代表性的教学模式,并用较为规范的形式进行分类研究和阐述,最后归纳成信息处理、个人发展、社会相互作用和行为教学四大类教学模式,即信息加工教学模式、个性教学模式、合作教学模式和行为控制教学模式。在我国,20 世纪 80 年代以后,人们开始研究教学模式,对教学模式概念的界定多种多样。

总括起来说,中外学者对教学模式有很多界定。

(1)从教学模式构建方法的视角界定。

教学模式是在教育理论的基础上,抓住特点,简单地总结教育过程的组织方式,让教育在实践的过程中加以选择;之后再总结教育实践过程中获得的经验,抓住特点,就能够获取

---

[1] 乔伊斯,韦尔.教学模式[M].荆建华,等译.北京:中国轻工业出版社,2002.

不同的教育模式,让教育理论体系得到完善。

（2）从教学策略与教学方法的视角界定。

埃金(Eggen)认为,所谓教学模式,就是为完成特定的教学目标而设计的、具有规定性的教学策略[1]。

吴也显认为,所谓的教学模式就是某一种稳定化、系统化、理论化的教学方式[2]。详细分析教学模式的话,就是在发展教学理论与实践的过程中构成的一组系统化、稳定化的用来组织与实施教学过程的方法与策略。每个教师都是在某种理论或经验的教学模式或框架内展开他的教学过程的。

（3）从教学结构与教学程序的视角界定。

张志勇认为,教学模式从本质上说是在一定的教学理论指导下,影响特定教学目标达成的教学活动诸要素,在一定时空范围内形成的、以教学程序为其外在表现形式的一种教学实践活动结构[3]。

冯克诚认为,教学模式是在一定的教学思想指导下所建立起来的较为稳定的教学活动结构框架和活动程序[4]。

祝智庭认为,教学模式又称教学结构,是在一定的教育思想指导下建立的比较典型的、稳定的教学程序或构型[5]。

黄甫全等的界定概括了上述三个视角的含义："所谓的教学模式可以说是一系列的用来实现教学活动的方法论体系,实际上来说它是基于教学思想与教学理论而产生的,稳定性良好的教学活动结构框架和活动程序。它既将教学理论付诸行动,又系统化地总结了教学经验。它既可以直接从丰富的教学实践经验中通过理论概括而形成,也可以在一定的理论指导下提出一种假设,经过多次实验后形成。"[6]

综上所述,我们可以给出教学模式的定义:教学模式就是在某一教学思想和教学原理的指导下所形成的关于教学的理想意图及其实施方案。教学的理想意图指的是通过教学可达到的教学效果,实施方案则是指达成教学目标的行动方式、途径、步骤等。它既可以直接从丰富的教学实践经验中通过理论概括而形成,也可以在一定的理论指导下提出一种假设,经过多次实验后形成[7]。

二、教学模式的建构

（一）教学模式建构的基本原则

教学模式的建构需要遵循如下基本原则。

---

[1] 保罗·D.埃金,等.课堂教学策略[M].王维诚,等译.北京:教育科学出版社,1990.
[2] 吴也显.教学论新编[M].北京:教育科学出版社,1991.
[3] 张志勇.创新教育中国教育范式的转型[M].济南:山东教育出版社,2007.
[4] 冯克诚.当代课程改革理论与论著选读[M].北京:人民武警出版社,2010.
[5] 祝智庭.有效学习设计:问题化、图式化、信息化[M].北京:教育科学出版社,2010.
[6] 黄甫全.现代课程与教学论[M].第2版.北京:人民教育出版社,2011.
[7] 张志远.英语课堂教学模式[M].北京:中国物资出版社,2010.

（1）理论的科学性与实践的可行性相统一原则。一定要以科学的理论为依据建立教学模式，教学模式必须能够体现教学的本质与规律，还要反映出当前社会培养人才的特点；同时，必须以教学实际为出发点，充分结合当前国家教育教学的发展情况，进而实践，真正做到理论的科学性与实践性相统一。

（2）主体性原则。课堂教学质量的提高，一方面要发挥教师的主导作用，另一方面绝对不能离开学生在学习中的主体作用。创新教育要求广大教师树立与新的教学理念相适应的学生观，充分尊重学生在学习过程中的主体地位，采取多种形式的方法和手段以促进学生能力的主动发展，从而提高学生的整体素质。[①]

（3）普及与提高相统一原则。建立教学模式就要服务于普及教育，所以应该将重点放在"普及型"教育模式的开发上，尤其要注意多开发一些与农村及边远地方的师资、生源和教学条件相适应的教学模式。在教育的问题上，我国都是先普及，然后再提高。以实验学校为代表的城市学校适合多开发些"提高型"的教学模式，使之成为典范。然后教师水平与教学条件逐渐提高，使得"提高型"的教学模式向"普及型"教学模式发展。因此，建立教学模式要从本地、本校的实际情况出发。不仅要适合普及的需要，也要考虑提高的需要，将普及与提高统一起来。

（4）批判继承、合理借鉴与积极创新相统一原则。科学发展的特殊之处在于历史的继承性。因此，在对教学模式的历史和发展进行研究时得出了这样的结论，即新的教学模式的形成也要吸收已经存在的教学模式的可取之处。我国自从实行改革开放以来，与其他国家的交流越来越频繁，国外的教学模式也为我国教学模式的构建提供了有利的借鉴。要在吸收借鉴的基础上进行创新，吸收已经成功的经验，吸取别人失败的教训，这样才能保障教学改革的顺利进行。对历史的遗产进行批判性的继承，吸收国外有益的经验，让教学模式能够取得更大程度的创新发展，进而对现有教学模式难以解决的问题进行解决，并适应教学的需要与时代的发展。

(二)教学模式建构的基本方式

1. 演绎法

演绎法就是先做出一个科学理论假设，推演出一种教学模式，接着通过实验的方式对这种假设的优越性进行验证。其出发点在于科学理论是假设，思维过程是演绎。以演绎法进行教学模式的构建有以下两种方式：（1）使相关的基础研究成果直接形成教学模式；（2）根据在观察与实验中得到的材料直接进行教学模式的组织与设计。演绎法包括教育行动研究法、教育实验法等。

2. 归纳法

归纳法就是总结归纳之前的教学经验，进而形成新的教学模式，其出发点在于经验。通过归纳法构建的教学模式也有两种：第一，加工改造历史上较为优秀的经验；第二，对当前

---

① 莫英.信息化背景下大学英语教学改革与创新思维[M].成都：四川大学出版社，2018.

第三章 大学英语教学模式与学习方式改革

优秀教师在教学实践的过程中获得的先进经验加以总结、提高、系统化而成的,因而又叫升华法。归纳法包括文献研究法、教育经验总结法、课例研究法、观察法等。

三、常见大学英语教学模式

（一）情境—陶冶教学模式

情境—陶冶教学模式是指在教学过程中,教师有意识地将一些具有情绪色彩、形象生动的情境运用于课堂上,进而让学生对课堂讲授的知识产生浓厚的兴趣,获得情感的体验,让学生在情感的支配下进行情境的感知,理解教材内容,达成陶冶情感、情通理达之目的的教学模式。

情境—陶冶教学模式的产生依据是暗示教学理论和情知教学论。第一,暗示教学理论认为,情感与理智、综合与分析、无意识与有意识之间都是相互缠绕、不能切断的,而暗示是环境和个人之间一个连绵不断的交流过程,有着很大的潜移默化的能力。因此在教学过程中要通过暗示发掘学生的学习潜力,增强学生的记忆力,开发想象力与创造能力,充分发展自我。第二,在情知教学论中,教学过程是情意过程和认知过程的统一。情意系统起动力作用,启动、定向、维持和调节学生的学习行为;认知系统则承担对知识的吸收、贮存和转化的任务。两种系统同步、协调发展,相互促进,就能取得较好的教学效果。[1]

人会在无意识的心理活动的支配下与环境保持平衡,并且所有的有意识的活动都是在无意识的组合的基础上产生的。感情、想象以及其他无意识活动深深地影响着个人的见解、动机和记忆。所有的感官感受到的无意识知觉是外围知觉,意识的中心并不在此,但以后可以进入注意的中心。人在外围知觉中获取到的信息能够让人形成长期记忆。

情境—陶冶教学模式能够帮助学生加快知识理解的速度,更牢固地掌握知识,让学生的认知能力与审美能力得到更大程度的提升。学生在无意识注意和情感活动的影响下,不会轻易地出现疲劳感和厌倦情绪,这样教师就可以在更长时间里向学生提供更多的教学活动。这一教学模式对教学的教育功能有拓展和深化的作用,对学生进行个性的陶冶和人格的培养,提高学生的自主精神和合作精神。

（二）多媒体支架式教学模式

不同的学者对支架式教学的定义不同。

罗森赛恩（Rosenshine）认为,支架式教学就是教师或更有能力的同伴为帮助学生解决独自不能解决的问题而提供帮助、支持的过程。[2]

普利斯里（Presley）认为支架式教学模式是:按照学生的需求帮助他们,在学生的能力

---

[1] 莫英.信息化背景下大学英语教学改革与创新思维[M].成都:四川大学出版社,2018.
[2] 林跃武,胡勇.支架式教学模式在英语教学中的运用[J].教育学术月刊,2010（10）,108-109.

获得提高后便不再帮助。①

目前,欧盟"远距离教育与训练项目"(DGXIII)的文件中提到的支架式教学模式的定义是应用最为广泛的。文件中认为支架式教学模式是支架式教学应当为学习者建构对知识的理解提供一种概念框架。学生在深入理解学习问题的时候是需要框架中的概念的,为此,事先要分解复杂的学习任务,这样就能一步一步、循序渐进地让学生深入理解学习问题。简言之,是通过"支架"(教师的帮助)把管理调控学习的任务慢慢从教师转给学生,最后撤去"支架"。②

1. 理论基础和模式特点

(1)理论基础

维果斯基(Vygotsky)认为,在个体智力活动中,自身具有的能力可能不足以解决存在的问题,通过教学,个体在教师帮助下能够将能力提升到可以解决问题的程度,这就是最近发展区理论。③也就是说,最近发展区可以定义为:个体独立解决问题时的实际发展水平(第一个发展水平)和在教师的帮助下解决问题时的潜在发展水平(第二个发展水平)之间的距离。可见,教学决定了个体的第一个发展水平与第二个发展水平之间的状态,教学可以创造最近发展区。

建构主义认为世界是客观存在的,但是对世界的认识,个人与个人都是不一样的,这是主观的。人根据自身积累的经验进行知识的建构,由于不同的个体积累的经验与对经验的信念存在差异,所以个体在理解外部世界的时候也会存在差异。所以,在建构主义者看来,知识的建构更应该在原有的经验、心理结构和信念的基础上进行,并且将学习的主动性、情景性与社会性作为重点强调,把学习分成初级学习与高级学习,注重自上而下的教学设计及知识结构的网络化,倡导改变教学脱离实际情况的情景性教学。

(2)模式特点

多媒体支架式教学模式将多媒体技术与英语课堂教学有机整合,创设语言情境,使教师主导作用和学生主体作用充分发挥,将学生学习英语的主动性、社会性、情景性和创造性融为一体,促进学生的生理、心理与智力和谐发展,兴趣、情感和意志得以激励。多媒体技术使学生能够通过多种感官获取知识,促使学生由形象思维向抽象思维转化,不停地把学生的智力从一个水平提升到另一个新的更高水平。

2. 实证研究

对于在大学英语教学中所使用的多媒体支架式教学模式,鲍静实施了实证研究。其中,支架式教学模式的步骤有:搭建支架、进入情境、独立探索、协作学习、效果评价。下面的实例是在这一步骤的基础上,将研究对象确立为大学专业英语精读课堂,并将《现代大学英语》第二册第二课作为研究范例。这篇文章主要是讲一对夫妻对于同一件事的看法存在分歧,进而体现了个人观点差异和种族观念不同的文章主题。

---

① 林跃武,胡勇.支架式教学模式在英语教学中的运用[J].教育学术月刊,2010(10),108-109.
② 张震.基于支架式教学模式的元认知能力培养[J].宿州学院学报.2011(1):103-106.
③ 列夫·维果斯基.思维与语言[M].李维,译.北京:北京大学出版社,2010.

第三章　大学英语教学模式与学习方式改革

（1）搭建支架

在教学开始之前,教师就要为学生提供课上要用到的资料,并且对学生解释这些资料的用途,让学生自己对材料进行理解,这就是所谓的搭建支架。搭建支架的过程中,教师首先为学生播放动画录像,学生在看完视频之后要说出自己的想法。视频中的大致内容是关于一对男女在思考以及处理相同的问题时出现很大的认知差异。举例来说,男人在购物的时候总是买完需要的就走,但是女人可能会逛街逛一整天,最后什么都不买。教师构建支架的方式为播放视频,一方面可以生动形象地向学生传递课堂主题,另一方面能够让学生对这个主题产生学习的兴趣。教师就能够通过多媒体支架式教学模式让课堂变得生动而活跃。

（2）进入情景

这一环节就是教师带领学生进入问题情景之中,布置任务,让学生说出自己的观点。学生看完全部的录像之后,教师向学生提出问题,男女之间的差异与矛盾除视频上所说的几点之外还有哪些,让学生思考并在课堂上展开讨论。接着就这些不同点思考产生的原因。在陈述完原因后,教师通过多媒体图片与推荐美国畅销书《男人来自火星,女人来自金星》进行话题的总结。在这本书中,男女之间差异的原因可以通过插图与简介了解。教师在总结时采用多媒体支架的形式,比直接告诉学生答案更能让学生主动接受。这一环节完成之后,学生还可以在课下继续阅读,寻找答案。在此,教师已经成功引入了教学主题之一。教师在这时就可以引导学生对文章进行理解,让学生了解文章中介绍的其中一个主题,即性别让想法产生差异。

（3）独立探索

这一步骤指的是学生立足于集体思维成果进行独立思考产生自己的想法。教师在这个环节可以在多媒体的辅助下向学生提出问题,并且问题应一步一步地深入,让学生一边回答问题,一边独立挖掘文章更深层次的主题,即种族观念的问题。教师要通过多媒体向学生提出问题,然后学生讨论得出自己的答案,教师给出答案。这种做法不仅可以让学生对这个答案记忆更深刻,还能够起到语言的示范作用。把上述问题的所有答案组合起来就会得出新的文章主题。所以多媒体支架在引导学生独立探索文章主题上起到了重要的辅助作用。

（4）协作学习和效果评价

学生和学生、学生和教师共同协商讨论,共享尝试探索过程中的成就,共同解决问题就是协作学习。而效果评价则指客观性测试、个人的自我评价与集体对个人的学习评价。完成文章的主题讨论之后,教师按照文章的主题又提出了新的问题供学生讨论。这些问题是以下列三个情景为背景的:第一,在黑人外教与白人外教之间做出选择;第二,外出旅行,在欧洲与非洲之间做出选择;第三,在跨国婚姻中选择哪种肤色的人。教师将学生分成小组,各个小组选择一个问题进行讨论并提出看法。然后在PPT中展示出学生的观点。这个步骤完成之后学生已经对文章完全清晰明了,然而还需完成将知识运用于现实生活之中。此过程中,学习者发掘自身潜力,教师不干涉学习者的学习。通过多媒体,学生还可以在观点的把握、理解和探索上更加深入。在展示之后,教师和学生可以共同给出评价。

多媒体支架包括图标、图片、视频等各种方式。学生通过这些方式在掌握概念,理解信息上更加容易。多媒体支架式教学引导学生自己形成思考并应用知识。对于较难理解的知识和新信息的挑战,多媒体的支架的辅助恰恰可以帮助学生更直观有效地理解所学知识点。

四、信息化大学英语教学平台建设

信息时代的来临带来的是开放性的数据、数据资源共享，可以很容易找到公共资源。这些公共数据不仅包括文字信息，同时包括大量的音频和视频信息。近年来，基于网络的资料让英语教学中的材料变得更为丰富，英语专业的教学可以借助网络媒体获取的资料将其应用到外语课堂教学当中，辅助课堂外语教学。这些资料大多内容丰富、生动，在外语教学中的运用可以构建具体的语境，使学生在新鲜材料的帮助下以新的方式学习外语。

这种新型的习得模式与传统教学相比，除了能够让学生习得语法外，还能够为学生构建起真实、具体的语言环境，打破传统语法的禁锢，借助丰富的语言信息资源为学生提供生动的例子。比如语法的学习，在现代信息技术手段的助力下，营造与语法信息相对应的情境。[①] 外语的运用由于有了具体、真实、丰富的语言相关的信息材料，变得新颖起来，外语学习与语言习得真正联系起来了。

就翻转课堂教学模式的组织来讲，可以通过邮箱、QQ群、微信群等通信工具，直接把教学视频发送给学生，让学生在家或在宿舍观看学习。但更多的翻转课堂却使用了基于网络教学平台来实施，我们首先应该认识到使用网络英语教学平台进行英语教学改革的优势。

（一）信息化大学英语教学平台

信息化是以现代通信、网络、数据库技术为基础，对所研究对象各要素汇总至数据库，与特定人群生活、工作、学习、辅助决策等和人类息息相关的各种行为相结合的一种技术，使用该技术后，可以极大地提高各种行为的效率，为推动人类社会进步提供极大的技术支持。教学平台是指为开展教学实践使用的一系列软硬件设施的统称。其中包括提供开展教学实践的场所，传统的有教室、操场，新型的有网络、电视等，还包括设立的课程、教材资源、教学设备等。因此，信息化大学英语教学平台就是以现代通信、网络、数据库技术为基础进行大学英语教学实践的场所，下面具体对E-Learning教学平台与虚拟教室进行论述。

（二）XE-Learning教学平台

1.E-Learning教学平台的概念

E-Learning教学平台是基于互联网实现网络教学的必要条件，它是建立在网络基础设施之上的、用计算机网络编程实现的学习环境，它的后台是系统程序和被程序组织起来的数据库，它的前台是网页界面。

2.E-Learning教学平台的体系结构

E-Learning教学平台的系统架构一般包括学习管理系统、虚拟教室工具、套装式在线教材、定制化在线教材、在线测验等模块。它包括五个部分：网上课程开发系统、网上教学支

---

① 张雪.大数据时代的语料库与外语教学创新研究[J].长春大学学报，2017, 27 (12): 99-102+119.

持系统、网上教学分析系统、网络教学资源管理系统和相关应用系统互操作接口。

3.E-Learning 教学平台的特点

（1）知识的可重复性

由于 E-Learning 教学是网络化的在线学习，不受时间、场地限制，因此学习者可以在自己任何有学习需要的时候调用学习资源进行预习和复习，充分巩固学习效果，避免了课堂学习容易遗忘的问题。

（2）知识的网络化

学习的知识不再是一本书，也不再是几本参考书，而是有关的专业知识和数据库。在数据库的支持下，知识体系将被重新划分，学习内容将发生重新组合，学习与研究方法也将发生新的变化。

（3）学习的自由性

学习的终端是学员桌前的计算机，学生学习不一定非要循规蹈矩地按照一定的顺序，他们可以按照自己设定的学习进程进行随时随地的学习，并且无论在学习过程中遇到什么问题，凭借网络提供的丰富的知识库或者与教员或其他学员的非实时交流，他们都可以获得相应的帮助。

（4）学习的可跟踪性

学生的所有学习活动都被记录下来，作为评估学习效果和分析学习需求的依据。

（5）学习内容保持及时、持续的更新

所有的知识内容（包括学习教材在内的各种学习资源）可以在第一时间保持更新，同时保证了知识的一致性。

（三）基于虚拟仿真技术的虚拟教室

1. 虚拟仿真技术概述

虚拟仿真技术是 20 世纪末兴起的一门崭新的综合性信息技术，是发展到一定水平上的计算机技术与思维科学相结合的产物。它采用以计算机技术为核心的现代高科技生成逼真的视、听、触等一体化的虚拟环境，用户借助必要的设备以自然的方式与虚拟世界中的物体进行交互，是一种人与虚拟环境进行自然交互的人机界面。它由计算机硬件、计算机软件以及传感设备等组成，这种技术的特点在于计算机产生一种人为虚拟的环境，人可以直接观察、操作、触摸、检测周围环境及事物的内在变化，并能与之发生交互作用，给人一种身临其境的感觉。

2. 虚拟教室的定义与构成

虚拟教室（Virtual Class）是运用计算机技术、多媒体技术、数字压缩技术、网络通信技术等信息技术，将多学科、多领域融合交叉而形成的产物。它是在计算机网络的基础上利用多媒体技术构建成的教与学的环境，可使身处异地的教师和学生相互听得到、看得见。它是以建构主义理论为基础，利用计算机多媒体技术、网络技术、现代通信技术等构建的数字化网络教育支撑平台。它为教师和学生提供了一个类似传统的教室，同时又不受时间、地点限制的网络教学环境。

虚拟教室不同于传统教育中的教室概念,它不仅具备可以进行类似于上述所说的传统教育的环境,而且是一种使学生身处学习对象之中的逼真环境。举例来说,学习飞行器驾驶技术,那么虚拟课堂就是飞行器飞行的模拟环境;学习解剖学时,虚拟课堂可以是在虚拟医院。虚拟课堂甚至可以使学习者身临超越现实时空的学习环境,如探索星系时的虚拟课堂是虚拟太空,研究分子原子结构时的虚拟课堂是在虚拟微观世界之中。

虚拟教室系统根据其功能可分为三个组成部分:使用者部件、控制中心以及教学资源库。各组成部分之间的关系如图 3-1 所示,它们构建了三层架构的功能模型。

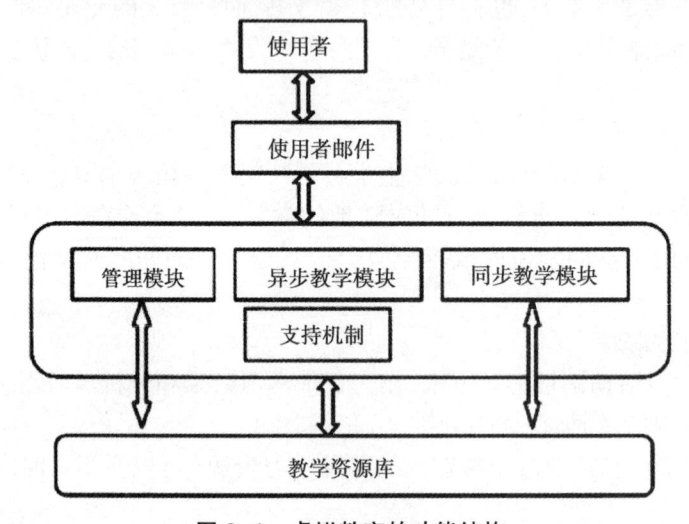

图 3-1 虚拟教室的功能结构

第二节 大学英语学习方式改革

21 世纪人类社会步入了全新的网络信息时代。各种信息通信技术特别是互联网技术对大学的学习方式正在产生越来越大的影响,并且对大学生的自主创新能力和大学人才培养质量提出了更高的要求。在这种新的社会背景下,传统的学习观念、学习方式表现出多方面的不适应性,从而对大学学习方式的全面变革即"大学学习创新"提出了迫切需求。

一、自主学习

(一)大学英语网络自主学习的现状分析

1. 学生缺乏自主学习的主观能动性

目前,作为高校学生的必修公共课之一,大学英语在高校并没有受到应有的重视,学生

第三章　大学英语教学模式与学习方式改革

也没有正确认识到英语课程的重要性,仅将其作为自己应付考级的工具。基于此,在学习英语时,有些学生也只是将其停留在完成教师的教学要求的认识上,而不会自己主动进行查漏补缺。

2. 网络学习资源内容单一、陈旧、形式单调

让学生借助于音频资源的帮助,来发现和弥补自己在学习方面的问题和不足,进而提高学生的语言综合能力,是英语网络学习平台的主要目的。但是,由于高校没有给予其足够的重视,也没有投入相应的资金和建设力度,从而使得英语网络学习平台中的现有资源较为单一、陈旧且落后,对学生而言没有足够的吸引力。

3. 自主学习评价指标不客观

目前,我国高校对英语自主学习的评价大多还只是将一定数量的学时分配给学生,只要学生在规定的时间内完成规定数量的作业便可以获得相应分数。显而易见,这一评价机制存在一定的问题,它并不能准确反映学生真实的学习情况,也无法帮助教师及时了解学生进行英语自主学习的效果。

4. 自主学习缺乏监管环节

学生通过网络平台在进行英语学习时,难免会存在这样的问题,即一心二用,也就是一边浏览与语言学习无关的网页,一边打开学习平台刷课,无疑,这会大大降低语言学习的效率和成效。之所以会出现这一问题,主要是因为目前的自主学习过程缺乏有效的监管,只是一味地强调完成学时的量而忽略了最终学习的过程。

(二)信息化背景下大学英语自主学习动机的培养

1. 应用信息化技术线上引导与面对面交流,降低学生的焦虑

信息社会的到来和科学技术的高速发展,使得学生接触到的高科技产品越来越多,获取信息的渠道也越来越广,但是,面对如此多的信息获取渠道,反而会使学生不知道从何下手,在浪费了时间的同时也没有什么大的收获。这一负面影响最为显著的就是大一新生,在他们还没有适应新的学习环境和方式的时候,自身的思维和意识依旧停留在对教师的依赖中,所希望的是受到教师的指点和引导,由此,便决定了当他们没有接收到教师及时的指导之后,会产生一定的焦虑情绪,严重的会失去对学习的信心,从而无法完成学习任务。有些学生因此放弃网络英语自主学习。

因此,教师应该使用网络在线信息引导和课堂面授反馈相结合的方式,帮助学生掌握英语学习方向,提高英语学习效率。

(1)在线信息引导

在线信息指导所说的就是教师通过网络对学生进行语言学习的指导和帮助,帮助学生减少花费在浏览网页上的时间,帮助其更快、更好地进行信息的选择和获取。在网络通信软件的帮助下,教师可以将每一次课的教学要点和难点告之学生,指导其利用网络来对不同的知识点加以学习,学会攻克不同的知识难点,提高其学习效率。由此,便可以在一定程度

上减少学生因与教师面对面交流而产生的胆怯和不安,让学生在学习方面获得成就感的同时,也可以增强对英语自主学习的兴趣。

（2）课堂面授反馈

在现代教育理念和教学模式中,大学课堂教学的重点不再是教师,而应当是坐在下面的学生,也就是人们常说的"翻转课堂",采用多种多样的方法检查学生线上和线下的学习情况,告诉学生存在的普遍问题,引导学生分析造成共性问题的原因,采取何种措施解决这些问题,不断提高自主学习效率。例如,在读写课堂教学中,主要训练的是学生的阅读技巧,为实现这一教学目的,教师可以先就不同的段落为学生设置相应的问题,并对每一段落中的核心词汇和短语加以重点标注,这样学生在借助网络进行英语自主学习时,就可以针对教师所设置的问题进行学习,在节省时间的同时也提高了学习效率。学生在学习这一文章时,还应当借助网络了解与文章作者、写作背景、写作目的等有关的学习资料。在课堂教学活动结束之后,教师首先要做的是对学生的自主学习加以肯定和表扬,然后再指出其中所存在的问题,帮助学生发现自主学习的不足并加以改进,增强学生自主学习的信心。

2. 丰富多样的教学方法,培养学生的自主学习兴趣

在信息化社会中,英语教学拥有了丰富的教学资源,并可以采用较为直观、生动、形象的教学方法,帮助学生更好地进行自主学习。但是,应当注意的是,教师在为学生选择学习视频或音频时,不能太随意,应当结合所要学习的知识点,并考虑学生的现有语言水平,增强学习资源的针对性和有效性。

（1）主题讨论

主题讨论借助 QQ、微信等网络通信技术得以实现。在进行主题讨论时,教师可以以单元教学内容为依据进行问题的设置,并将学生分成几个学习小组进行讨论。在进行问题讨论时,学生可以脱离内容的限制,也不考虑自己的观点正确与否、语法正确与否,将自己放置在与教师平等的地位进行探讨,在这样一个较为自由、宽松的学习环境中,可以最大限度地激发学生的学习兴趣,发散其学习思维,让学生通过面对面地沟通与交流,习惯用英语来表达。当然,在课后,教师应当安排学生对自己的语法和不会表达的英语词汇进行查找和学习,增强学生的词汇印象和记忆。[1]

（2）人机交互

教师应当大力提倡学生借助英语语言学习平台,进行《视听说》教材中的口语和听力训练,并一边听一边复述所听到的内容与对话,掌握句子中单词连读、弱读和重读的发音技巧。由此,不仅锻炼了学生的听读能力,也在一定程度上有利于学生的口语表达能力,训练其利用英语进行对话的能力,激发学生学习英语的热情和兴趣,从而更好地开展英语自主学习。

（3）课堂情境创设

传统的英语教学方式和教师的备课模式在信息社会中出现了大的改变。在现代化的英语课堂教学中,教师不再是一个人站在讲台上滔滔不绝地讲课,反之更多的是欣赏学生的

---

[1] 莫英.信息化背景下大学英语教学改革与创新思维[M].成都:四川大学出版社,2018.

学习作品与成果。教师在进行备课时,也不再如传统教学一般在纸张上罗列教学过程,而是借助 PPT 等现代信息技术,在授课过程中插入相应的问题,并让学生进行预习。例如,在正式上课之前的导入部分,教师可以利用多媒体或电脑播放一首与学生将要学习的内容有关的歌曲或视频,引起学生的学习欲望和兴趣;在教学过程中,教师可以安排学生进行小组讨论、抢答、学生制作与展示 PPT、歌剧表演等方式,也可以让学生自我选择表现形式,让学生充分展现自我,让学生在愉快的氛围中进行英语的自主学习。

3.培养合作式的学习氛围,激发自主学习动机

个性化是大学英语自主学习在信息技术环境下的一大特色,但是,不能否认的是,信息技术也会对英语学习产生一定的负面影响,例如,有的学生会因为缺少与教师面对面的交流而产生学习焦虑,严重的甚至会放弃英语学习。在学生进行自主学习时,如果教师可以适时参与其中,则可以缓解这一问题的出现。由此,在英语自主学习过程中,可以借助以下几种方式减少学生焦虑情绪的产生。

(1)在线交流

教师可以借助网络通信软件与学生进行在线交流和讨论。例如,学生在借助网络进行英语自主学习时,如果遇到了自己无法解决的知识难点,可以通过 QQ 或微信向教师进行在线咨询和提问,教师和学生也可以在群里进行相关问题的讨论和问答,这期间,每一个学生都可以自由表达自己的观点,也可以对个别知识点的学习进行合理性置疑。在线交流的学习形式并不限于以上所说的一种,学生还可以通过 QQ、微信语音功能进行自我介绍,传递电子邮件以及讨论、提问、辩论、交流学习体会等培养自身主动参与的意识。

(2)在线合作学习

在线合作学习过程中,教师应当以教材或与教材相关的内容为学生设置相应的问题和任务,学生可以选择自己独立解决问题,也可以选择与同学进行合作。其中,后者应当是英语基础好的学生带动基础差的学生学习,并对其进行辅导。灵活性是在线合作学习的一大特色,只要学生在规定的时间内完成,就可以选择同时进行或不同时进行的方式。

(3)课堂合作学习

课堂合作学习是教师把课堂的主角让给学生,让学生积极参与课堂,避免了课堂沉闷气氛,培养学生独立思考和敢于发言的能力。在大学课堂教学中,教师所发挥的作用主要体现在两个方面:一是启发,二是引导。在课堂合作学习过程中,教师可以采用拼图法、猜词法、抢答法、编号法、分组讨论法、记分法等不同的组织形式,并根据学生的实际水平设置相应的问题和教学内容,力争让每一个学生都可以参与其中,让每一个学生都可以感觉自己受到了教师的重视和在课堂教学中的重要性。在学生进行讨论之后,教师可以选择几个学生将自己的观点加以阐述,最后,教师应当针对学生的观点进行点评和总结。在总结过程中,教师首先要做的是对学生的观点加以肯定,在此基础之上再提出其观点的问题和不足。这一学习方法可以活跃课堂气氛,也可以帮助学生克服焦虑情绪,强化其进行语言学习的动机。

综上所述,教师应当根据授课班级的具体情况进行具体分析,采用合适的教学方法和手段,并充分利用现代信息技术和多媒体的帮助,营造一个轻松的学习环境与氛围,激发学生

的学习动机与兴趣,为社会发展培养所需要的人才。

(三)大学英语网络自主学习中心及其建设

1. 大学英语网络自主学习中心的作用

(1)优化学生的自主学习环境

当前,多数大学英语网络自主学习对英语学习平台进行的登录均是通过校园网完成的。在安排学习时间时,必须针对英语网络自主学习室的学习安排好部分学时,网络自主学习室必须配置专业的辅导教师负责解答学生提出的各种问题,同时学校公共计算机机房资源应该按照现实状况面向学生进行开放。自主学习平台应该通过学习预约系统安排机位学习时间,目的是减少学生在学习时间方面出现的矛盾,使学生享受到更好的服务。

(2)增加趣味性的学习互动模块

教师是课堂教学中师生互动的主导者,教学效果会在互动教学的推动下获得极大的提升。在设计网络学习系统时,应该着重关注互动环节在网络英语自主学习平台中的实施,互动模式要与在大学生中普及的多种社交平台进行融合。为了实现及时互动与在线教学,应该将学习互动交流群、学习微信公众号、学习讨论微博平台与学习答疑平台融入学习系统中。为了提升学习的吸引力以及学生对学习的兴趣,应该在现代化的社交模式基础上实现立体化的教学互动。

(3)引入移动 App 学习模块

在移动网络极速进步的大背景下,现在的大学生群体已经开始广泛使用智能手机,移动设备在大学生的交往生活中发挥着重要作用。大学生的手机安装大学英语自主学习平台的App,可以让学生的学习摆脱时空的限制,真正获得自主性,从而消除传统学习的弊端,同时App 可以按照学生的学习状况及时通知学习进展,还可以把多数学生提到的学习难点推送到每个用户。在大数据的协助下,对引起学生关注的学习资源统计进行及时公开,引导学生通过手机 App 在课余时间学习,如此,学生学习的主动性以及学习成效才能得到大幅提升。

大学英语网络自主学习平台建设可以使学生摆脱时空的束缚,提升学习的个性化、自主性以及选择性。利用构建规模庞大的网络学习资源库能够增强学生学习大学英语课程的兴趣,使学生的英语语言综合能力得到显著提升,使科学化、网络化、智能化成为大学英语教学未来的发展趋势,推动大学英语教学的进一步发展。

2. 大学英语网络自主学习中建设的措施

(1)加强外语信息资源个性化建设

目前,各大高校自主学习中心采用的是专门制作的学习资源,如《新视野大学英语》系统。该系统将词汇练习、翻译练习、听力、写作练习等同课本学习相关的方面涵盖其中。此外,诸多高校的学生听说训练系统选用的是《体验英语》《新理念大学英语》,学生拥有了出色的学习平台,然而这与学生个性化学习的要求还有很大差距。自主学习中心必须对外语学习资源进行进一步拓展。一方面,在信息化高速发展的今天,教师能够按照学生能力对其他国家的原版教学资料进行搜集与编辑,并在学生自主学习过程中运用这些素材。与真实的语料进行密切接触是语言学习的必由之路,鉴于学生对有趣的内容更加感兴趣,中心可对西方电视台的诸多节目,如新闻、娱乐、访谈等的视频进行搜集,并供学生选用。同时,虽然大部分教师在教学过程中鼓励学生在课余时间对西方国家的主流媒体、报刊的文章进行浏览,但是,现实中只有极小部分的学生具有这种积极性。因此,教师应该在资料库中定期置入经过仔细挑选的素材,为学生的自主学习奠定基础。总的来说,不仅要使学生的一般需求得到满足,而且要使学生获得个性化学习空间。

（2）突出教师在自主学习中心的作用

教师在构建自主学习中心的过程中发挥着重要作用,教师为资源收集提供了很大的助力。由于教师长期从事教学活动,熟知学生在学习方面的状况与要求,因此能够有针对性地对学习材料进行搜集与挑选。并且,中心必须及时更新视频和各种时事资源,而这与教师的认真劳动有着密切的联系。此外,由于在专业方面有着一定的限制,外语教师在对关于教学的资料进行搜集时,有时会碰到其他学科的专业资料,因此,外语教师应该同专业课教师保持密切的联系。

尽管自主学习为学生学习语言提供了很大的便利,然而,其面临着监督乏力、指导不力的问题。在高校扩招的大背景下,高校学生人数大幅度成长,教学占据了教师的大部分精力,因此,自主学习中心无法安排专业的辅导教师。然而,当前很多大学生仍然同高中时期一样对教师有很强的依赖性,有的学生在挑选学习素材时仅关注相对简单的部分。因此,为了使学生的自主学习水平得到提升,教师必须发挥引导作用。教师应该鼓励学生在自主学习中心学习时制订具体的学习目标与学习计划,对学习材料与方法进行认真挑选,对学习进度进行管控,对自身的学习成效进行评估。在此过程中,教师应该将各种问题迅速反馈给学生。应该使学生慢慢体会到,自主学习是课堂学习的拓展,而不是无关紧要的。教师不仅应该教授学生语言文化技能,而且应该作为研究者对学生怎样学习与探究进行指导。

（3）提升自主学习中心的管理水平

只有全体工作人员一起努力,自主学习中心才能正常有效运转。首先,技术人员为硬件设施提供维护工作。其次,只有全院领导和教师同心协力,中心才能正常运转。领导进行整体规划,教师则承担方案的推行和在推行时寻找问题,对有关数据进行搜集,为接下来的调整奠定基础。此外,信息交流应该有畅通的渠道,只有如此,上级领导的要求才能顺利传达,中心的运转状况也才能明确地呈现出来。

大学英语的教学和改革在信息化的推动下有了长足的进步。大学英语教学在自主学习中心的协助下变得更加生动活泼,同时面临着更多的挑战。自主学习中心使传统的教学模式发生了很大的改变,为学生提供了极为丰富的学习资源,推动了学习方式朝个性化方向发展。然而,自主学习中心建设不是为了使教师获得更加充裕的休息时间,相反,教师会付出更加辛勤的劳动。学校和学院应该在资金与政策方面提供更多的支持。唯有教师的积极性被激发出来,全员参与,才能确保达到更好的教学效果。

二、移动学习

（一）大学英语移动学习实施的可行性分析

1. 大学英语移动学习具备了实施的教育环境

（1）现代知识观的转变

人类知识观的转变经历了知识的本质由绝对真理到生成建构、存在状态由公众知识到个体知识、属性由价值无涉到价值关涉、种类由分层到分类、范围由普适性到情境化、价值由掌握和积累到应用的过程，体现了由旁观者知识观向参与者知识观转变的过程。具体而言，现代知识观的变化主要体现在以下几个方面。

①现代知识观认为，知识内在于人的经验构造。知识与人性的关系是人类创造性活动的产物。知识涵盖着人类的价值取向，表征着人的本质特征，不存在冷冰冰的、置身于人类活动之外的纯客观知识。知识的内在性根源于人的生理、心理特性的局限性和知识借以表征的语言、逻辑、概念的人为性。当然，知识指向一定的外部对象，植根于客观世界，但这种外在性绝不是客观世界自然生成的，而是客观世界的事物及其关系与人相互作用的产物，是人的思维对所知对象的存在性反映。①

②现代知识观认为知识是一个开放的生态系统。社会政治、经济、宗教等社会现象有着广泛的生态关系。同时，在知识领域内，各门学科、各类知识之间相互渗透、相互交叉，从而构成一个复杂的生态系统。20世纪中叶以后，学科的综合化趋势日益明显，大量交叉学科、边缘学科、横断学科不断涌现，"小科学"走向"大科学"。

③现代知识观认为知识是一个动态的发展过程。从知识的对象看，客观世界的性质及其关系的暴露往往是一个动态的历史过程，因而作为认识成果的知识亦是一个动态的过程，不可能穷尽事物；特定历史条件下人的认识具有有限性、非至上性，只能根据认识对象所给予的特定条件和特定时代认识，而且这些条件达到什么程度，便认识到什么程度；作为人的认识基础的实践也总是具体的、历史的，它对客观现实的探索和改造，实际达到的程度总是有限的，因此，基于实践之上的人类认识必定是动态的、发展的。

现代移动通信和互联网技术的应用能帮助学习者随时随地获得丰富信息量，然而信息不等于知识，学习也不等于信息传递。信息时代的知识观主要体现出建构主义知识观和后现代主义知识观的特点，强调从以下几个方面重新认识知识：知识的本质，由来自书本的枯燥知识转变为学习者参与其中的情境化知识；知识的生成，由机械的记忆过程转变为动态开放的建构过程；知识的价值，由知识的掌握和记忆转变为知识的应用水平，即解决问题的能力。

（2）现代学校的发展

学校诞生于工业革命时期，是一种典型的教育组织形式。为了满足工业化大生产迅速扩张所造成的对于技术人才需求的猛增，学校作为一种能够"批量生产"人才的"工厂"应

---

① 莫英. 信息化背景下大学英语教学改革与创新思维[M]. 成都：四川大学出版社，2018.

运而生。在过去近400年的发展过程中,学校作为教学组织形式、班级作为授课模式基本上没有发生改变,这与人类社会在其他方面发生的不断进步和变革形成强烈的反差。

互联网的快速发展使网络远程教学方式越来越受到人们的关注。网络大学以独特的魅力冲击着传统大学的樊篱,越来越多的人开始认识它、接受它。网络大学是"无围墙的大学"。移动技术的应用和逐步普及,无疑将加快这一变革的步伐,以网络技术应用于学生主体为特征的新的教育时代正向我们走来。

在现代学校里,学生是主动的学习者,他们想在任何时间、任何地点,通过技术来学习,他们想学习他们感兴趣的东西,他们的学习必须与他们的生活计划的定义和执行联系在一起。具体而言,现代学校主要在以下几个方面发生了变化。

①学习是与生活紧密相关的。

②学习是主动的、与语境相关的、模块化的、实践的。

③教师不是"教"知识,他们是顾问、向导、教练、导师、学习帮助者,他们通过观察和聆听给予反馈、询问有挑战性的问题,提醒易疏忽的问题引起注意,鼓励好奇心等方式开展教学。

④课程并非由学科和年级构成,课程是灵活的且有丰富的"能力矩阵",为了将不同的生活计划转化为现实,学生各自发展不同的能力,学生不必拥有相同的学习计划,学生之间应该有差异,每个学生不需要发展所有的能力,只需要发展那些将自己的生活计划转化为现实所需要的能力。

⑤学校将以多种形式存在,将整合家庭与社区,学习不仅限于在学校,学校必须有更广的视角。

⑥在教学方法方面,过去是教师知道答案并将答案告诉学生,现在是教师和学生一起,提出问题,解决问题,以问题—探究—项目为基础的学习至关重要。其中,问题—探究—项目教学具体实施的步骤为首先发现/提出问题,然后进行批判性思维(信息处理),进而解决问题,最后获取知识/结果报告。

(二)大学英语移动学习的实现方式

1. 基于短消息的移动学习

基于短消息的移动学习模式体现了学生与学生之间、学生与教师之间、学生与教学服务器之间以及教师与教学服务器之间的立体传递关系。在立体传递关系过程中,教师和学生之间的相互交流更为便利,学生也可以获得不同的解决问题的办法和思路,为学习者自主学习的开展提供有效帮助。具体而言,学生在向教师提问时,可以借助于短消息的形式,一个学生可以同时与不同的教师进行交流,就同一个问题,不同教师的解题思路也会不同,因此,学生可以获得多种解决问题的办法。在移动学习过程中,学生向教师提问的问题和教师所给出的回答都会经过教学服务器的转化,为学生的自主学习提供便利。

简单、快捷是基于短消息的移动学习的优势所在,通过这一学习方式,可以激发学生的学习兴趣,帮助其形成积极的学习态度,也有助于进一步增强学生和教师之间的交流,为学生个性化学习的开展提供条件。

2. 基于连接浏览的移动学习

与基于连接浏览的移动学习相比而言,基于短消息的移动学习具有一定的不足之处,具体表现为数据通信的间断性和非实时性,由此,便很难实现多媒体资源的浏览和展示。随着科学技术的进一步发展,通信芯片的性能有了进一步的提高,加之通信技术的完善,移动学习服务质量的便利性也较之前有了提高。基于连接浏览的移动学习模式下,学生可以借助移动学习终端访问教学服务器,并进行实时浏览和交互,打破了时间和地点的限制。学生如果需要查找学习资料,就可以借助网络获取,并进行浏览和下载。经过下载的信息在移动学习终端可以长时间保存,即使是在脱机状态下,学生也可以借助已下载的资料进行自主学习。

3. 基于视频通话交互的移动学习

让学习者在移动的状态下进行轻松、快乐的学习是移动学习的核心宗旨。随时性和随地性是移动学习的一大特色,不同于传统课堂教学中的有问即答,在移动学习中,学习者可以借助语音和视频的方式,解决自己在学习过程中所遇到的难题。通过这种方式可以给学习者创造一个良好的学习氛围,使学习者通过移动学习终端的界面进行面对面交流并进而沉浸英语实时课堂的感觉,使学习者积极活跃地探讨问题,真正体会英语学习的乐趣。

三、探究性学习

(一)探究性学习的含义

美国国家科学教育标准中对探究的定义是:探究是多层面的活动,包括观察;提出问题;通过浏览书籍和其他信息资源发现什么是已经知道的结论;制订调查研究计划;根据实验证据对已有的结论做出评价;用工具收集、分析、解释数据;提出解答、解释和预测;以及交流结果;探究要求确定假设,进行批判的和逻辑的思考,并且考虑其他可以替代的解释。

探究性学习等同于"探究学习"。作为一种学习方式,课堂中的探究,即探究学习与探究教学,具有开放性、探究性、实践性的特点,体现了以下四种关系。

(1)参与、探索。在探究学习的过程中,所有学生都需要积极参与,将自己视作"科学家",通过各种探索来得出结论,这可以有效培养学生的钻研以及实践能力。在教学过程中,教师不可将结论直接告诉学生,尽量让学生通过探究,自己得出结论。

(2)平等、合作。在探究学习的过程中,学生取得成功的机会是均等的,而且还需要彼此合作,取得最终的学习成果。另外,师生之间的关系同样是平等的,教师可以作为学生的朋友参与其中。换言之,探究学习其实是一种学生彼此之间通力合作的过程,并不是竞争或者对立的关系。

(3)鼓励创新。在探究学习的过程中,教师应该尽可能鼓励学生通过想象提出自己的看法、预见、假设等,教师应该充分尊重学生的观点,让学生大胆去创新,从而培养他们的创新精神。

（4）自主和能动的关系。探究学习的另一重要特点是自主性。在整个学习活动中，学生自选课题、自定工作方案，整个过程教师不能直接干预，虽然最后评鉴是经教师提议进行的，但怎么做还是由学生自己来决定的。

（二）探究性学习实施的具体方式

1. 情景引导式

探究式教学模式的展开离不开课程中的知识点。教师通过一定情景引入某一个知识点，这个知识点不是由学生来选择和确定的，也不是由社会生活中的某个现实问题而产生的。这个知识点是教师根据教学目标、教学进度来合理选取的。一旦确定了教学知识点，教师就可以针对这个知识点扩展开来，设置一系列问题、任务等，利用合适的教学手段创设相关的学习情景，引导学生进入这个目标中展开学习。

2. 启迪切入式

确定了学习对象之后，教师在布置给学生之前需要向他们提出一系列富有启发性的问题，让学生进行深入思考，同时结合需要学习的对象，让学生带着这些问题切入到学习对象上，这一个环节十分重要，是确保探究式学习取得成效的关键环节。教师所提出的问题是否具有启发性，是否能够引起学生的深入思考，是探究性学习的关键要点。

3. 自主探究式

教师在教学时一定要注意调动学生对自主学习、探究学习的积极性，进而安排学生进行小组合作学习。在课堂上，教学目标的实现主要依赖于学生的自主学习、合作学习、探究学习来完成，因此这一环节对于教学效果的好坏而言同样至关重要。

在具体的操作过程中，教师需要处理好学生之间、师生之间、技术之间的关系。其中，教师的作用主要是支持与引导，学生则需要充分发挥主动性、积极性，利用网络、多媒体等技术来达到自主探究的目的。

4. 交流协作式

交流协作与上述几个环节是紧密相关的。学生在自主探究、积极思考之后，就可以进入更高质量的协作交流阶段。换言之，协作交流的进行必须要建立在自主探究的基础上，如此学生的交流思路、观点碰撞、成果分享才能顺利进行。在这一过程中，教师需要起到合理的组织、引导、协调的作用。

第四章 大学英语基础知识教学改革

作为英语基础知识,词汇和语法是英语语言系统中十分重要的组成部分,词汇是构建英语大厦的基石,语法则是词汇组成句子、段落与语篇的规则,如果不能掌握词汇和语法知识,则不可能有效运用英语。本章主要介绍大学英语词汇与语法的教学变革。

第一节 大学英语词汇教学改革

一、大学英语词汇教学知识

人们要想熟练地应用英语这门语言,首先就需要掌握大量的词汇。但是仅仅扩大词汇量是不够的,还要了解词汇的基本含义和其深层文化,这样才能算是掌握了词汇,才能运用词汇进行跨文化交际,也才能算是达到了学习目标。

(一)什么是词汇

词汇是构成语言整体的重要细胞,是语言系统赖以存在的支柱,"如果把语言结构比作语言的骨架,那么是词汇为语言提供了重要的器官和血肉"。[1] 可见,词汇对于语言以及语言学习非常重要。那么什么是词汇呢?关于这一问题,不同的学者有着不同的解释,可谓见仁见智,以下就对一些有代表性的观点进行分析。

路易斯(Lewis)对词汇进行了解释,他将词汇称为"词块"(lexical chunk),并把词块分为四种类型:单词(words)和短语(poly words);搭配(collocations);惯用话语(idioms);句子框架和引语(sentence frames and heads)。[2]

库克与博尔斯(Cook, S. & Burns, A., 2008)认为,语法涉及的内容非常广泛,如传统语法、规定语法、语用能力、交际能力、结构语法等都属于语法的范畴。[3]

厄(Ur, P., 2009)认为,语法被认为是在一种语言中,为了能够形成更长的意义单位,对

---

[1] Harmer, J. *The Practice of English Language Teaching*[M].London: Longman, 1990: 158.
[2] Lewis, M. *Second Language Vocabulary Acquisition*[M].Cambridge: Cambridge University Press, 1997: 255.
[3] Cook, S. & Burns, A. Integrating Grammar in Adult TESOL Classroom[J]. *Applied Linguistics*, 2008, (3): 15.

第四章　大学英语基础知识教学改革

词或者词组加以组合的手段和方法。[①]

陆国强指出,词是语音、意义和语法特点三者相统一的整体,是语句的基本单位,而词的总和构成了词汇。

总体而言,词汇是包含词和词组在内的集合概念,能够执行一个给定的句法功能,是基本的言语单位。

关于什么是英语词汇教学,王笃勤认为,英语词汇教学是一项包含教学的进程和活动的策划在内,将词汇讲解作为教学内容,以学生充分认知和熟悉应用词汇为目标的教学活动。

简单来讲,词汇教学涵盖的范围十分广泛,而且是教学中最基础、最重要,也是最困难的环节。

（二）大学英语词汇教学中存在的问题

1. 教师教学中的问题

（1）教学方法单一,脱离英语语境

词汇的掌握对英语语言学习的重要性是不言而喻的,但词汇的记忆和掌握的过程又是枯燥和困难的,这就需要教师来缓解这种枯燥,需要教师创新教学方法来创设教学情境,营造教学氛围,激发学生学习的积极性和动力。但是就目前大学英语词汇教学的现状来看,教师并没有将心思花在教学方法的创新上,而是依然采用陈旧的教学方式,即教师领读单词,讲解词汇用法,学生记忆单词。基于这种课堂教学模式,学生的主体地位被忽视,学生只能被动地学习和记忆,积极性根本无法调动起来,甚至还会产生抵触情绪。此外,教师在教学中对词汇的整体性认识不足,没能将词汇放到具体的句子或情境中,最终导致学生对一词多义理解不深,限制了学生综合能力的提升。

实际上,任何一种语言都产生于实际应用,要想掌握地道的语言,必须浸润在相应的语境中。我国的英语教育倾向仍十分明显,很多学生学习英语是为了通过考试,教师也将通过考试作为教学的目标,这样一来,就将英语语境的创设与英语教学割裂开来,只追求语言的外在表达方式,而不深入探究其内在的文化与逻辑,从而使得学生用汉语思维去理解应用。例如,"玫瑰"（rose）这一词语在英汉文化中都象征着爱情和美好,除此之外,在中国常用"带刺的玫瑰"形容那些性格刚烈的女子,而英语中常用 under the rose 表示要保守秘密。英语中 rose 的这一文化含义源自英国旧俗,如果在教学中不对此进行说明,学生很难理解和掌握其含义。但实际上,很多教师只从词汇处着手,而未创设语境,这样很难让学生充分体会英语这门语言的魅力,也难以让学生更好地投入学习。对此,教师在教学中应创设符合英语文化背景的语境,从而为学生营造一个英语交流环境,培养学生的英语思维,锻炼学生的词汇运用能力。

（2）教学效果不佳

词汇的学习和掌握要借助记忆来完成,但记忆是一个漫长的过程,如果学生不能在课后

[①] Ur, P. *Grammmar Practice Activities*: *A Practical Guide for Teachers*[M]. Beijing: Foreign Language Teaching and Research Press, 2009: 4.

及时进行复习和巩固,记住的单词往往会在短时间内忘记。在海量的词汇面前,学生常常会表现出畏惧感,由于缺乏高效的学习方式,加之教学方法单一,使得学生的学习热情不高。而且教师也未能为学生提供应用的机会,这样学生通过死记硬背方式记住的词汇很快就忘记,进而导致教学效果低下,学生的交际能力也受到限制。

(3)忽视跨文化意识培养

很多英语词语意义深刻,蕴含着丰富的文化信息,这些词语称为"文化负载词"。经调查显示,很多学生对这些文化负载词完全不了解。而这种情况在很大程度上体现了教师在词汇教学中忽视了文化负载词部分,未有意识地运用跨文化意识来培养学生的词汇能力。具体而言,教师存在的问题体现在以下几个方面。

首先,对文化教学不够重视。这具体体现为以下几点:教师在备课环节的教学目标没有文化意识目标;教师消极地跟随应试教育的脚步;学校很少组织与英语相关的活动。

其次,教师自身的文化素养不够。大学英语教师虽然具备了扎实的英语专业知识,但英语文化素养有所欠缺。作为学生的榜样,如果教师的文化素养不高,自然也就无法提高学生的文化素养。

最后,文化教学方法不当。教师文化教学的方法比较单一,基本上是讲授法、多媒体展示法等,大部分教师只是在课堂教学中偶尔提到一些特殊词的文化背景,而很少有意识地渗透文化知识。这种教学方式就造成学生只了解词汇的表面意义,而不理解词汇的深层文化内涵。

事实上,跨文化意识和词汇教学是相辅相成的,教师在词汇教学中融入文化知识,能够提升学生的词汇能力和跨文化意识,而词汇量的增加又能进一步帮助学生更好的理解西方文化,培养自身的跨文化意识。

2. 学生学习中的问题

(1)重知识记忆,轻思维锻炼

在词汇学习过程中,很多学生仅仅依靠死记硬背来记忆单词,这种方法并未将思维的锻炼融入进去,学生也很快忘记。实际上,每一个单词都有应用的语境,只有在具体的语境中,才能保证准确性,因此学生在对词汇加以理解时需要从具体的语境出发,这样才能实现学生词汇学习的效果。

而忽视英语思维的培养是在长久的汉语语境中熏陶下产生的惯性思维,很多学生都习惯运用汉语的语言逻辑去理解、解释和使用英语,由于英语和汉语二者背后的文化与逻辑存在差异和冲突,因此必然会影响学生对英语的有效运用。实际上,无论是英语还是其他语言,只有深入了解语言的内在逻辑,才能做到自如运用。英语思维的培养不是仅仅记忆单词或背诵句子就能做到的,还需要学生充分理解英汉语言背后的文化历史,这样才能做到掌握英语这门语言。

(2)语义内涵的理解程度差

我国学生是在汉语环境下学习英语的,所以在理解英语词汇的语义内涵时,会不同程度地受到汉语文化的影响,而英汉词汇之间的语义不对等现象会对学生的词汇理解带来困难。具体而言,一方面,学生在本民族文化传统的影响下会形成思维定式,在理解英语词汇

第四章　大学英语基础知识教学改革

时会出现文化语义的偏差;另一方面,中西文化观念冲突会让学生思维混乱,对英语感到束手无策。如果教师忽视词汇文化背景知识的输入,学生在理解英语词汇时就会出现偏差,甚至会在使用中产生误用问题。

（3）缺乏探究意识

一般来说,在大学阶段,学生应该主动地去学习词汇,但是在实际的英语词汇学习中,很多学生仍旧从教师那里获取,不寻找其他的获取渠道,这样的学习就是被动的学习,长此以往,词汇掌握的量也是不充分的。同时,学生不会去主动探究词汇,也无法得知词汇文化的背景知识,这样的词汇学习也会使他们逐渐缺乏兴趣和积极性。

（三）大学英语词汇教学中的文化因素

语言是文化的载体,文化影响着语言,二者密切相关。不同民族的文化有着区别于其他民族文化的特色,而这种差异也会在语言中表现出来,并对语言起着重要的影响作用。就英汉民族而言,二者有着不同的历史文化、生活环境等,由此产生的文化差异都对词汇产生了一定的影响。了解英汉文化差异以及对英语词汇教学产生的影响,可使教师和学生充分了解文化因素的重要性,进而有意识地进行文化教学和文化学习。

1. 词汇空缺层面的影响

不同民族的语言和文化不尽相同,反映在词汇层面就会形成不同的个性,即一个民族的词汇可能在另外一个民族是不存在的,这些词汇的概念与意义对于其他民族是非常陌生的,这就是所谓的"词汇空缺"。

在英汉语言中常会见到词汇空缺现象。例如,英语中有 strong point 和 weak point 的说法,但汉语中只有"弱点"而没有"强点"的说法。再如,汉语中"长处"和"短处"的说法,但英语中只有 shortcoming 而没有 longcoming 的说法。

2. 文化缺位与文化错位层面的影响

（1）文化缺位

"文化缺位"这一概念首先是由苏联著名的翻译理论家索罗金等人提出的。所谓"文化缺位",即在不同民族之间所有事物、所有观念存在的空缺情况。人们在接受新的文化信息的时候,往往会将已有的旧文化认知激活,从而构建对新文化信息的理解与把握。不同的民族,他们的文化认知也必然存在差异,正是这种差异的存在,导致文化缺位的产生。文化缺位具有如下特点。

一是不理解性。例如,在英语语言中,曲折现象是非常常见的现象,名词数、格、时态等也都是有着深层的意义,这很难被汉语民族理解。

二是不习惯性。即两种语言在语法、词汇层面表现的差异。同时,两种语言在引发联想、对事物的区分上也存在明显的不同,因此将这种现象又称为"异域性"。其在对事物的认知与表达层面体现得尤为明显。例如,英语中 aunt 一词是大家熟知的,很多人也知道其既可以代表"阿姨",也可以代表"舅妈""伯母"等。但是,在汉语中,由于中国人等级划分非常鲜明,因此很容易让中国人不理解、不习惯。

三是陌生性。即两种语言在修辞、表达、搭配等层面产生的联想与情感不同。例如：

一丈青大娘大骂人,就像雨打芭蕉,长短句,四六体,鼓点似的骂一天,一气呵成,也不倒嗓子。

上例采用了比喻的修辞,这种通过用喻体来代替本体的说法,可以给整个语言增添色彩。但是,对于西方民族来说,这种现象并不常见,因此会是陌生的、新奇的。

四是误读性。当不同文化在摩擦与接触中,文化之间出现误读的情况是非常常见的。也就是说,对于一种文化中的现象,另一种文化的中人们会采用自身的思维对其进行解读,那么很容易出现不确定情况或误读情况。

例如,在澳大利亚,袋鼠是一种常见的动物。18世纪,探险家们刚见到这一动物,就询问当地居民它的名字,当地居民告诉探险家是Kangaroo。因此,在探险家脑中,这一词就自然而言地形成了,其含义就是"袋鼠"。实际上,其本意是"我不知道"。但是,久而久之,这个名字也就这样固定下来,人们也就不会探究其真伪了。

（2）文化错位。

所谓文化错位,即人们对同一文化事物、同一文化现象产生的内涵解读与认知联想上的错位。文化错位现象常常在不同的文化圈内发生。一般来说,一个文化圈的人只对本圈的事物有一定的认知,而对其他文化圈的事物不了解或者缺乏认知,这样导致在跨文化交际的过程中,人们习惯用本圈的认知对其他文化圈的事物加以判断,从而产生文化错位。

同一文化事物、同一文化现象在不同的文化圈里会有不同的指称形式,也可能会产生不同的联想。即便处于同一种原因中,虽然读音相同、词语文字相近,其内涵意义也可能存在某些差异,这就是文化错位的表现。下面具体来分析文化错位的几种类型。

一是指称错位。每一个民族,其对事物的分类标准都有各自的特征,都习惯用自己熟悉的事物对其他事物进行指称。

指称错位即在不同的文化环境下,同一事物、同一现象在语言上的指称概念存在错位性差异。当然,造成这一错位性差异的因素有很多,如历史差异、第一差异等。这些差异导致有些词汇的表面意义相同,但是实质含义不同,或者指称含义相同,但是表达形式不同,或者表达形式相同,但指称含义不同。

二是情感错位。所谓情感错误,即在不同的文化背景下,人们对同一事物、同一现象所赋予的情感会存在错位现象。不同民族,其情感倾向可能是不同的,这就有可能造成情感错位。一般来说,情感错位包含如下两点。

①宏观情感错位。基于哲学的背景,中西方国家对同样的事物的情感倾向会存在明显差异,这就导致价值判断的差异性。中国人往往比较注重共性,比较内敛;相比之下,西方人注重个性,比较直接。因此,在跨文化交际的过程中会出现宏观情感的错位。

例如,无论是在英语中,还是在汉语中,表达感谢的言语行为是十分常见的,但是所使用的频次与场合却存在明显差异。西方人不仅对同事、上司、陌生人的帮助表达深深的感谢,对那些关系亲密的朋友、亲属也会表达谢意。例如,丈夫给妻子冲一杯咖啡,妻子会表达感谢;儿子给爸爸拿一份报纸,爸爸也会表达感谢等。与之相比,由于中国人的传统观念,下属为上司办事是应尽的义务,因此没必要说感谢,而且家庭成员之间不需要表达感谢,因为在中国人看来,亲属之间表达感谢会让人觉得很见外。另外,对他人给予的夸奖或者关心,西方人都会表达感谢。例如,西方人觉得别人关心自己时,往往会说"Have a good flight?""Not at all bad, thank you."用这样的话语表达对对方的感谢。同时,西方人在公共场合发言之后,一定要听到听众的道谢之声,这样才能让发言者感受到听众在认真地听说的话。因此,"Thank you!"在英语中使用频率颇高,甚至高于汉语中的"谢谢"。中国人在表达感谢时主要是感谢人,而西方人除了要感谢人,还要感谢物品,甚至会感谢时间。因此,西方人常用"Thank you for your time."等这样的表达。

受传统文化的影响,拒绝,在英汉言语交际行为中也很常见。拒绝主要是围绕请求、邀请等展开的。英汉汉语拒绝言语行为的因素主要是社会地位,地位较低者在拒绝地位较高者的建议或者请求时,往往会必到遗憾和道歉,但是地位较高者拒绝地位较低者时往往不需要道歉。受平等人际关系取向的影响,西方人对社会地位较高的人并不会向中国人那样敏感,反而他们会十分关心地位是否平等,不同社会地位的人在拒绝建议与请求时,都会表达遗憾和道歉。如果关系较为明朗,如亲朋之间,美国人倾向于使用"no"等直接的方式;如果关系不够明朗,即较为熟悉的同事与同学之间,人们倾向于间接的拒绝,具体如下。

表示遗憾:I am sorry...
陈述拒绝原因:I have a headache.
对请求者移情:Don't worry about it.
表示自己的态度语:"I'd like to but..."
哲理性的表态:One can't be too careful?
原则的表示:I never do business with friends.
表示未来可能接受请求的愿望或可能性:If you had asked me earlier...

此外,寒暄非常常见,如果一个人善于寒暄,那么他就更容易打开交际,如果一个人不善于寒暄,那么就会让对方感到冷场,交谈很难进行下去。虽然寒暄语并不会传递什么有价值的信息,但是在交际中也是非常重要的。交际双方注意的并不是寒暄语的语义,而是其所传达的情感。中国人在寒暄时往往会说"到哪去?""你吃了吗?"这些话语仅仅是为了客套,问答的双方都不会将其视作有意义的话题。但是,西方人听到这类的话会认为你要请他吃饭或者其他什么目的。西方人见面时往往会说"Hi""Hello""Good morning"等,但是不会询问与他人隐私相关的事情。此外,中国人在寒暄时往往会问一些与钱财、年龄等相关的话题,对方也不会介意,但是如果西方听到这样的问题,会认为你侵犯了他人的隐私。西方人在寒暄时往往会谈及天气等与个人无关的话题。另外,中国人在见面时往往会根据具体的情况说"买菜呀!""打球呢!"这样的话,西方人很难理解这些描述,认为这些话没有任何意义。中国人还往往以称呼来与对方进行寒暄,如"张教师""李总"这样的称呼,是对教师、上司的寒暄。

②微观情感错位。微观情感错位是人们对具体事物的情感倾向的错位。例如:
在汉语中,数字"五"有着特别重要的意义。在中国古代,有"五行"之说,即"金、木、水、火、土"这五大元素。在这五行之中,五大元素相克相存。同时,"五"在数字一到九中居于中间,是奇数,也是阳数。五行相克体现了中华民族的辩证思维,呈现的也是汉民族的价值

观,具有深远的哲学意义。英语中与 five 相关的习语并不多见,因为西方人认为 five 这个数字很不吉祥。并且,英语中 five 的构词能力与其他数字而言是较少的。又如,在中国人眼中,"七"是比较忌讳的,如人死后的第七天被称为"头七",七七四十九天会还魂,家属需要告慰亡魂。正是有着这样的寓意,因此中国人避讳送礼送七件,而往往选择八件。

(四)大学英语词汇教学的常见方法

目前,英语词汇教学存在着诸多问题,教学现状并不佳。对此,为了切实提高英语词汇教学的效果,提升学生的词汇水平,培养学生的跨文化意识,就需要在遵循基本教学原则的基础上,对教学方法进行优化,即选用新颖、有效的方法开展教学。

1. 讲授文化知识法

在词汇教学中,教师可以采用教授法开展文化教学,即教师直接向学生展示文化承载词的分类及内涵等,同时通过图像声音结合的方式列举生动的例子加以说明,直观地培养学生对文化的兴趣。只有熟悉了英语文化,才能让学生透彻地了解英语词汇。学习语言时不能只单纯地学习语音、词汇和语法,还要接触和探索这种语言背后的文化,在语言和文化的双重作用下,才能真正掌握英语这门语言。采用直接讲授法讲授文化,既省事又有效率。而且这些文化不受时空的限制,方便学生查找和自学。

例如,"山羊"/goat,在汉语环境中,"山羊"一般扮演的是老实巴交的角色,由"替罪羊"这一词就可以了解到;在英语环境中,goat 则表示"好色之徒""色鬼"。这类词语还有很多,如 landlord(褒义)/"地主"(贬义)、capitalism(褒义)/"资本主义"(贬义)、poor peasant(贬义)/"贫农"(褒义)等,这些词语代表了人们不同的态度。在词汇学习过程中,要深入了解和尊重中西方文化,这样才能更好地将词汇运用于交际。

再如,根据当下流行的垃圾分类,教师可以让学生翻译这四类垃圾:干垃圾、湿垃圾、有害垃圾、可回收垃圾。大部分学生都会将"垃圾"一词翻译为 garbage,实际上正确的翻译应是 waste。由这两个词就可以看出中西方文化差异。在英语中,garbage 主要指事物或者纸张,waste 主要是指人不再需要的物质,可以看出 waste 的范围更广,其意思是"废物"。当翻译"干垃圾"和"湿垃圾"时,学生又会翻译得五花八门,实际上"干垃圾"是 residual waste,"湿垃圾"是 household food waste。所以,学生有必要深入了解中西方文化的异同,这样才能学好词汇,才会形成英语思维,进而形成跨文化交际能力。

2. 创设文化情境法

语言只有在语境中才能焕发生机与活力,单独去看某个词很难在其中发现个中韵味,但是一经组合和运用,语言便有了生命力。因此,教师应创设信息丰富的环境,为学生提供真实的语言环境和大量的语言输入,使学生在逼真的语境中学习英语,给学生提供学习和运用词汇的机会。教师可以设计一些活动,如组织学生观看电影,然后指导学生进行角色扮演,让学生经历真实的跨文化交际情景,培养学生的跨文化交际能力。

除组织跨文化交际活动外,教师还可以组织一些课外活动,让学生切实感受英语文化,扩大学生的词汇文化资源,培养学生的跨文化交际能力。例如,《疯狂动物城》这部动画片

第四章　大学英语基础知识教学改革

深受学生的喜爱,但大部分学生并没有注意这部影片的名字 *Zootopia*,也没有对其进行探究,觉得这是电影中虚构的一个地方。如果学生知道乌托邦的英文是 Utopia,可能会理解这个复合词 Zootopia 是由 zoo(动物)和 Utopia(乌托邦)结合而来。实际上,很多学生连汉语文化中的"乌托邦"都不了解,更不用说英语文化了。其实,"乌托邦"就是理想国,*Zootopia* 就是动物理想国,动物之间没有相互杀戮的地方。如果学生在观看电影前能对其中的文化进行探索,或者教师稍微引导,那么观影的效果就会更好,而且在欣赏影片的同时能掌握文化知识。

3. 词汇知识扩充法

词汇学习不能仅依靠教师的课堂讲授,还要依靠学生的课外自主学习,对此教师应有效引导学生充分利用课外时间来自主扩充词汇量,丰富词汇文化知识。

(1)推荐阅读

教师可以向学生推荐一些课外读本,如《英语学习文化背景》《英美概况》等,让学生利用课余时间进行阅读。通过阅读英语名著,学生不仅能充分了解西方文化背景知识,扩大文化视野,还能积累丰富的词汇,了解词汇的运用背景以及词汇的文化含义,更能培养学生良好的自主学习习惯。可见,阅读英语书籍对学生的词汇学习而言是非常有意义的。

(2)观看英语电影

现在的大学生对于英语电影有着浓厚的兴趣,对此教师可以借助英语电影来提高学生的词汇能力。具体而言,教师可以选取一些蕴含浓厚英美文化,并且语言地道、通俗的电影让学生观看。这样学生可以在欣赏影片的过程中,切实感受英美文化,提高文化素质和词汇能力,同时提升学习词汇的兴趣。

二、大学英语词汇教学改革的方法创新

(一)使学生在语境中掌握词汇具体用法

在词汇学习中,将其放在具体语境中,往往能起到事半功倍的效果。在英语语料库中,有大量和语境相关的实例,具体的实例主要是通过数据的方式呈现在学生面前。在语境中,学生的注意力能够被有效吸引,使学习的词汇知识得到强化,同时也能对相关使用规律进行总结。

(二)对近义词以及同义词进行检索

由于英语是一门非母语学科,因此学生在学习近义词的过程中存在较大难度。而语料库在高校英语词汇教学中的使用,能够使学生在检索过程中获得相应的参考,然后在此基础上进行细致的分析,例如 destroy 和 damage 是两个近义词,那么在实际教学中,就可以在检索栏中将这两个单词输入进去,然后学生会在实际阅读中进行具体分析。

(三)在检索过程中了解不同词汇搭配

词汇搭配的概念提出已久,并且随着社会的不断发展,受重视程度越来越高,词语搭配考查了相应的语法结构以及框架。有相关学者认为词的搭配、语义选择、语义韵以及类连接之间存在紧密联系,它们实现了对词汇组合以及词义的表达,而比较普遍的则是动词与名词之间的搭配。

第二节 大学英语语法教学改革

一、大学英语语法教学知识

在语言中,语法是其构架,是语言中词、短语等进行排列组合的方式,其对于语法学习有着十分重要的作用。要想掌握一门语言,就必须弄清楚其排列的规律,因此大学英语教学中也离不开语法教学。

(一)什么是语法

对于语法的内涵,不同的学者有不同的界定。

弗里曼(Larsen-Freeman, D., 2005)认为,"语法包含语形、语义、语用三个层面,三者关系紧密,如果任一层面发生改变,其他层面也会随之发生改变。"[1]

许国璋教授(1995)指出,"语法制约着句子中的词汇、词汇关系。一种语言中的语法是对该语言中规则、规约制度的反映。基于这些规则、规约制度的指导,词汇才能组成合适的句子。

从上述定义中可知,人们对语法的界定更接近语言的本质。语法本身涉及静态与动态两种形式。

(二)大学英语语法教学中存在的问题

1.教师教学中的问题

(1)语法教学弃而不教或边缘化

大学英语教学一直都在不断变革,教学内容随之不断改变,而随着2004年教育《大学英语课程教学要求》的颁布,大学英语语法教学内容退出了大学英语教材,大学英语语法教学也从大学英语教学中退出,最终导致大学英语语法弃而不教或边缘化。这具体体现在两个方面,首先,教材中没有了语法内容,教师便失去了教授语法的依据和大纲,学生也将无

---

[1] Larsen-Freeman, D. *Teaching Language: From Grammar to Grammaring*[M]. Beijing: Foreign Language Teaching and Research Press, 2005: 49-58.

法系统地获取语法知识；其次，课时安排不合理，大学英语教学中多是精读课与泛读课，没有相应的语法课，即使教师讲解语法知识，也是零星的和碎片化的。实际上，语法对于英语语言的学习是至关重要的，语法贯穿于英语学习的始终，对英语综合能力的提升起着重要作用，所以教师不应忽视语法教学，而应积极开展语法教学，丰富学生的语法知识，提高学生的语法能力，为学生的英语综合应用能力打好基础。

（2）教学方式单一

英语语法知识繁多，学习起来十分枯燥，因此很多学生都对语法学习缺乏兴趣。想要改善这种现状，就需要教师创新教学方法，增添语法教学的乐趣，激发学生学习的积极性。但是，当前的大学英语语法教学并不乐观，教师依旧采用陈旧的方式展开，占据课堂的主体，这样学生处于被动的学习，不仅与教育理念不符，也不利于学生的学习，很难发挥学生的主观能动性。

2. 学生学习中的问题

（1）语法意识薄弱

大学生在中学阶段已经进行了很长时间的语法学习，普遍感到枯燥乏味，因此他们认为到了大学阶段就没有必要重点学习语法了。实际上，尽管到大学阶段，语法依然是英语学习的重要内容，因为不掌握丰富和准确的语法，是不可能准确、流利地进行交际的。

（2）缺乏有效的学习方法

大多数学生语法学习的效率非常低，其中一部分学生是因为掌握的学习方法不正确，从而使得语法知识的掌握较为松散，不能成为一个系统。在语法学习中，学生往往比较被动，通常是遇到新的问题之后才会回去学习语法知识，而当他们学习完一篇文章之后，又把语法学习抛之脑后，这样的学习是很难提升学生的语法能力的。

（三）大学英语语法教学中的障碍

语言与文化密切相关，文化差异在语言中有着集中的体现，一方面体现在词汇上，另一方面则体现在语法上。因此，文化差异对大学英语语法教学有着显著的影响，而了解这种影响，对明确大学英语语法教学的目标，改善大学英语语法教学的现状具有重要意义。

1. 思维模式层面的影响

不同的民族，其思维模式也不相同，这种差异在语言中会有所体现。英汉民族的思维方式在语法上体现为英汉语法差异，具体表现是英语是形合语言，汉语是意合语言。

形合又称"显性"，是指借助语言形式，主要包括词汇手段和形态手段，实现词语或句子的连接。意合又称"隐性"，是指不借助语言形式，而借助词语或句子所含意义的逻辑联系来实现语篇内部的连接。形合注重语言形式上的对应，意合注重行为意义上的连贯。形合和意合是使用于各种语言的连接手段，但因语言的性质不同，所选用的方式也就不同。英语属于形合语言，其有着丰富的形态变化，语法规则众多，力求用内涵比较丰富的语法范畴来概括一定的语法意义，对句法形式要求严格。

英语句子多使用外显的组合手段，因此句子中的语法关系清晰有序。但汉语句子多用隐形的手段,语法关系并不那么清晰,而是十分模糊,如"知己知彼,百战不殆;不知己而知彼,一胜一负;不知己不知彼,每战必殆。"这句古汉语就体现了汉语意合的特点。汉语属于语义型语言,受传统哲学和美学思想的影响,形成了注重隐含关系、内在关系、模糊关系的语言结构特点。所以,汉语主要靠词序和语义关系来表现句法关系,并不刻意强求语法形式的完整,只求达意即可。

具体而言,受思维模式的影响,英汉语法之间的差异体现在以下几个方面。

第一,汉语句子注重达意,英语句子注重形式上的联系。例如,"已经晚了,我们回去吧。"这句话用英语表达是"Let's go home, as it is late."为符合英语的表达习惯,添加了相应的连接词。

第二,英语主要借助词形的变化来组句,汉语则主要借助词序和词在句中的作用及句子的意思来组句。

第三,英语倒装句多,汉语相对较少。为了表示强调,英语句子常将助动词放在主语前面,或者是没有助动词的情况下,在主语前面加 do, does 或 did,形成倒装句。汉语表示强调就相对简单,有时将宾语提前,一般是不改变词序增加某些具有强调意义的词。

总体来讲,英汉思维模式的差异反映了汉文化的综合整体与英文化的分析细节的思维方式的不同。在具体的大学英语语法教学中,教师应引导学生充分了解文化差异对语法的影响,同时向学生输入相关的文化因素,使学生切实了解英汉语法的异同,进而提高学生的语法能力。

2.语序因素层面的影响

语序指的就是词在短语或者句子中线性的排列顺序。语法语序就是表现语法关系的语序。例如,汉英都有并列式的合成词,尽管并列式都是由同等成分构成的,但是仍然存在较大差别。英语叙述说明事物时,习惯于从小到大,从特殊到一般,从个体到整体,先低级再高级;汉语的顺序则是从大到小,从一般到特殊,从整体到个体。此外,英汉语言中出现多个定语和多个状语时,定语和状语的排列顺序也是有差别的,这些实际上都源于文化的差异。因此,在大学英语语法教学中,教师应注重培养学生的文化素养,进而促进学生语法能力的提升。

(四)大学英语语法教学的常见方法

1.文化对比法

文化对于语法教学影响深远,因此教师可以采用文化对比的方法展开教学,让学生不断对英汉语法的差异有所熟悉,培养他们的跨文化交际意识与能力。

众所周知,我国学生是在母语环境下来学习英语的,因此不知不觉地会形成母语思维方式,这对于英语学习而言是非常不利的,甚至在组织语言时也掺加了汉语的成分。基于这样的情境,英语教师就需要从学生的学习规律出发展开对比教学,使学生不断认识到英汉语法的差异,这样便能在发挥汉语学习正迁移的前提下,使学生掌握具体的英语语法知识。

2. 创设文化语境法

在大学英语语法教学中,教师可采用情境教学法开展教学,情境教学法有着包含语法规则和知识的真实环境,可以充分调动学生不同的感觉器官,激发学生学习的兴趣,可以让学生在接近真实的情境中切实参与到学习中,使学生系统地掌握语法知识。语法教学通过情境化实现了认知与情感的联合,颠覆了过去只讲述语法规则的陈旧方法,学生有了使用语言的空间。而且通过情境化教学,课堂氛围更加活跃,师生关系更加和谐,学生的语法能力和交际能力会得到显著提升。具体而言,开展情境教学的途径包含以下几个。

(1) 融入音乐,创设情境

青少年通常对音乐有着强烈的兴趣,因此在语法教学中,教师可将音乐与语法教学相融合,营造轻松愉悦的气氛,在聆听中学,在欢唱中学。例如,在讲授现在进行时这一语法时,教师可以让学生先欣赏歌曲,并让学生持有该曲的歌词,然后找出歌词中含有现在进行时的句子。这样既能激发学生的学习兴趣,分散学习的难点,又能使学生在不知不觉中学到知识。

(2) 角色扮演,感受情境

在大学英语语法课堂教学中,教师还可以组织学生进行角色扮演,让学生身临其境地学习语法知识。学生可以通过自己扮演的角色,体验相应情境下人物的言行举止、思想情感,巩固所学知识,提高学生的人文素养。

(3) 运用媒体,展示情境

在语法课堂教学中,有些教学情境因条件的限制无法创设,但随着多媒体技术的发展及其在教学中的运用,这一缺陷被弥补了。多媒体教学素材丰富多样,包含图像、图形、文本、动画以及声音等,将对话的时空体现得生动和形象,图像和文字都得到了充分得体现,课堂氛围不再沉闷死板,学生的感官得到了调动,加深了学生的印象,提高了学生参与课堂教学的积极性,教学和学习效率也得到了显著的提升。

(4) 设计游戏,领悟情境

设置符合学生心理和生理特征的语法教学游戏,可以激发学生的学习积极性,让学生积极参与其中。生动活泼的游戏可以调动学生的多种感官,使学生原本觉得困难的语法结构也变得简单许多,从而使学生在潜移默化中掌握语法知识。

二、大学英语语法教学改革的方法创新

翻转课堂是随着信息技术的发展而产生的一种新型教学模式,将该教学模式运用于大学英语语法教学,可有效调动学生学习语法的兴趣,促进学生的自主学习能力,提高学生的独立思考能力,进而培养学生的语法能力。翻转课堂这种教学模式不再以教师为中心,而是以学生为中心,教师只是起到辅助作用,学生是教学环节的重点,师生之间处于互动的状态。

（一）提升微课制作水平，借鉴网络教育资源

相较于传统的语法教学模式，翻转课堂最大的特点在于以视频微课代替了"黑板＋粉笔"的教学方式。但对于已经习惯了传统教学模式的英语教师来说，很难在短时间内适应视频微课这种新式，因此教师首先要熟练掌握微课的制作技术，灵活运用各种制作软件；其次要重视视频微课内容的整合与加工，在内容选择上要结合课本语法知识，并借鉴网络上优质的教育资源制作短小精致、内容丰富的数字化课程资源。

（二）拓宽师生互动渠道，确保语法教学效果

制作视频微课是翻转课堂语法教学的前提，后期的检查、实施和监督是更加重要的部分，因此师生之间应保持多维互动。首先，教师要指导学生观看视频微课，并对学生的学习内容和时间进行计划，把握学生学习的进度；其次，教师要利用社交软件建立 QQ 群和微信群等，加强与学生线上线下的互动，对学生在自主学习中遇到的问题进行解答，促进师生和生生之间的讨论，实现英语语法知识的消化和吸收。

（三）关注语法难点，提升教师答疑解惑的能力

基于翻转课堂，教师将制作好的视频微课上传到网络平台，学生自行下载，并在固定时间内完成自主学习，而对于遇到的语法知识难点，除了课堂学习小组讨论外，更多由教师在课堂上统一解答或个别辅导。对此，英语教师应不断充实自身的语法知识储备，提升自己的语法能力，从而更好地解答学生的疑难问题。

（四）开展差异化教学辅导，促进学生自主学习

在翻转课堂教学模式下，教师要更新教学理念，改变传统的教学模式，主动融入和参与学生学习的各个环节，成为学生学习的指导者和监督者。由于不同学生之间存在着巨大差异，有着不同的基础水平和认知结构，因此教师需要采用不同的辅导方式来对不同层次的学生加以辅导，特别是对那些自律性不强的学生，更要采取有效方式来加以辅导，促进他们进行自主学习。

（五）重视教学评价，建立激励机制

翻转课堂语法教学重在学生的自主学习，为了掌握学生自主学习的频率以及参与程度，确保翻转课堂教学的效果，对学生进行考核评价就显得十分必要，而且这种考核要贯穿于课堂教学的全过程，并且评价形式要多样化，包括学生自我评价、小组评价、教师评价等多种考核评价形式。这种全方位的考核评价机制有利于教师掌握学生对语法教学的参与度和配合度，便于教师了解学生对语法知识的掌握程度，而且对学生有着正向的激励作用。

总体而言，在新时代背景下，英语词汇和语法教学应紧跟社会和教学改革发展的趋势，

结合文化开展教学,即在教授词汇和语法知识的同时,融入英语文化知识,进而培养学生的文化素养,提高学生的综合能力以及运用词汇和语法知识进行跨文化交际的能力。与此同时,教师要持有客观的态度,不能一味地导入英语文化,还应传授汉语文化知识,从而树立学生的文化自信,使学生运用所学知识传播中国文化。

第五章 大学英语基本技能教学改革

作为英语基本技能,听说、读写和翻译是英语语言系统中十分重要的组成部分。本章主要对听、说、读、写、译的教学改革展开讨论。

第一节 大学英语听说教学改革

一、大学英语听力教学改革

众所周知,听对于一门语言的学习而言是至关重要的。学生只有先听,将知识输入到自己的大脑并进行内化,才能进一步输出,利用这门语言展开交际。由此可知,英语听力学习对于每位英语学习者而言都是不容忽视的。

(一)大学英语听力教学知识介绍

1. 英语听力

在学者罗宾(Rubin,1995)看来,"听是一个包含主观能动性的过程,它涉及听者信号的主动选择,然后对信息进行编码加工,从而确定正在发生的事情以及发话人想要表达的意图。"[①]

理查兹和施密特(Richards & Schmidt,2002)对"听力理解"进行了专门的探讨,他们认为,"听力理解涉及的对象是第一语言和第二语言,所要做的事情就是弄懂这两种语言。但是,对这两种语言的理解是有本质区别的。其中,对第二语言的听力理解比较关注语言的结构层面、语境、话题本身以及听者本身的预期。"[②]

"听"不是单一的,是连续不断的一种处理过程,包含以下部分。

(1)如何将语音进行划分。
(2)如何对语调形成一种认识。

---

① Rubin, J. An Overview to "A Guide for the Teaching of Second Language Listening" [A]. *A Guide for the Teaching of Second Language Listening*[C]. D. Mendelsohn & J. Rubin. San Diego, CA: Dominie Press, 1995: 7.
② Richards, J. C. & R. Schmidt. Longman Dictionary of *Language Teaching and Applied Linguistics*[M]. London, UK: Longman, 2002: 313.

（3）如何对句法进行详细的解读。

（4）如何把握语境。

大多数时候，上述过程是在人们的无意识中悄悄进行的。

此外，两位学者还就"听"和"读"的联系与区别进行了阐释，并认为与"读"相比"听"的作用更加显著，具体包含以下几点。

（1）让人感受到一种韵律的美。

（2）让人产生一种追逐速度的急切心理。

（3）对信息的加工和反馈都在最短的时间内完成。

（4）耗时较短，通常不会重复进行。

"听"与"读"都是一种对信息的输入，但是在大学英语听力教学中教师绝对不能将"听"看作阅读的声音版，而应该认真研究"听"的本质属性，并据此去组织教学，从而帮助学生获得一定的听力技能。

2. 英语听力教学中的听力训练

听力训练的形式和方法如下。

（1）听—画。学生边听英语，边画出相应的图画。

（2）听—视。学生边看黑板上的图画，边听教师讲。有条件的地方可利用投影仪、幻灯片或录像机进行视听训练。

（3）听—答。教师对听的内容进行提问，要求学生口头回答。

（4）听—做。教师根据所听的内容发出指令，要求学生做出相应的行动或表情，如 Show me how David felt when he met Jane at the airport. 教师使用课堂用语时向学生发出的指令也应属于此类，如 Come to the front.

（5）听—猜。学生在听前根据教师的"导听问题"（guiding questions）提示，并结合已学的知识对所听的内容进行预测（predict）。

（6）句子段落理解。教师放录音或口述句子、段落。学生一边听，一边看教师示范表演：各句意思以指出或举起相应的图画或做相应的动作来表示；教师用手势画出单词重音、语调符号和节奏，让学生模仿。

（7）短文理解。学生先听录音，然后根据短文的内容，进行形式多样的练习帮助听力理解，如听录音回答问题、听录音做听力理解选择题、听录音判断正误、听做书面完形填充练习、复述短文大意、做书面听力理解练习题等。

（8）课文听力训练。教新课文之前，先让学生合上书本，听两遍课文录音，或听教师朗读课文；讲课文时，教师一边口述课文，一边提出生词，利用图片、简笔画、幻灯或做动作向学生示意，帮助学生达到初步理解的目的；学生根据课文内容进行问答，如就课文中生词或词组提问、就课文逐句提问、就课文几句话或一段话提问等。

听力训练的原则和要求。

（1）熟练掌握英语课堂用语，尽可能用英语组织教学。

（2）充分利用音像手段（如录音机）和软件资料进行大量的听力训练。

（3）遵循循序渐进的原则，听力训练时听音材料难度应该由浅入深，生词量小，语速由慢到快,长度由短到长。

（4）尽量将听与说、读、写等活动结合起来进行训练。

（5）结合语音语调的训练,特别是朗读技巧(单词重音、句子重音、连读、辅音连缀、停顿和语调)来训练听力。

（6）听前让学生明确目的和任务。

（7）把培养听力技巧(辨音、抓关键词、听大意、听音做笔记等)作为教学的主要目标。

（8）布置适量课外听力训练。

3. 大学英语听力教学中的障碍

英汉民族文化存在较大的差异,这给语言交流造成了很大的困难,对听力的有效进行以及大学英语听力教学的开展都造成了一定的影响。因此,要想切实提高英语听力能力,并能够运用这一技能进行跨文化交际,就要加深对西方文化的了解和认识,从深层次上提高英语听力能力。

（1）词语文化内涵差异层面。

在听力学习过程中,很多学生都反映有的听力材料看上去并不复杂,也没有生词,语言结构也不复杂,但在听的过程中总觉得晦涩难懂,无法理解其内涵。这种情况主要是由于对词语的深层文化内涵不理解造成的。例如：

Wendy: What do you think of Vicky?

Chad: She is a cat.

Question: Does Chad like Vicky?

对于学生而言,上述对话没有任何陌生单词,理解起来并不难,但是在回答的过程中往往会答错,这主要源于中西方文化的差异。在中国,猫是可爱温顺、讨人喜爱的动物,但在西方国家,猫有着另外一层文化含义,指"心存险恶的女人"。上述对话中的"She is a cat."实际上是说 Vicky 是一个狠毒、心怀叵测的女人。由此可见,很多理解障碍并不是由语言本身引起的,而是由对西方文化的不了解引起的。因此,在大学英语听力教学中,教师应注意教授学生一些相关的文化知识,培养学生的文化素养,从而切实提升学生的听力能力。

（2）社交差异层面。

学生学习英语听力是用来社交的,如果不了解中西方社交差异,将会对其交际过程产生不利的影响。中西方社交差异在多个方面都有体现,其中在俚语的表达方面尤其突出。英语的俚语相当于我们的歇后语,蕴含着发人深省的内涵。例如, fill someone in 的真正含义是"告诉某人,让他了解一些状况"。由于我国大学生对英国的社交文化不了解,很容易逐词逐句地理解这一短语,将其理解为"把某人填进去",这必然会对听力产生影响。

除了上述两个方面,英汉的思维模式差异、历史背景差异、地理环境差异等都对听力理解有着重要的影响,在具体的教学中,教师应尽量全面地丰富学生的文化知识,提高学生的文化素养,为学生听力能力的提升排除文化障碍。

4. 大学英语听力教学中的常见方法

（1）技能教学法

听力的有效进行是需要一定的技巧的,因此在大学英语听力教学中,教师应向学生介绍几种常用的听力技巧。

①听前预测。在进行听力之前,进行一定的预测是很有必要的。在教学中,教师可以指导学生在正式听听力材料之前,先浏览一下听力问题,据此预测听力测试的范围,如地点、时间、人名等,这样可使听力更具针对性。

②抓听要点。在听的过程中,要学会抓听要点。也就是抓听交际双方言语活动中的主要内容、主要问题、主题句和关键字等,对于一些无关紧要的内容则可以不用重点去听。

③猜测词义。听力过程中不可能听明白每一个词,而且有时难免会遇到陌生的单词,此时如果停下来思考这个词的意思,就会影响对整个听力材料的理解。这时可以继续听,通过上下文来猜测词义,这样既不会中断思路,也能流畅地理解听力材料内容。

④边听边记。听力具有速度快和不可逆转性的特点,听者在有限的时间内不可能听懂和记住所有的内容,此时就需要借助笔记来辅助听力活动,也就是边听边记录。听力笔记不需要十分工整,听者自己能看明白即可。

(2)文化导入法

①通过词汇导入。在大学英语听力教学中通过词汇向学生导入文化知识,不仅可以提高学生的文化意识和素养,还能丰富学生的词汇量,为听力能力的提高奠定基础。例如,"狗"这一动物在中国文化中多具有贬义色彩,从"狗腿子""狗拿耗子"等表达中就能看出,但在西方文化中,dog深受人们的喜爱,被人们当作好朋友。在听力教学中,教师有意识地扩大学生的词汇量,丰富学生的词汇文化知识,将对学生听力能力的提升大有裨益。

②通过网络多媒体导入。现代信息技术的发展促使网络开始普及,而且在各个领域发挥巨大作用。在信息化时代,教师可以充分利用网络技术向学生提供文化知识。

(3)电影辅助法

英语电影能够营造真实、生动的听力环境,而且能够帮助学生更好地了解西方文化,从中体会中西方文化差异,进而提高跨文化交际能力。因此,将英语电影运用于大学英语听力教学,可有效激发学生的学习兴趣,提高教学的效率和学生的听力水平。具体而言,可采用以下步骤开展教学。

①观赏影片前。在观赏影片之前,教师和学生需要做一些准备工作。这些准备工作是指,在选定影片之后,教师要为学生布置好与电影主题相关的作业,鼓励学生在课下通过网络搜集一些与电影背景相关的信息,通过此方式加深学生对影片的了解。在临近观看前,教师要对影片的相关内容进行介绍,并提出相关的拓展学生思维的问题,如影片中有哪些俚语以及主角爱好等,这样能够引导学生带着问题和好奇心去观看影片。在准备工作完成之后,学生在了解影片的基础上,边观看影片边解决问题,以期达到更好的学习效果。

②观赏影片中。在观看影片的过程中,教师可选择和运用影片中某个经典的片段的放映来指导学生进行精听。精听要求学生听清每一个词、短语和句子,清楚每一个情节。通过精听,教师可以更好地引导学生学习影片中的语言。在精听的同时,教师还可以采取泛听的方法,让学生了解影片的故事梗概。此外,在播放影片的过程中,教师可以根据学生的英语水平和影片中的相关内容适时暂停影片,提醒学生影片中的一些关键对话,辅助讲解一些俗语、委婉语、禁忌语等,同时分析其中所涉及的中西方文化差异,帮助学生掌握语言精华,培养跨文化意识。

③观赏影片后。在影片结束之后,教师可以有针对性地进行扩展活动,即选择影片中的经典情节,组织学生进行角色扮演,从而巩固学生的听力水平,锻炼学生的表达能力,提高学生发音的准确性,培养学生的语感,同时树立学生的信心,促使学生合作学习。另外,教师可以鼓励学生谈论影片的主题及意义,引导学生撰写影评,这样可以巩固学生通过影片所学的词汇、语法等知识的运用,进而提高学生的听力水平。

总体来说,英语电影语言丰富,情节生动,深受学生的喜爱,将其运用于大学英语听力教学,将能够为学生营造一个真实的语言环境,锻炼学生的听力能力。但需要注意的是,采用电影辅助法开展大学英语听力教学,在选材上要多加留意,要选择那些语音纯正、用词规范、内容健康的经典影片,这样才能让学生学到地道的英语表达,进而提高学生的听力水平。

(4)游戏教学法。

大学生"说不出,听不懂"的问题依然是大学英语听力教学中的重要问题,而基于信息技术的发展,游戏教学法成了听力教学的突破口。游戏教学法寓教于乐,能有效激发学生参与听力教学的积极性,促使学生实现知识能力的自我构建。

①设计学习目标。具体而言,学习目标的设计涉及以下三个问题:交互式游戏教学环境的构建问题;学生参与交互式游戏教学的积极性和主动性问题;交互式游戏教学的效果问题。

②分析教学对象。在开展游戏教学时,还要对教学对象,即学生进行分析,了解学生的学习需求、学生感兴趣的内容等,进而因材施教,确保教学效果。

③游戏教学的设计和应用。网络游戏深受广大学生的喜爱,对此教师可以依据游戏来开展大学英语听力教学。具体而言,教师可根据游戏中玩家协作和竞争的模式,设计角色扮演的游戏教学程序。

(二)大学英语听力教学改革的方法创新

1. 充分利用 TED 资源

TED(technology, entertainment, design)是美国的一家机构,宗旨在于用思想对世界加以改变。TED 演讲的领域从最开始的娱乐领域、技术领域等逐渐向各行各业拓展。每年的 3 月份,TED 大会在美国召开,其中参加的人物涉及商业、科学、文学、教育等多个层面,将他们对这些领域的意见和建议进行分享和探讨。TED 官网的思想性、可及性等为混合教学提供了具体的借鉴。

第一,为英语听力技能混合式教学提供了大量真实的预料,这与传统的音频存在较大差异。传统教学中学生上课接触的语料大多为本族语为母语的优秀英语人才录制而成的,虽然也是保证了语音的纯正性,但是改变了交际的真实性。

第二,演讲的主题涉及各个领域,这与语言学习是一部百科全书的观点有着相似性,因此适用于英语听力混合式教学。

第三,演讲者都是各个领域的一些杰出人物,传达的思想具有前沿性,这有助于提升英语学生的思辨能力。

第四，TED官网上发布的视频多控制在15分钟之内，是较短的视频，最长的也不超过20分钟，这与当前的慕课、微课教学模式要求相符，也符合英语听力技能训练的混合式教学的特点。

第五，演讲者是从各地来的，各种真实的情境可以让学生感受到手势、眼神、语速、重音等的运用。

第六，TED官网的视频虽然没有字幕提示，但是在下面会设置独立的互动文稿，并将演讲者的话语显示出来。这便于学生对听的方式进行选择，可以是纯视频的形式，也可以是视频+字幕的形式，或者是先观看视频，之后看字幕。

第七，TED官网的可及性可以让学生选择听的时间、听的内容等，学生制订符合自己学习的目标，对内容加以选择，对进度加以控制，实行自控式学习。

TED视频最大的特点在于提供给学生真实的情境，通过这种真实的听，保证了语言形式、思维以及科技的融合。

2. 加入多样化教学工具

（1）英语歌曲欣赏

在学习的闲暇时间，学生可以欣赏一些英语歌曲，这样可以使自己身心放松，营造自身英语学习的氛围，另外，英语歌曲还可以帮助学生学习其中的一些表达方式，尤其是一些发音的技巧等，可有效激发他们学习的积极性。

平时，教师可以引导学生多听一些具有当地文化特色的英语歌曲，也可以选择一些有意义的歌曲，然后教师让学生了解歌词的内容，再通过听写、填空等方式为学生出题，让学生真正地听懂。

（2）英语竞赛视频

在平台上，还会有一些竞赛演讲的视频，学生可以通过这些视频感受其中的语音语调，感受优秀演讲者他们是如何进行演讲和应变的，这样学生不仅可以提高自身的听力，还会掌握一些演讲的技巧。多听一些竞赛的视频，从不同的角度来看待问题，这样可以不断提升学生的听力理解能力。

（3）访谈视频

一些名人的视频对于学生的听力学习也是非常有利的，学生本身会被一些名人、一些明星吸引，然后通过观看他们的视频，会带着好奇心去听、去看，这样对于提升他们的听力水平是非常有利的。

当然，一般访谈的内容包含多个层面，或者是为了沟通情感，或者是为了讲授生活中的一些有意义的事情，或者是介绍自己的一些经历等，这些都容易引起学生的共鸣，同时还能够从他们的表情、语速中，学到一些听力技巧以及如何处理一些紧急的事情等。

3. 建立多元化考核机制

在评价体系上，高校英语听力混合式教学要求以学生的专业能力、综合素养等作为教学目标，提倡学生展开自主学习与协作学习，这就要求在评价中必须打破传统的评价方式，即仅采用终结性评价,以教师考核为主。英语听力混合式教学要求采用多元评价考核机制,即教师考评、学生自评、同学互评等相结合,实行终结性评价与形成评价相融合,使学生从被评对象变成主人,而教师从单一的评价者变成评价的组织者。

4. 合理设计听力翻转课堂

在课程开始之前,教师需要布置好音频与视频材料,学生自行听这些材料。在课堂开始后,教师主要负责引导,他们不再是对材料进行详细的讲解,然后给学生对答案,而是将更多的时间用在为学生讲解听力技能上,然后为学生介绍相关的背景知识。课堂形式的展开方式也可以有很多种,可以是表演形式,也可以是讨论形式等。

教师除了应用教材外,还可以自己录制或者应用他人录制好的音频或者视频,在录制时,设置相应的生词、短语以及句型,并添加一些背景知识,这些对于教师来说不仅可以节省时间,还可以提升学生的学习质量和效率。

教学往往是围绕书本内容展开的,学生接触的英语材料是非常有限的,如果他们的语言输入不足,那么必然会对他们的语言输出产生影响,这样长期下去,学生对英语学习就失去了兴趣和积极性。另外,随着网络的发展,网络上有着丰富的教学资源,这些资源对于学生的英语学习也是非常有利的。英语听力与其他科目不同,其学习需要学生进行大量的练习,因此教师可以通过网络平台,为学生搜集相关的音频或者视频资料,让他们展开练习。

教师可以对这些网络资源进行整合,为翻转课堂所用。例如,课堂教师可以从TED网站上选择一些音频或者视频,将视频与任务为学生布置下去,让学生有充足的时间观看。还可以从学生的不同程度出发,将学习任务分开,如果学生的水平是初级的,那么要求他们听懂大意即可,如果学生的水平较高,可以让学生自己去查找一些相关背景,让他们弄懂文章大意,这样在课堂上他们可以相互讨论,使学生成为学习的主体。

二、大学英语口语教学改革

(一)大学英语口语教学知识介绍

1. 口语的内涵分析

20世纪七八十年代,西方国家涌现出大量的移民,在美国、新西兰、加拿大等都是如此,在这一现状的影响下,语言学领域的研究者以及作为一线工作者的教师对语言学习的传统模式有了很大的意见,他们的理念开始发生转变。这些人认为,学生只掌握语言的语音、词汇、语法等知识并不能真正的学会英语,更不意味着可以流利地开口讲英语,甚至不能利用自己所学的这门语言在社会上谋生。随后,学者以及教师开始将英语语言能力看作交际能力的一个组成部分。

有的学者认为,交际能力是语言学习者与他人利用语言这门工具所进行的信息互动,进而生成一种有意义的能力,这种能力区别于做语法、词汇知识选择题的能力。然而,学习者如果想要获取更加高级的交际能力,就必须对所使用语言的社会环境、文化环境有一定的了解。社会语言能力往往指的是使用语言的人在不同的场合与环境中运用语言的能力,这一能力涉及的层面如下所示。

（1）语域，即正式语言或非正式语言的使用。

（2）用词是否恰当。

（3）语体变换与礼貌策略等。

2. 大学英语口语教学中的障碍

文化差异对口语交际有着重要的影响，对英语口语教学的影响也是显而易见的，因此教师在开展英语口语教学时要让学生了解文化差异所产生的影响，培养学生的文化差异意识。

（1）词汇内涵差异层面

词汇是人们撰写文章、口语表达思想的基础，要想准确地传递信息和情感，首先要掌握大量的词汇，并且要了解词汇的含义，包括基本含义和内在文化含义。如在汉语文化中，"马"（horse）被人们视为朋友，属于积极进取、奋发图强、吃苦耐劳、勇往直前的正能量代表，如"马到成功""龙马精神"等都表达了这一象征意义。但在英语文化中，horse 常用来做普通的喻体，和马毫无关系，如 white horse（泡沫翻腾的浪峰），horse of another color（完全不同的另一回事）等。

（2）语用规则差异层面

语言交际有一定的规则，即语用规则。如果不了解英汉语用规则，就会对交际造成影响。例如，在寒暄方面，中国人见面习惯说"吃过了吗？"表示关心。这样的表达并不在于"吃饭"本身，而是一种招呼用语，有着类似于"你好"的问候语义，相当于英语中的 hello。但是在西方国家，如果人们听到"Have you eaten yet？"时，会理解为对方想请他吃饭，然后会做出回应："Thank you, it is very kind of you."对此，在英语口语教学中，教师应向学生介绍英汉语中的语用规则以及英汉语用规则的差异，以免学生在交际实践中出现误解而影响交际。

（3）地理环境和气候条件差异层面

地理位置不同，其气候条件也不同，这会对文化产生一定的影响，进而在语言中有所体现。例如，英国是个岛国，多面环海，处于温带海洋性气候带，气候四季温暖。受地理环境和气候条件的影响，英国降雨频繁，随时都有可能下雨，因此人们常随身带伞。基于这一背景，在日常生活中就不宜跟英国人开关于天气的玩笑，否则会引起交际失败或者冲突。

3. 大学英语口语教学的常见方法

（1）文化对比法

英汉文化差异对口语交际有着很大的影响，因此在英语口语教学中，教师应加入中国文化元素与西方文化元素的对比，呈现中西方文化之间的差异。以饮食文化为例，西方人宴请客人时多考虑客人的口味、爱好，菜肴通常经济实惠。中国人为了表示热情好客，在请客时通常准备多道菜肴，而且讲究菜色搭配。引导学生进行文化对比，不仅能提高学生的文化适应性，也能减少汉语思维的负面影响，进而提高学生的跨文化交际能力。

（2）课外教学法

英语课程的课堂时间十分有限，学生仅仅依靠课堂上的学习时间往往很难满足自身学习任务的要求,所以教师应该引导学生自动利用身边一切可以利用的时间和环境来练习口语。在课外,学生学习的知识可以作为课堂教学内容的补充,如果教师能够利用丰富的第二课堂,即课外活动,那么学生自身的口语能力提升的速度也是显而易见的。例如,教师可以组织学生进行英语演讲、英语作文比赛、英语短剧表演等,让学生将自己的表演录成视频,在多媒体教室播放,学生通过观看视频来提出自己的建议与评价,这可以在短时间内提升学生的英语口语能力。此外,有条件的教师还可以邀请一些外籍教师为学生进行课外讲座,或者创办英语学习期刊,设立英语广播站等,让学生在丰富自己课余生活的同时也能体会到英语口语的乐趣,从而更加热爱英语口语学习。

(3)美剧辅助法

大学校园中,美剧十分流行,深受学生的喜爱。实际上,美剧并不仅是一种消遣方式,还是帮助学生认识西方文化、提高口语表达能力和交际能力的重要途径。对此,教师可以通过美剧来开展口语教学,以改善口语教学环境,激发学生的学习兴趣,锻炼学生的口语表达能力。

①选择合适的美剧。美剧通常语言地道、故事情节生动富有吸引力,是一种有利于激发学生兴趣的学习资料。美剧类型丰富,题材各异,不同类型的美剧对学生的口语能力所发挥的作用也不相同,因此在运用美剧开展口语教学时,教师要对美剧进行筛选,选择有利于发展学生口语水平的美剧。此外,教师还要提醒学生不要只沉浸在对美剧的欣赏中而忽视对美剧中语言知识和文化背景的学习,鼓励学生带着学习动机来观赏美剧。

②开展层次性的反复训练。在运用美剧进行口语教学时,教师应遵循循序渐进原则,开展反复性的练习,逐步提升学生的口语能力。例如,在首次观看的时候,教师要引导学生将精力放在剧情上;在第二次观看时,教师可以引导学生对剧中的表达和语法等进行推敲;第三次观看时,教师可引导学生重点对人物说话的语气以及台词所隐含的内容进行挖掘和分析。分层逐步开展,可以有效加深理解和记忆,对提高学生的口语能力十分有利。

③关闭字幕自主理解。在看美剧时,很多学生习惯看字幕,脱离字幕将无法正常观看影片,实际上这样观看美剧对提高口语表达能力并不利。在观看美剧时,学生应对台词形成自己的理解,在不偏离剧情中心思想的情况下抛开字幕自主理解,可以有效锻炼英语交际思维。

④勇于开口模仿。学生要想通过美剧切实提高口语交际能力,就要在听懂台词、了解剧情的基础上开口说,即对剧中人物的台词进行模仿。只有不断地开口练习,才能培养英语语感,增加知识储备,进而提高口语交际能力。

总体而言,采用美剧来辅助英语口语教学可以有效提升学生的听说能力,进而培养学生的跨文化交际能力。

(4)创境教学法

口语学习的目的是进行实际交际,所以学生只有在真实的情境中开口说英语,才能使自己的口语能力得到锻炼。对此,教师可以采用情境教学法开展口语教学,即创设真实的情境,让学生在真实的环境下学习口语。具体而言,教师可以通过角色表演和配音两种活动来创设情境,锻炼学生的口语能力。

①角色表演。教师可以根据教学内容让学生进行角色扮演,将主动权交给学生,让学生自主分工、自行排练,然后进行表演。这种方式深受学生喜爱,不仅能缓解机械、沉闷的教学环境,还能激发学生说的兴趣,让学生在真实的社会场景中进行社交活动,锻炼口语能力。当学生表演结束后,教师不要急于评价学生,应先给学生一些建议,然后再进行点评和总结。

②配音。配音是一种有效锻炼学生口语能力的方式,教师可以充分利用配音活动来提高学生的口语水平。具体而言,教师可以选取一部英文电影的片段,先让学生听一遍原声对白,同时向学生讲解其中的一些难点,然后让学生再听两遍并记住台词,最后将电影调至无声,让学生进行配音。这种方式可有效激发学生开口说的积极性,而且能让学生在欣赏影片的同时锻炼口语能力。

(二)大学英语口语教学改革的方法创新

1. 教学理念和教学目标

在高校英语口语教学中,应该坚持以学生作为中心,课堂内应该将学生的主体作用发挥出来,教师充当主导的角色,这样才能真正地提升教学的效果。基于这样的理念,高校英语口语教学应该对学生的自信心、准确性等进行培养,发挥英语作为语言工具的作用。开学初期,教师应该对不同阶段学生的口语评价标准有清晰的了解,学生首先对自己的英语口语水平有所了解,教师进而展开诊断性评断,引导学生对口语学习目标等进行制订,这样才能提升英语口语教与学的水平。

2. 课前线上翻转预习

高校英语口语教学是建立在英语综合教程基础上的。在课前,预习主要是线上的预习。教师在设置预习任务的时候,应该从单元课文主题设计出发,采用多种形式,如问题讨论形式、朗读形式、角色扮演等形式等,便于学生展开移动学习,为课堂的展开做铺垫。

同时,学生应该采用网络技术,对相关英文文章、视频等进行搜索,对课堂口语学习任务进行准备。通过线上学习,学生展开英语语言的输入与输出,为课堂展开做铺垫,还能一定程度上增强学生口语表达的自信心。这种模式将传统的讲授式教学进行颠覆,实现了从教到学的转变,也调动了学生学习的积极性。

3. 课中线下交流+信息技术

在课堂上,教师检查学生口语任务的完成情况,教师的角色也发生了转变,从操控者逐渐向指导者转变。在课堂上,口语活动除了面对面交流,还可以通过QQ语音来参与,这样可以使学生都参与其中,增强学生参与课堂的程度。

教师对学生的口语情况进行反馈,分析学生的口语流利情况、语音情况、词汇是否多样、语法是否准确等,帮助学生对口语进行诊断,进而让学生更有效地进行学习。在课堂中,教师可以利用慕课资源,对学生的口语教学进行辅助,实现课堂与网络之间的融合,提升高校英语口语教学的效果。

高校英语口语课堂教学建立在其他技能教学的基础上。因此,学生在听的基础上展开讨论与复述,这其实是在促进说的能力提升。在阅读中,教师针对文章提出一些具备挑战的问题,让学生发散思维,提升综合能力。对于每一单元的课文,学生可以进行朗读,这样可以纠正学生的发音情况。当然,口语活动结束之后,教师可以要求学生展开一定的写作练习,这样可以使口语与写作相融合,从而提升学生的综合语言能力。

4. 课后线上 + 线下拓展学习

在课堂结束之后,学生可以运用网络技术展开线上与线下的学习。采用校园的听说系统,利用网络技术进行重复训练,对自己的学习效果加以巩固。从课堂教学出发,为学生布置新的交互活动,如讨论、角色扮演等,学生在线下进行准备,然后通过手机录像上传,教师可以选取其中一些优秀作品在下一节课进行展示。

学生利用教师推荐的网站与链接,在课堂结束后展开自主学习,如果学习中遇到问题,教师可以通过微信直播等形式为学生解惑。这些任务可以让学生的口语学习转到课外。在课堂结束之后,鼓励学生参与第二课堂或者一些朗诵比赛、话剧活动等,这也是线下学习的方式,从而不断提升学生的口语交际能力。

第二节 大学英语读写教学改革

一、大学英语阅读教学改革

(一)大学英语阅读教学知识介绍

在语言学习过程中,阅读能力一直都发挥着重要的作用,因此很多国家都十分重视阅读。例如,美国做过"美国阅读动员报告",英国启动了"阅读是基础"运动,两国还投入了大量人力和财力来推动国民阅读能力的培养。在中国教育教学中,阅读能力也深受重视。关于阅读的定义,不同的学者发表了不同的看法。

纳托尔(Christine Nuttall, 2002)对阅读的理解总结为以下三组词。
(1)解码,破译,识别。
(2)发声,说话,读。
(3)理解,反应,意义。[1]

"解码,破译,识别"这组词重点关注阅读理解的第一步,也是十分关键的一步,读者能否迅速识别词汇,对于读者而言有着重要的影响。"发声,说话,读"是对"朗读"这种基本阅读技能的诠释,这属于阅读的初级阶段。朗读是将书面语言有声化,在各种感官的共同作用下加快对阅读内容的理解,这有助于语感的培养。通常,随着阶段的提升,读的要求会从有声变为无声。"理解,反应,意义"强调阅读过程中意义的理解与交流。在这一过程中,读

---

[1] 孟银连. 高中英语阅读教学中文化知识教学调查研究[D]. 重庆:重庆师范大学,2018:10.

者不再是被动接受阅读材料中的信息,而是带着一定的目的,积极地运用阅读技巧去理解阅读材料的主要信息。

Aebersold(2003)认为,读者和阅读文本是构成阅读的两个物质实体,而真正的阅读是二者之间的互动。

王笃勤(2003)指出,阅读是一项复杂的认知活动,是读者提取文本中的信息并与大脑中已有的知识结合,从而建构意义的过程。读者理解阅读文本的过程中主要涉及三种信息加工活动,分别是对句子层面、段落或命题层面、整体语篇结构的分析活动。

由上述定义可以看出,很多学者都认为阅读涉及读者和阅读文本,并且认为阅读是这二者之间的交流互动。简单而言,阅读就是读者积极运用已经掌握的语言知识和背景知识等对语言材料进行处理,同时获取信息的过程。

1. 英语阅读教学中语言处理的问题

文本是语言的载体,任何阅读文本的内容、思想都是通过语言表现出来的(梁美珍等,2013)。但是只有把语言与内容、思维进行有机的结合,才能充分领略它独有的魅力。因为从某种意义上而言,在一个文本中,其内容即意义是灯,语言是灯罩,而思维是影子(葛炳芳,2013)。阅读教学中的语言处理,应该是综合视野下的语言处理,是学生在理解文本内容和提升思维能力的过程中进行的有目的的、体验式的、语境化的语言学习。①

目前,一线教师已经开始有了在阅读教学中进行语言处理的意识,已经开始认同英语阅读教学的课堂不是只有文本信息的提取,还应有思维的培养和语言的处理。但问题是:什么样的语言需要在阅读教学过程中进行处理?什么时候处理?怎么处理?很多教师对此还不是很清楚,所以在实际操作中出现了这样或那样的问题。

(1)缺乏"赏析"意识

根据认知发展的规律,学生首先是感知语言,了解其应用范本,然后才是模仿应用(王笃勤,2012)。感知语言、理解其应用范本是输入,模仿与应用是输出。只有充分有效的输入才能保证最后高质量的输出。在阅读教学的语言处理过程中,学生需要在信息的提取中感知语言,在文本的评价中赏析语言,在思维的提升中运用语言。其中,教师有意识地引导学生欣赏分析文本的核心语言,体验发现语言在"表情达意结构"中的"精、准、美",有利于学生内化目标语言,是后续有效输出的必要准备。

但是很多英语阅读课堂难觅语言赏析的踪迹,课堂的基本模式常常是"信息提取和整合加一个'装模作样'的语言运用和输出"。很多阅读课堂中,尽管教师没有为学生提供足够的有针对性的语言上的输入,但课堂的最后一个环节往往总有一个"高大上"的口头甚至笔头的语言输出活动。试想,没有输入,何来输出?比如,一位教师的主要教学步骤如下:

① According to the picture and the title, predict what will be talked about in the passage.

② Go through the passage and find out what the story mainly tells us.

③ Read the passage again and answer the following question: What do the two

---

① 王秋红等. 英语阅读教学中的语言处理:理解与赏析[M]. 杭州:浙江大学出版社,2015.

restaurants have in common?

④ Predict the end of the story.

⑤ Further thinking: What would happen if they didn't change their menus? Can you offer them advice?

⑥ On the basis of your discussion, write a letter to Yong Hui or Wang Peng to share your opinion with them.

显然,本堂课中,在最后的输出活动之前,教师只为学生做了话题或信息上的铺垫,几乎没有什么语言上的输入,所以最后的输出只是为了输出而输出。实际上,有输入才有输出,输出是建立在对语言充分的感知和赏析的基础上的,所以没有了对语言的感知、赏析和内化,语言的输出活动只是"假输出"。这样的输出只是为了让一节阅读课看起来似乎"完整而又得体",而并非是学生模仿应用目标语言的平台,效果可想而知。

"也许是我们走了太久,却忘记了为什么要出发。"英语是一门语言课程,英语阅读教学承载着语言目标。但语言学习只是阅读教学中的一个重要组成部分,除此之外,还有内容目标,思维目标。正如葛炳芳(2015)所说的那样:"英语阅读教学,应当为内容而读,为思维而教,为语言而学。"

（2）缺乏"语境"意识

虽然目前很多教师开始认同在英语阅读教学中需要进行必要的语言处理,但在实际的课堂教学中,一些教师还是很难摆脱长期习惯了的"两张皮"的做法,即一堂专门的信息处理课,一堂专门的语言处理课。更有甚者,一些教师奉行"三张皮"的做法。这样的教师往往把单元第一课时设计成单元词汇学习课。课上教师根据教材词汇表(包括阅读文本中的部分词汇)进行单纯的词汇教学。在语境完全缺失的情况下,教师带领学生熟悉单词的读音、用法,并提供一些词组和例句。他们的第二课时就是信息处理的阅读课,之后就是专门处理阅读文本中语言点的第三课时。这样的语言学习,课堂容量大,学生课后的记忆负担重,但效果却不尽如人意,因为这样的教学安排人为地使语言学习脱离了语境,语言处理的过程只有教师枯燥的讲解,没有环环相扣的文本理解作支撑,没有令人愉悦的语言赏析,没有"小试牛刀"的输出和运用语言所带来的那份成就感。

（3）缺乏"目标"意识

在现实的课堂中,教师对阅读教学中目标语言往往缺少全面正确的理解,导致了阅读教学中语言处理的片面化、狭隘化。一些教师经常把阅读教学中语言处理等同于"语言点"的处理,把词汇等同于单词,而忽略词块(词组和习惯用语)的教学。其实,除了词汇,文本的语体、篇章结构、语篇的衔接与连贯手段以及修辞方式等都是阅读教学中语言处理的重要内容。课堂教学中的目标就像为夜航中的船只指明方向的灯塔,决定课堂的最终走向。课堂教学需要有教学目标的指引,同样阅读教学中的语言处理,也需要有具体的语言目标。只有这样,阅读教学中的语言处理才能做到"精""准",才能取得良好的效果。

然而,一些教师在制定课堂的教学目标时,往往忽略对语言目标的定位。英语教材由于题材广泛,体裁多样,阅读文本语言丰富,各具特色。但是阅读教学的课堂时间是有限的。假如课前没有全面的文本解读,没有充分的语篇优势分析,没有精确的目标语言定位,那么在阅读教学中难免就会"脚踩西瓜皮,滑到哪儿算哪儿",或者是"眉毛胡子一把抓",什么都抓不好。这样既会出现把阅读课上成语言处理课的危险,也会出现语言处理重点不突出、学生找不到方向的现象。

2. 英语阅读教学中语言处理的艺术

学生学习内化语言的过程就像人们消化吸收食物的过程。囫囵吞枣式的进食,虽然也能给人维持生命的养料,但会造成消化不良,甚或厌食。阅读教学也存在着这样的问题,填鸭式流于表面的教学,让学生缺失学习的体验与享受。阅读的过程应该让学生充分理解文本的内容,品味语言的"色香味",让阅读成为一种享受,学生才能更好地吸收文本中的"营养"。

阅读是思维的过程。Anderson 等(2001)对 Bloom 的认知分类进行调整,确立了认知加工的 6 个维度"记忆、理解、应用、分析、评价和创造",在此过程中的思维层次和要求由低级走向高级。

(1)在提取信息中感知语言

语言作为工具,承载着思想,传递着信息。语言从用途上来理解,是用来交际的工具。教授一种语言,学习者必须以某种有意义的方式来经历语言(张德禄等,2005)。所谓"有意义",即指语境,指语言所指向的信息。语言的学习应遵循在语境中、在信息的获取中感知语言。脱离语境、孤立地学习词汇句式等,仅仅是一种单调的记忆练习,很难使学生真正理解和掌握。俗语有云:"字不离词,词不离句,句不离篇。"作为教师应借助文本提供的语境或自行设计的与话题相关的语境,教师应帮助学生提取大脑中已有的背景知识,提取文本中的信息。在阅读教学中,这是学生理解文本内容的过程,也是学生体验感知目标语言的过程。

①在提取背景知识中感知语言。在阅读课前的热身导入阶段,教师可根据本单元的主题和课文内容,用英语释义讲解、推进话题讨论等,让学生在真实的语境中感知目标词汇的含义。例如,描写了 Nelson Mandela,课文的引入可以采取 guessing game 的形式,以逐句竞猜伟人的方式,引出文本主题人物曼德拉。

人物竞猜游戏能有效激发学生的兴趣,并能快速引出主题人物。而在人物竞猜游戏的设计中,通过创设一个个小情境,对人物(孙中山、白求恩、甘地、曼德拉)进行描述,教师有意识地输入文本的目标语言:attack, fee, violence, equal, lawyer, guidance, legal, president,使学生能结合自己的知识储备,在对人物信息的提取中感知理解部分目标词汇的大意,并为后续文本阅读扫清部分语言上的障碍。跟进的问题有助于学生提取关于描述伟大人物的品质的词,也为学习和提炼人物描写这一语言目标打下基础。

②在挖掘文本信息中感知语言。在文本阅读环节,教师可以引导学生借助对上下文信息的挖掘,推敲前后句子的逻辑关系,加深对部分目标词汇的意义及用法的理解。如在 *A Master of Nonverbal Humor* 一文中对于"not that"一词的理解,借助上下文信息,可以更生动透彻地理解该词的意思与作用。

Read paragraph 1:

Q1:What does the first paragraph talk about?

What role did Charlie Chaplin play?

Q2:Usually what kind of people can make others happy and content with their lives?

According to the first paragraph, what's your impression of Charlie's life?

Q1 的设计主要是让学生抓住文本中的两个动词"brightened"和"made people laugh",提取信息,了解卓别林在艰难岁月中给人们以欢乐和慰藉。Q2 引导学生关注到本段内容往往会让人产生这样的印象:似乎卓别林是一个幽默快乐且生活上一帆风顺的人。

Read paragraph 2:

Q3: What's the second paragraph about?

学生通过阅读,能够比较容易地提取出本段的大意:卓别林的苦难童年。

Q4: How does the author connect the information of the first two paragraphs?

该问题旨在让学生关注此段首句"Not that Charlie's own life was easy!"

Q5: What's the function of the sentence? Is this sentence the same as "Charlie's own life was not easy"?

这样学生就会发现此句是用来承上启下的过渡句。那么他们在信息的提取中就可以自然而然地得出"not that"此处意为"I am not suggesting...; don't mistake me",它的作用就是为了提防读者产生错误印象而进行修正和说明。

(2)在评价文本中赏析语言

在感知语言的基础上,把赏析引入英语阅读教学,可以纠正学生原有的认为英语课文"枯燥无味"的错误认识,这样有助于学生体验语言的美感和精到,培养阅读兴趣,促进学生语言知识的习得和语言技能的发展,提升学生的语言素养和人文素养。

赏析,顾名思义,即欣赏分析,这是一种相对高级的思维活动,需要结合已有认知,对事物做出判断评价,去感受美的事物。鲁子问教授认为,作为课文的文章首先是一个独立语篇,具有自身的语义功能、语用目的和语境。因此,每一篇课文都有自己独特的语篇优势,即自身较为突出的地方,如语言优势、结构优势等(林秀华,2012)。教师应抓住这些精彩之处,带领学生去领略语篇文字的美好。

同样,在英语阅读教学中赏析语言,应建立在文本浅层信息的理解上,蕴含在对文本的评价中:提炼文本的内容观点、评价语篇的结构逻辑、分析文本的语言特色、挖掘语言的文化内涵等。刘洵、付山亮(2010)提出,英语教学不仅要指导学生清楚作者表达了什么内容,而且更应该指导学生明白作者是通过哪些语言手段增强表达效果的(胡莹芳,2014),以及为什么这样表达。

现今的阅读教学大多只停留在内容层面的表层信息的获取,而不关注语言形式和对文本内在的深层含义的挖掘。教师要从只问"是什么"转向多问"怎么样"和"为什么"。评价文本,挖掘内在的深意,正是从理解走向赏析,从"知其然"跨越到"知其所以然",体会作者的意图,走入文本的深层。教师要侧重通过问题的设置,引导学生关注作者在语言使用上的技巧,学习遣词造句、布局谋篇、表情达意的方式方法,赏析用词之精妙,句式之丰富,衔接之巧妙,谋篇之用心,修辞之雅韵,立意之高深。赏析语言可以通过比较、分析、归纳语言形式,以朗读、推理、联想等方式推进。评价文本,走入深处,这是赏析的精髓所在。

(3)在提升思维中运用语言

葛炳芳(2013)提出:"阅读起点不仅仅是语言感知,同样重要的是话题知识;阅读过程不仅仅是信息处理,同样重要的是体验感受;阅读重点不仅仅是语言运用,同样重要的是思维能力。"因此读后的环节,教师不仅要关注语言的操练,还要兼顾思维的发展,设计相应的输出活动,提升"语言创新思维,包括逻辑性思维、创造性思维、批判性思维"(黄远振等,2014)。英语阅读教学实践中,多数教师把词句英汉互译、复述课文等当成是运用语言的常规手段,然而,研究发现,这些练习对于学习促进的功效是比较低的(王初明,2013),更谈不上思维能力的提升。例如,让学生写一篇题为 The Story of an Eyewitness 的短文。要求学生自主选择描述的内容,但必须尝试使用文本的语言,如修辞手法(重复、排比、夸张、对比等)。

这样的输出活动,从生活实际中来,让学生能有情感可发,有内容可选,有语言可仿,真正激发学生运用语言的欲望,达到刘勰所说的"情以物迁,辞以情发"。同时内容与角度的自主选取也极大地锻炼了学生的思维,因为文章构思的过程包含着一个复杂的思维过程:确定什么样的主题,选择什么样的内容,模仿什么样的语言,按照什么样的顺序来组织语篇等。英语哲学家怀特海曾说:"通往智慧的唯一道路是在知识面前享有自由"(程红兵,2015)。因为这份自由,学生能在思维的提升中更好地内化输出语言。下面是学生习作。

The Story of an Eyewitness

Never before in history had Yuyao been faced with such a challenging disaster. After typhoon Fitow swept across the region, nearly all the downtown areas were flooded. All the roads and drains were flooded, so people had to feel the way cautiously like the blind. All cars, except those deliberately parked on the bridge, were flooded, floating in the floodwater as if deserted. Supermarkets and shops were flooded. With goods submerged in the waist-deep water. Small houses and apartments on the first floor were flooded too, leaving people homeless and helpless. All these made the worst several days of Yuyao.

Cold and merciless as the flood was, flames of friendship between ordinary people burned. In Yuyao High School, for instance, scenes moved me to tears. A lot of short boys and girls were carried on the tall boys' backs to dormitories in the rain and floodwater. A lot of "boats" made of mineral water barrels were paddled all around the campus to offer help. A lot of foods and pure water were transported from different places to boys' and girls' dormitories to meet their daily needs. Actually, more places than this witnessed such moving scenes. Never in all Yuyao's history were her people so kind and united as on those terrible days.

学生的习作较好地模仿了文本的框架结构,首段写灾,末段赞人,前后对比。习作的语言也借鉴了首句和末句,借鉴了文本中的"never"的倒装句,语气强烈,首尾对比呼应。首段中五个含"flooded"的句子采用重复的修辞,选取了道路、车辆、商店、住宅这些内容,凸显水灾下一切都被淹没的惨烈景象。次段首句,仍旧模仿了文本中"as"引导的让步状语从句,承上启下。但该段中对于友谊的描绘不是通过全景描写,而是以校园内的场景为例,这与文本有些微差异。三个"a lot of..."的句子运用了排比句式,结构工整,极富整齐美和韵律美,表现了灾难之下,人们勇敢面对、自救互助的场景。总的来说,全文较好地模仿了文本的结构、语言,但在内容的选取上则发挥了学生的自主性和创造性,根据自己的亲身经历,抒发真实情感,达到了预设的语言学习目标。

3. 大学英语阅读教学中的障碍

阅读过程常会涉及文化问题,如果不具备一定的文化知识,不了解英汉文化的差异,将很难有效进行阅读。可见,文化差异对英语阅读有着重要的影响,以下就对此进行具体说明。

(1)历史文化层面

每一个国家和民族在漫长的演变和发展中都形成了有着民族特色的历史文化,蕴含着丰富的文化底蕴。在阅读英语文章时,学生时常会因为不了解相关的历史文化而产生阅读障碍。

例如,meet one's Waterloo 这一成语中来自著名历史事件滑铁卢战役。Waterloo(滑铁卢)是比利时中部的城镇,1815 年拿破仑在这个地方大败,从此一蹶不振。Waterloo 这个小镇也因此次著名战役而出名。从字面意思上来看,meet one's Waterloo 是"遭遇滑铁卢战役之类的事",可以进一步申引为"惨败"。

对此,在大学英语阅读教学中,教师应丰富学生的历史文化知识,扩大学生的知识面,为学生阅读能力的提升奠定基础。

(2)思维模式层面

不同的民族有着不同的思维模式,这种思维模式在语言中有着显著的体现,即表现为英汉语篇有着显著的差异。英语语篇属于演绎型语篇,往往开门见山,在文章的一开头就表明作者态度,随后再进行验证说明。汉语语篇属于归纳型语篇,往往是先摆事实、讲理由,最后得出结论,而且作者的主题思想隐蔽,需要学生边阅读边体会。这就使得学生养成了精读的阅读习惯,在面对英语文章时不善于运用略读等技巧,进而影响阅读效率。

对此,教师在阅读教学中应引导学生了解英汉思维的差异以及这种差异对语篇阅读的影响,培养学生的英语思维,锻炼学生运用英语思维理解文章的能力。

(3)社会文化层面

由群众创造的具有民族特征的并对社会群体发挥作用的文化现象就是社会文化。社会文化的不同也对学生的英语阅读造成了一定的影响。例如,bread and butter 这一短语,bread 的意思是"面包",butter 的意思是"黄油",在西方,面包和黄油都是很日常的食物,是人们日常生活中不可缺少的,因此 bread and butter 在英语中就常用来引申为"生计,主要收入来源"。如果学生不了解这一文化背景,在阅读中就会影响正确理解。

4. 大学英语阅读教学的常见方法

(1)采用"阅读圈"教学

"阅读圈"是指一种由学生自主阅读、自主讨论与分享的阅读活动。[①] 在英语阅读教学中,"阅读圈"教学法主要包含以下几个实施步骤。

①设计任务。教师以某个文化专题为教学内容,明确教学目标,选定学生在课堂以及课外需要阅读的材料,设计好相应的需要学生进行讨论和分析的问题,并规划好学生完成这

---

① 刘卉. 英语文化教学中阅读圈教学模式的构建与探索[J]. 教育现代化,2018,(45):237.

第五章　大学英语基本技能教学改革

些任务的学习模式。

②布置任务。在这一环节，教师安排学生组成"阅读圈"，每个小圈子为6~7人。之后，教师向学生讲解阅读圈教学模式的理念、要求和规则，告知学生的学习重点和内容。此外，教师可以鼓励学生在自己的阅读圈内承担一定的角色，具体角色示例如表5-1所示。

表5-1　阅读圈各成员的角色分配示例

角色	具体任务
讨论组织者	主持整个讨论过程，并准备相关问题供圈内成员讨论
词汇总结者	摘出阅读材料中的与文化专题相关的重点词汇和好词好句，引导圈内成员一起学习
总结概括者	对所有阅读材料的文化元素和内容进行总结并与组员分享，并总结、评价小组活动的内容和成果
语篇分析者	提炼阅读材料的重要的语篇信息并与圈内成员分享
联想者	将所读阅读材料与文化专题相对应的中国文化的内容建立联系，结合最新的社会文化发展动态进行批判性评价
文化研究者	从阅读材料中找到与自己相同、相近或者不同的文化元素和内容，并引导圈内成员进行比较

（资料来源：刘卉，2018）

③准备任务。在布置完任务之后，教师引导学生进行独立思考，并让学生对需要讨论的问题及自身的思考结果形成文字。此外，由于阅读圈内各成员承担着不同角色，教师应鼓励学生完成各自任务，自由表达自己对文化的不同看法。

④完成任务。当学生通过自己的努力和教师的引导完成相应的任务时，各个小组就可以按照各自负责的内容进行汇报，对所读内容进行信息加工、思维拓展，确定小组汇报的内容，最终形成PPT，在课堂上展示核心成果。

⑤评价任务。当学生各自汇报完自己的学习成果时，就可以进入评价阶段了。评价可以是学生自评，也可以是同学互评，还可以是学生和教师共同评价。

（2）构建阅读文化图式

图式理论充分彰显了阅读的本质，即强调阅读的本质是读者及其大脑中所理解的相关主题知识与阅读材料输入的文字信息之间相互作用与交互的过程。图式理论是一种关于阅读研究的科学理论，其不仅强调文化背景知识与文化主题知识的重要性，也并未忽视词汇、语法在阅读中的重要作用。下面通过读前、读中、读后三个阶段进行详细的分析。

读前阶段是信息导入阶段。在这一阶段，要发挥出图式在阅读之前的预测功能。教师可以组织学生参加一些讨论、预测或者头脑风暴等活动，从而将学生头脑中的图式激发出来。在这一阶段，通过自上而下的阅读，学生头脑中的先验知识与文本相结合，从而将学生的图式激活，为学生进一步的阅读埋下伏笔。

读中阶段是文化渗透阶段。在这一阶段，要发挥出图式的信息处理功能。学生根据自上而下的模式来探究文章的整体思路。一些新的文化知识可以通过自上而下的阅读模式获得，从而构建内容图式与阅读技巧。在读中阶段，略读、细读等都是比较好的策略。

读后阶段是文化拓展阶段。在这一阶段,要发挥出图式的记忆组织功能。教师可以通过各种活动对学生的新图式加以巩固,如辩论、角色扮演、讨论等。图式理论指出学生存储在大脑中的图式越丰富,学生的预测能力就越强。因此,课外阅读是非常重要的。

①读前文化导入——激活图式。头脑风暴法。在英语阅读中,头脑风暴法常被用于导入环节之中。学生通过这一方法可以展开丰富的联想,从而刺激头脑中形成新的图式。因此,教师在文化导入过程中要考虑话题的需要,为学生创设合理的头脑风暴,让学生更好地融入课堂之中。

预测与讨论。在阅读之前运用图式理论时,教师应该发挥学生推理的能力。学生通过对文本材料进行解读与推理,从而刺激自身的图式。

运用多媒体资料。在文化导入阶段,教师应该善于运用多媒体资料,从而让学生更好地体验文化教学的特色。通过多媒体,学生可以更直观地感受语言知识,了解中西方语言文化的差异,刺激学生的图式,让学生在激活自身图式的基础上进行下一步内容图式的拓展。

②读中文化渗透——深化图式。在读中阶段,教师可以在这一阶段进行文化知识的渗透,进一步对学生的内容图式加以丰富,从而让学生更好地展开阅读。在阅读教学中,教师采用扫描、略读等策略帮助学生构建灵活的图式,促进学生激发头脑中与之相关的图式,从而便于学生更好地理解文章。在细读阶段,教师要帮助学生挖掘与语篇相关的文化内涵,扫除他们在正式阅读中的障碍。

首先,可以通过略读和扫读法,让学生大致了解文章的大意,从而获得文章的总体信息与思路,这是帮助学生建构相关内容图式的有效路径。扫读法是学生根据教师的指令,能够在文章中找到特定的信息。

其次,可以通过细读,根据上下文,让学生明确每一个单词的含义,尤其是那些具有文化内涵的词汇,从而丰富学生的内容图式。

③读后文化拓展——巩固图式。在读后阶段,主要是充分发挥学生头脑中的记忆功能。一般来说,读后的文化拓展的方法主要有如下几种。

第一种是辩论。教师可以针对文本材料中的相关内容,选取一些视角展开辩论,学生在辩论中对与文本相关的内容图式加以巩固。同时,通过辩论,学生也可以更好地理解文本的文化内涵与文化背景知识。

第二种是角色扮演。学生通过学习与文本相关的文化知识,从而丰富自身的文化内容。然后,学生带着角色有目的地重新阅读文本,教师引导学生对文本进行改变或者情景模拟,从而激发学生学习的兴趣和积极性,提高他们在真实语境下对文本综合运用的能力。

第三种是总结性写作。这一方式有助于学生加深对文本的理解,让学生将文化知识从短时记忆转向长时记忆。

第四种是课外阅读。除了课后巩固之外,教师还应该鼓励学生展开课外阅读。通过大量的课外阅读,学生可以提高学习的自主性,而且还能在阅读中不断丰富自身的内容图式。

(二)大学英语阅读教学改革的方法创新

1. 发挥网络互动优势,激发学生的学习兴趣

教师可以利用信息技术为学生的英语阅读创建一个平台,让学生充分参与其中,利用这一平台来扩展自己的阅读能力。利用信息技术,教师可以为学生准备丰富的阅读资料,实现阅读资源共享。在教学过程中,教师可以依据教材中的内容为学生建立一个网络阅读资料库,将教材中阅读的重点、难点都上传到网络上,同时为学生补充适当的课外知识,以拓展学生的阅读视野。此外,为了避免学生在阅读学习中出现乏味情绪,教师还可以在学生阅读的资料中添加一些图片、视频、漫画、音乐等,在材料的格式、设计上也可以体现自己的特点,让学生爱上英语阅读。

2. 科学合理地选择阅读材料

显然,学生阅读能力的提高离不开大量的练习,换言之,英语阅读属于一门技巧训练的课程,需要花费大量的时间进行阅读训练。因此,这就要求教师为学生准备科学的阅读材料。在信息技术的帮助下,教师可以为学生找到一些贴近课堂教学内容的阅读材料。在开始上课之前,教师可以为学生布置一些阅读要点,让学生自己上网搜索浏览,这可以在一定程度上培养大学生的查询以及获取信息的能力。随后,教师将自己所准备的阅读材料发给学生,让学生通过小组的形式阅读与交流,并分享心得。等到课堂结束的时候,教师可以安排学生对这次阅读活动进行总结,每一位学生都要写出总结报告,然后教师对学生的报告给予口头评价。

3. 课内外与线上、线下有效结合

在高校英语阅读教学中运用混合式教学,英语教师要将课内外教学与线上、线下家教学相融合。首先,在课堂上,主要是教师引导学生对课文展开篇章阅读,使学生能够对阅读技巧与方法加以掌握。其次,在课外的阅读学习中,教师可以为学生布置一些任务,让学生在课下完成,同时要求学生多阅读一些名著与报纸,让学生对文章主旨大意有所了解,从而培养学生的阅读习惯。

4. 科学地进行评估与分类指导

教师除了利用信息技术在课堂上授课之外,还可以利用信息技术对学生的学习成果进行评估。在设计一套合理教学评估方案之前,教师可以利用网络技术搜索与阅读相关的评价理论或内容,进而结合自身所教授的阅读材料中的生词、语法、词汇量、句法等知识来设计评估内容,如此获取的评估结果将可以充分了解学生的阅读水平。同时,教师还可以对学生的评估结果进行线上统计,对学生阅读的时间、阅读的效率也有充分的了解。

总体而言,高校英语阅读实行混合式教学,有助于提升学生的阅读能力与水平,通过教师的设计,让学生对阅读技巧与方法进行合理的把握,提升他们养成良好的阅读习惯。

二、大学英语写作教学改革

在英语技能教学中,写作教学是其重要的一部分。通过写作教学,学生能够不断提升自身的写作能力与思维能力,提升自己情感表达的水平,从而促进自身形成写作学习的动机。但是,英语写作教学也会受到文化因素的影响,因此需要将文化渗透其中。

(一)大学英语写作教学知识介绍

1. 英语写作教学中存在的问题

写作的过程是非常复杂的,其需要复杂的思维,并受到知识、技能、风格、内容、结构等多个层面的影响和制约。如果要想写出一部完美的作品,首先需要保证风格的统一与结构的完整。需要指出的是,写作并不简单从视觉教学编写,而是一个对各类问题与信息展开加工的过程。一般来说,写作的目的也是非常明确的。根据写作目的的不同,写作形式有论文、报告等多种形式。

通过写作,可以实现如下两大功能。首先是为了学习语言而展开写作。通过写作,学生可以对自己所学的词汇、语法、语篇知识加以巩固。其次是为了写作而展开写作。因为通过写作,学生可以将自身的观点表达出来,从而锻炼自身的手和脑,强化自身的写作学习,提升自身的写作能力。过去英语写作教学中存在如下问题。

(1)教学方法陈旧

受学时以及应试教育的影响,在英语写作教学中,教师仍旧采用传统的教学方式展开教学,即在课堂上为学生提供各种类型的范本,为学生讲解范本,要求学生进行模仿并完成课后写作任务,教师进行评价。这种教学方法的重点在于写作结果,忽视了师生之间的交流,也忽视了学生兴趣的培养。这样下去的结果就是学生丧失了学习兴趣和学习动机。

另外,模仿是学生的一个必经阶段,却不是最终的阶段,只有完成创造性的写作才是最终的目的。事实上,创造不仅是一个过程,也是一个结果,如果没有创造性,那么这样的写作也毫无意义。因此,在英语写作教学中,教师需要与学生进行沟通,培养学生的学习兴趣和积极性,并灵活采用多种方法展开写作。

(2)重形式,轻过程

很多人指出,英语写作中应该注重形式,并认为这是必然的,因此导致英语写作教学中对于句子规范性和文章结构的教学非常侧重。甚至有时候,教师为了让学生快速写出一篇文章,往往会让学生对类似的文章进行模仿。这样下去导致教师和学生都将形式视作写作教与学的重点,忽视了写作的过程与内容。这样的写作仅仅是一种模仿,而不是创造,是流于形式的写作,很少能够触及写作的核心。

(3)教与学相互颠倒

写作教与学相互颠倒主要有如下两点表现。

第一,写作是一个极富实践性的课程,因此写作应该以学生的操练为主,以教师的教授为辅。在实际的写作教学中,教师往往花费大量的时间对词句进行讲解,只给学生留下少数的时间进行写作,这样实际是对教学内容主次的颠倒,对学生写作能力的提升是非常不利的。

第二,写作是一种学生个体的活动,尤其是从构思到写作到修改。在英语写作教学中,教师过多的讲解浪费了学生的写作时间,也会丧失学生写作的积极性。

(4)忽视文化差异问题

文化因素对英语写作教学有着重要影响,并且导致学生在写作中会遇到一些问题。首先,由于英汉思维方式的不同,英语重视形式,而汉语重视意义,这就导致学生在谋篇布局上出现困难。其次,由于英汉语属于不同的语系,有些词语含义是不对等的,这就导致学生容易出现用词的困境。

2. 大学英语写作教学中的障碍

(1)词汇层面

词汇与文化有着密切的关系,是语言中最为弹性与活跃的部分,是文化负载量最大的部分。因此,要想对英语词汇有真正的了解,就需要明确词汇的文化内涵。英汉语属于不同的词汇体系,词汇含义不可能是完全对应的。有的学生认为,只要掌握了一定词汇量,那么就可以凭借常识与习惯去了解不同的文化。当然,英汉语中存在一些耦合的现象,但是耦合的并不多。如果仅仅从自身经验与文化立场出发,恐怕很难了解英语中的一些惯用法。

(2)句子结构与段落篇章层面

除了词汇,文化因素也会对句子结构与段落篇章产生影响。在句子结构上,英语思维是先直接传达重要信息,然后再传达次要信息。尤其是表达复杂的思想时,英语习惯开门见山,先把叙述的重点放在开头,然后再运用各种手段展开分述。在西方人的观念中,文章是否连贯取决于连词的使用是否符合逻辑。但是汉语中连词很少,句子与句子的逻辑是通过内容体现的。

在段落布局上,中西方思维出现了螺旋式与直线式的差别。英语直线型的思维要求开篇点题,一般会在首句点出主题,每一段的主题句与文章主题相呼应。之后每一段的具体内容与整个段落的首句呼应。但是相比之下,汉语往往采用螺旋式的思维,即先进行渲染,然后在结尾点出主题。

3. 大学英语写作教学的常见方法

(1)重视文化知识积累

在跨文化转型背景下,英语写作教学应该重视让学生积累丰富的文化知识,摆脱汉语负迁移作用对学生英语写作的影响。在日常的写作中,如果学生遇到困难的句子,他们往往会选择用汉语思维对句子进行组织,导致出现了明显的语言错位,这就是受汉语负迁移作用的影响导致的。

因此,在英语写作教学中,教师除了对学生的词汇、语法等语言知识进行训练,还需要训练他们的文化知识,避免学生出现负迁移的现象。同时,教师应该鼓励学生多进行阅读,让他们在阅读中挖掘文化知识,从而对自己的语言进行充实,写出一篇得体的文章。

（2）多技能综合教学

所谓综合教学法，是指将写与听、说、读几项基本英语技能相结合，使之相互作用并提升学生的写作能力和培养学生的英语综合能力。

①听、写结合。听是语言输入性技能，可以为写作积累丰富的素材，加快写作的输出。具体教师可以采用边听边写和听后笔述或复述的方式开展教学。

边听边写可以是教师朗读，学生记录，也可以是播放录音，学生记录。听写的内容可以是课文内容，也可以是其他故事或内容。

听后笔述或复述是指教师以较慢的语速朗读或者录音播放听写材料，一般朗读或播放两至三遍，在这一过程中学生只听不写，在朗读或播放录音完毕后，教师要求学生凭借记忆进行笔述或复述。在笔述或复述时，学生不必拘泥于原文的词句，也不用全部写出或背诵出，只要总结出大意即可。这种方式能有效锻炼学生的语言组织和概括能力。

②说、写结合。说与写密切相关，说是写的基础，写与说相互贯通。以说带写，可以有效激发学生的写作兴趣，提高学生的写作能力，还能锻炼学生的口语表达能力。具体而言，教师可以采用改写对话和课堂讨论的方式开展教学。

③读、写结合。读与写的关系十分密切，通过阅读可以获取大量写作所需的素材，通过写作可以进一步巩固阅读能力。写作作为一种输出活动，是离不开语言知识的输入的，如果没有语言知识的积累，将不可能写出内容充实的文章。而阅读作为积累语言知识的重要途径，将能为写作奠定良好的基础。

总体而言，在大学英语教学中，要重视英语基础知识和技能的教学，并不断进行创新，从而提高教学的质量，培养学生的英语综合能力。

（4）运用语块教学模式

受负迁移作用的影响，学生习惯用汉语思维来对文章进行组织，这样很容易出现各种错误，如句式单一、语言不通顺等。因此，在跨文化转型背景下，教师可以采用语块教学法展开写作教学。

根据语块教学法，本族语者之所以能够表达顺畅，是因为他们在脑海中会存储一些各种情境下的语块，而不是某一个词。在发话或者写作中，他们可以调用这些语块，无须进行排列加工。这样的语言输出才更有速度与质量。同样，将这一理论运用到写作教学中就是要求教师应该对学生加强语块训练，让学生脑海中形成整体的语言知识，以语块来组织写作练习，这样写出来的文章才具有整体性与格局性。

（二）大学英语写作教学改革的方法创新

1. 倡导学生运用信息技术支持英文写作

教师利用信息技术进行英语写作教学可以打破时空限制，实现写作资源的合理共享，并且充分补充英语教学资源。教师在英语写作教学中融合信息技术，可以让学生在网上搜索相关写作内容，并且对所搜索的内容进行整理与分析，把得出的结论最终应用到自己的写作内容中，顺利完成写作任务。

今天,高校大学生都熟悉网络,每天都利用手机上网,对此,教师可以利用网络资源为学生增加写作的机会,充分激发学生对英语写作的兴趣,并在学生进行写作的过程中给予充分指导,形成一种和谐、融洽的交流氛围。

2. 利用计算机文字处理程序辅助英语写作,代替原有写作形式

当前,随着计算机技术的快速发展,人们可以利用计算机完成很多工作。在写作练习的过程中,学生也可以利用计算机的快捷、方便特点来完成写作任务,很多计算机中都带有对写作中的标点、大写、小写、拼写等进行检测的功能,那么学生就可以利用这些工具来检测自己所完成作文中的错误并进行改正。

其中,拼写、语法功能可以有效减少学生作文中的拼写、语法错误,编辑功能还可以帮助学生完善段落之间的连接、组织、转移等要求。另外,学生还可以利用添加、剪切、复制等来修改自己的作文。此外,很多计算机还带有词典,学生可以利用这一功能迅速找到自己想要使用的词,或者检查自己所使用词语的正确与否。

计算机文字处理程序的功能在一定程度上减少了写作的重复劳动,省下了很多时间,因此学生能够花费更多精力在写作上,增强了他们对写作的兴趣和积极性。

3. 利用微信、QQ辅助英语写作教学,加强师生间、生生间的交流

微信、QQ可以成为英语教师教授写作课程的助手,帮助教师加强与学生之间的沟通与交流。在写作过程中,学生可以将自己完成的作文通过微信、QQ发给教师,教师在完成批改之后,再利用微信、QQ发给学生。学生对于教师批改的作文进行修改与反思,最终形成一篇优秀的作文。此外,教师可以鼓励学生利用微信、QQ等与同学、他人用英语进行交流,尤其是与英语为母语的人进行交流,这可以有效帮助学生提升自身的英语运用能力。经过一段时间沟通,学生可以将自己的交流心得写成作文,其中可以写生活、学习、旅游、家庭、爱好等各个方面的主题作文,从而实现自身英语写作水平的提升。

第三节 大学英语翻译教学改革

翻译作为一项技能,与其他技能相比较而言更加复杂,掌握起来也更加不易。翻译可以说是一项综合技能,其实践过程所涉及的心理要素、知识内容更加多样化。

一、大学英语翻译教学知识介绍

(一)翻译教学的内涵

翻译理论与实践相结合构成的一个重要领域就是翻译教学。在研究翻译的过程中,翻译教学是一个不可忽视的内容。要想提高翻译教学的水平,首先必须对翻译教学展开深入探究。对翻译教学实践发展起着决定性作用的就是对翻译教学理论的探究。因此,随着社

会对翻译人才需求的大幅度增加,对于翻译教学的相关探究就显得极为重要。

但是,目前学界对翻译教学的内涵仍然存在较大争议。学者们对于翻译教学的范畴及翻译教学与教学翻译的区别并未达成共识。加拿大著名学者让·德利尔(Jean Delisle,1988)曾经对教学翻译(pedagogical translation)与翻译教学(pedagogy of translation)做过明确的区分。

让·德利尔指出:"学校翻译也称'教学翻译',是为了学习某种语言或者在高水平中运用这种语言与深入了解这种语言的问题而采用的一种方法。学校翻译仅为一种教学方法。翻译教学追求目标与学校翻译目的的不同,翻译教学不是为了掌握语言结构与丰富语言知识,也不是为了提高外语的水平。纯正的翻译目的是要出翻译自身的成果,而教学翻译的目的仅是为了考核学校外语学习的成果。"

近些年的研究有了一些新的突破。罗选民认为,学者对教学翻译与翻译教学的阐述有利于对概念的澄清,但翻译教学的概念要重新界定。翻译教学是由"大学翻译教学"与"专业翻译教学"组成的,将原来公认的教学翻译也纳入了翻译教学的范畴,其扩大了翻译教学的范围。

(二)大学英语翻译教学中的障碍

1. 风俗习惯层面

中西文化差异在风俗习惯上有着显著的体现,而风俗习惯的差异对翻译也有着很大的影响。例如,在饮食方面,中西方就有着显著的差异。中国人对饮食向来十分注重,俗话说"民以食为天",中国人不仅讲究吃,而且追求美味,将美味作为评价食物的最高标准。而西方人在饮食上非常注重营养,往往以营养作为饮食的最高标准。在西方人的饮食观念中,维系生命,保持身体健康,是饮食的主要目的,饮食并不是为了享乐。

2. 思维方式层面

中西方的思维方式存在明显的差异,这可以在语言上明显体现,因此必然会对翻译产生重要影响。例如,对于同一事物,由于思维方式不同,语言表达也不同,如"红茶"与 black tea 相对应,"红糖"与 brown sugar 相对应。如果将"红茶"翻译成 red tea,将"红糖"翻译成 red sugar 必然会闹出笑话。

3. 词义意象层面

语境不同,词汇的联想意义也不同。例如,black holes 这个词不仅可以翻译为"黑洞",也可以翻译为"军营中的牢房",具体如何翻译,需要根据具体的语境来确定。如果对这两种意象不了解,很容易出现翻译的错误。

(三)大学英语翻译教学的常见方法

1. 扩大学生知识面

翻译是一项包含多领域的活动,如果对翻译的基础知识不了解,就很难明白文本的内容,也很难准确展开翻译。到目前为止,我国很多高校的英语翻译教学过多关注翻译基础知识,而忽视翻译能力培养,尤其是很少介绍文化方面的知识,这就导致学生遇到了与文化相关的翻译内容时往往手足无措,甚至会出现翻译错误。因此,在英语翻译教学中,应该渗透文化知识,扩大学生的知识面,培养学生对文化知识的理解与把握,帮助他们形成翻译能力。

2. 提高学生语言功底

翻译活动是一项复杂的活动,其需要学生具备双语知识。也就是说,英汉语言功底对于翻译人员都不可缺少。因此,在翻译教学中,教师不仅要教授学生英语语言知识,还需要培养学生的汉语表达能力,熟悉英汉语言国家的表达习惯,提升翻译质量。

3. 注重文化对比分析

由于教学环境的影响,英语文化的渗透还需要依赖翻译教学,其中文化对比分析是一种比较重要的方式。具体来说,在翻译教学中,教师不仅要讲解教材中的文化背景知识,还需要对文章中的中西文化进行对比与拓展,帮助学生在翻译内容时接收文化知识。另外,利用文化对比分析,学生能够建构完整的文化知识体系。

4. 重视归化与异化结合

在翻译策略选择上,归化策略与异化策略是两种重要的翻译策略。由于英汉语言的差异,翻译实践中如果仅依靠一种策略是很难完成全部翻译内容的,只有将二者结合起来,并进行灵活的处理,这样才能保证译出的文章更为完美。

5. 媒体教学与课外活动相结合

为帮助学生更好地展开翻译,教师应该鼓励学生多学习一些英美原版作品,如教师可以引导学生多观看一些英美原版电影,从电影字幕出发教授学生翻译的技巧。另外,教师应该让学生在课外多收集一些生活风俗、文化背景方面的资料,在阅读与翻译中,学到更多的知识,从而为以后的翻译做铺垫。

二、大学英语翻译教学改革的方法创新

(一)制作个性化的翻译教学视频

在实施教学时,教师可以提前为学生制作视频,将教学内容进行模块化处理,每一个视频都是围绕某一知识点展开的,如翻译理论、翻译技巧等。同时,在制作视频的时候,应该突出重难点,明确教学目标,为线上、线下教学做准备。此外,教师还需要考虑翻译教学的连贯性,为了实现整体的教学目标努力。

在课堂开始之前,教师制作视频,设置教学任务,并将其发布到网络平台上供学生阅读,教师通过让学生观看,对学生提出的问题加以汇总与解决。在课堂上,教师对视频中的技巧与理论加以梳理。组织学生进行协作学习,实现知识的真正内化。在课后,教师还可以组织学生撰写翻译笔记,从中了解学生是针对哪些问题存在疑惑的,进而对自己的教学方案加以调整。

（二）利用多媒体展开翻译课堂教学，增加英语习得

在翻译教学中，教师可以利用与教材配套的多媒体光盘辅助教学，不过，由于各个学校的多媒体设备资源配置不同，而且教材所配套的光盘往往在内容上缺乏系统性，所以教师需要酌情使用。对此，最好的方法就是教师可以根据教材内容自己动手制作课件，然后利用多媒体播放。多媒体课件的制作过程相对烦琐，需要依据具体的教学过程、教学内容、教学目标、教学媒体等，只有将这众多条件融合在一起，并体现互动性原则，方能制作出优良的多媒体课件。当然，这样的课件对于学生翻译能力的提升也是大有裨益的，可以促进不同层次的学生其自身的翻译能力都能得到不同程度的提升。

为此，在进行翻译教学活动之前，教师可以利用声音、图片、动画等教学辅助手段来刺激学生的学习兴趣，使学生在学习过程中始终保持较好的兴趣，将枯燥的翻译理论变得生动、有趣。针对具体的教学过程，教师在其中不仅要教授学生英汉互译的技巧，而且还需要补充中西方文化背景知识，让学生对翻译理论形成一定的认知系统。虽然教师在翻译教学过程中所使用的教学模式相对陈旧，但在内容与形式上与传统的翻译教学已经大不相同。这种不同主要体现在如下方面。

（1）形式上不再是单调的板书形式，而是以媒体形式呈现，节约了大量时间。

（2）内容上是针对不同层次的学生展开的，在课堂上由教师指导和学生自主选择，这有利于改善课堂教学的氛围。

第六章　大学英语教材的编写与设计改革

随着大学英语教学改革的推进,大学英语教材的发展呈现出一系列的特点。一方面,教材不断地系统化、层次化、精细化和考试化。大学英语教材的编写从最初全国理工科通用的大学英语教材,到各具特色的大学英语教材;从以大纲为主要依据的教材编写,到结合其他教育政策以及考试大纲的教材编写;从着重培养阅读能力的教材,到各种能力分层培养、各种能力同等重要的教材,这一系列发展变化与大学英语的发展、社会发展、学生英语水平的提高等是分不开的。另一方面,教材在内容、题材和体裁上发生了变化。经过几十年的发展,大学英语教材内容不断丰富,题材和体裁更加多样,逐渐地涵盖了社会生活的各个方面,在教材分层次、分能力训练的同时,也更加注重教材的体系性、整体性与一致性。

第一节　大学英语教材简述

"教材"的含义有很多,最广义的教材定义,涵盖了教师的教授行为和学生的学习行为中所利用的一切素材和手段;狭义是指教师借助教具使学生学习的资料。[1]本章中的教材则取狭义的定义,即教师向学生传授学科的知识和技能而使用的教科书。

一、大学英语教材发展阶段

大学英语教材涉及 1961 年到目前 60 多年的时间跨度。这期间,大学英语教材进行了多次改革。

关于大学英语教材的分期问题,主要有过这样的一些划分:一是根据大学英语教材本身对英语教学所起的作用来划分,如李良佑的《中国英语教学史》将大学英语教材分为三个时期:1977—1979 年的恢复时期;1980—1985 年的发展时期;1986 年以后的成熟时期。二是按照大学基础课教材建设情况来划分,中国公共外语教学研究会(1987)将 1978—1979 年称为"十年动乱之后理工科英语教材编写的第一阶段";而 1980 年到 1982 年为"理工科英语教材编写的第二阶段"。三是依据大学英语教学大纲中的培养目标来划分,如董亚芬(1991)把我国大学英语教材发展的历史划分成三个时代:1961—1966 年为第一代教材;1979—1985 年为第二代教材;1986—1996 年(新的《大学英语教学大纲(修订本)》修订前)

---

[1] 钟启泉.现代课程论[M].上海:上海教育出版社,1989.

为第三代教材；1997年以后为第四代教材(李荫华,2002)。本文按照大学英语教学发展的时代背景以及教材自身发展,把大学英语教材的历史发展划分为四个阶段,也称为四代教材。

(一)第一代大学英语教材

1949—1979年是中华人民共和国大学英语教学的第一阶段,也是我国大学英语教材产生、中断和恢复时期。其中1949—1966年为大学英语教材的产生时期,也是第一代大学英语教材的早期阶段,该时期的教材成为大学英语教学恢复时期教材的重要凭借;1967—1976年为大学英语教学中断时期,大学英语教材开发也因遭受破坏而被迫停止;1977—1979年为大学英语教学和教材的恢复阶段。

1. 早期的第一代大学英语教材

(1)编写背景

中华人民共和国成立初期,虽然国家对高校的教材建设十分重视,但对公共外语教材并没有明确的要求。在当时全国上下全面学习苏联的背景下,各高校的公共外语以俄语为主,几乎没有院校开设公共英语课,更谈不上公共英语教材的建设。因此,20世纪50年代,大学英语教材并没有在全国范围内普及和使用,学校非英语专业使用的英语教材一般是各个学校的英语教师编写的非公开出版的英语讲义。

教材建设是教育工作的基础建设,是提高教学质量的关键。1956年1月18日,高等教育部指定了《高等学校教材编写暂行办法》,要求各有关部门分工组织编写和审批各类高等学校的教材,从此正式开始了我国自编高等学校教材的工作。但到了1961年,教材建设的问题仍未彻底解决。据24个省、直辖市、自治区高教(教育)厅(局)对254所高等学校的调查,教材不能在课前发到学生手中或不能人手一册的课程占30%,在课前可以发到学生手中的教材中铅印的只占18%。[①]可见教材问题已经成为稳定教学秩序、提高教学质量的一个迫切需要解决的大问题。

为了很好地解决教材问题,中共中央书记处于1961年2月发出了《关于自编高等学校教材的指示》。根据这一指示,成立了由林枫和蒋南翔主持的高等学校和中等专业学校理工农医各科教材工作领导小组,负责制订相应专业、课程的教材建设计划,编审、评价有关教材。到1962年,已选编了大量通用教材,初步满足了教学需要,为后来进行教材建设打下比较良好的基础。1962年前后,由高等教育部和国务院有关部门负责,分别成立了相应的各科教材编审委员会(或小组),有效地开展教材的编审工作和出版工作,改变了过去以借用外国教材为主的局面。教材的出版和各校自编的讲义,基本上解决了高等学校教材的有无问题。

与此同时,高等学校文科教材的建设工作也在进行。1961年4月11日至25日,中共中央宣传部会同教育部、文化部在北京召开全国高等学校文科和艺术院校教材编选计划会议,拟订了文科教材和艺术科教材编选计划,确定由周扬负责文科教材的编选工作,成立各

---

① 方晓东.李玉非.中华人民共和国教育史纲[M].海口:海南出版社,2002.

第六章 大学英语教材的编写与设计改革

专业教材的编选工作专业组。

1962年5月5日,周扬向中共中央书记处和国务院总理周恩来作了《关于高等学校文科教材编选情况和后继工作意见的报告》(以下简称《报告》)。《报告》汇报和总结了一年来编选文科教材的情况和经验,提出在编选文科教材时,为了保证教材质量必须达到的3点要求:①要以马克思列宁主义、毛泽东思想为指导。在教材中,正确的立场、观点、方法不仅表现在正确的论断上,而且要表现在知识的正确选择和介绍上,要求做到观点和材料的统一。②注重古今中外,不可偏废。教材中所介绍的,应当是比较成熟的经验总结和比较肯定的科研成果,要注意对国外知识的介绍。③叙述的方法要力求简明生动,要有科学的论证,要有分析和比较。对一些重要问题的说明,需要把有关这个问题的各种主要学派的观点,正反两方面的意见介绍给学生,要有分析和比较……总之,在编选文科教材时,既要注意政治性和革命性,也要注意知识性和科学性,使这两方面很好地结合起来。

(2)教材出版

在以上教材编写要求的指导下,依据1960年的《俄语教学大纲》,1962年6月教育部颁布了由高等教育出版社出版的第一个高等工业学校本科五年制各类专业适用的《英语教学大纲(试行草案)》(240学时)(内部发行)。在制定大纲的同时,着手编写全国统一教材,其中影响较大的有由高等工业学校教材编审委员会成员之一、上海交通大学凌渭民主编的高等工业学校用《英语》。这是1949年后第一套正式出版发行的,也是较有影响的公共英语教材。

凌渭民主编的高等工业学校《英语》是理工科非英语专业学生的统用教材,在编写此教材的同时,1961年前后,复旦大学董亚芬先生也着手主编文科非英语专业使用的大学英语教材《英语》。可这套教材只编写了一册,后来由于政治动荡而使得编写工作中途夭折。

20世纪60年代的大学英语教材中,还有华东师范大学编写的《理科英语》和上海第二医学院谢大任编写的《医学英语》,后者由人民卫生出版社出版,供医科院校选用。

1949年后的十多年间,虽然高校的公共英语教学逐步开展,但因高校较注重外语专业教学,所以,公共英语教材的编写没有得到足够的关注,因而只是处于起步阶段。另外,由于当时高校外语教学在某种程度上存在"重理轻文"的现象,所以,这阶段的英语教材基本上是为理工科学校或学生使用而编写的。尽管如此,中华人民共和国成立初期的教材还是规范了当时公共英语教学的内容,使英语教师课堂教学获得了依据,同时为后来公共英语教材的编写积累了经验。

2. 恢复期的公共英语教材

值得注意的是,尽管大学英语教学一度中断,但英语却在反苏防修的新背景下成了大学外语的唯一语种,也出现了一些由学校自编的大学英语教材。一方面,旧有的大学英语教材被彻底否定;另一方面,当时国家提倡"开门办学""结合典型产品组织教学",于是,各校纷纷编写结合某个专业的英语教材,但教材编写质量远不如20世纪60年代初期。

这时期的教材有代表性的有两本。一本名为《英语》(第三册),由上海交通大学负责编写,高等教育出版社出版,供高等学校工科使用,结合土建、化工、电力、冶金、机械动力、地质数学、物理、化学、生物、地理等专业编写,该书中一部分经修改后在20世纪80年代初期公开出版，如《机械英语自学读本》于1981年由上海科学技术出版社出版，《焊接专业英语文选》于1983年由广西人民出版社出版；另一本名为《英语》（非英语专业用），由上海市公共英语教材组（由当时的上海复旦大学、上海师范大学、上海交通大学、上海化工学院、上海纺织工学院、上海机械学院、上海铁道学院七所院校组成）编写，上海人民出版社出版，"供非英语专业使用"[①]。

但是，由于当时教材以"政治标准"为第一标准，编写内容限于毛泽东著作和政治词汇较多的政论文，使得教材全篇都是政治口号，更谈不上学习地道的外语。之后在很长一段时间，高等学校教材的出版、发行基本上处于停顿状态，课本供应严重不足，甚至整个班级、整个学校没有教材，不少地方出现了1949年以来罕见的学生上课没有课本的严重现象，给教育事业带来了极大的困难。

邓小平在1977年"八八"讲话中指出："关键是教材。教材要反映出现代科学文化的先进水平，同时要符合我国的实际情况。"[②] 同年8月，教育部在北京召开了高等学校教材编审出版工作座谈会，会议研究讨论了教育部起草的《关于高等学校教材编审出版社工作若干问题的暂行规定》。

与邓小平的讲话、教育部的《暂行规定》以及高校其他学科教材的编写相比，大学英语教材的编写工作走在了前面。1976年起，我国一些高校在高等学校教材编审出版社的组织下开始编写非英语专业用教材。主持编写教材的高校南方主要有上海交通大学和复旦大学，北方主要有北京大学、天津大学、南开大学和大连海运学院。1977年冬，教育部在湖南长沙召开了高等学校工科基础课教材座谈会。会议结束后，由高等工业学校外语课程教材编审委员会（我国第一届大学外语教材编审委员会）审定出版了以下七套教材。

人民教育出版社出版有五种：①《公共英语》（共两册），大连海运学院主编，初版于1977年；②《英语》（共两册），天津大学主编，初版于1978至1979年；③《英语》（共三册），上海交通大学主编，初版于1978年；④《英语》（共三册），北京大学杜秉正主编，初版于1978年；⑤《英语》（共四册），南开大学蒋增光、钱建业主编，初版于1978年。

上海译文出版社出版的一种：《英语》（理科用），复旦大学编，初版于1978年。

商务印书馆出版的一种：《英语》（高等学校文科教材非英语专业用）（共四册），复旦大学外文系文科英语教材编写组编，初版于1978年。

人民教育出版社出版的前三种教材以工科大学生为对象，其余两种为理科大学生编写的。这些教材基本上是以科普题材为主，尤其是上海交通大学主编的《英语》是按专业通用类编写的，分为冶金类、化工类、机械类、动力类、水利类、地质类、生物类、数学类、物理类等类型的教材，以供各校自由选择使用。

在今天看来，第一代教材存在很多不足之处，教材只重视阅读教学，而阅读教学仅限于语法翻译的教学方法，忽略了课堂教学听、说、写的综合训练。课堂教学完全是以教材为中心、以教师为中心的教学模式。

---

① 上海市公共英语教材组.英语（非英语专业用）（第一册）[M].上海：上海人民出版社出版，1973.
② 邓小平.邓小平论教育[M].北京：人民教育出版社，1995.

第六章 大学英语教材的编写与设计改革

尽管这些教材存在一些缺陷,但是它们毕竟为这时期的英语教学提供了保障。

(二)第二代大学英语教材

随着大学英语教学的恢复,国外的教材编写理念、语言学理论、教学方法和理论开始引入我国,第一代教材已明显不适应当时的需要和新的教学理念,同时随着全国教育事业的迅速恢复和发展,中学英语教学也逐步走上轨道。第二代大学英语教材分为编写教材和混合教材。

为了进一步提高英语教学质量,部分院校开始着手编写新一代的大学英语教材,[①]由此进入了我国大学英语教材编写的探索阶段。第二代大学英语教材编写时不再以字母和音标为起点,而是从一定起点开始编写;除了继续重视语言知识,它们还关注语言技能,尤其是阅读技能的培养,提出为获取信息而阅读,因此该时期优秀教材受到普遍欢迎,如商务印书馆 1981 年版《英语》(文科),既提出"着重培养阅读、理解能力,兼顾听、说、译、写的能力"[②]的理念,又在练习中安排了听、说、写技能的训练项目,这样从"只注重语言知识的传授和语言技能的掌握",转向"同时也开始关注语言技能和实际交际能力",在当时的我国大学英语教学界是一很大的进步。

公共英语必修教材再加上当时出版的《科技英语翻译教程》和《科技英语写作教程》等选修课教材和各种读物,标志着整个大学英语教学的教材已基本配套。

当时的混编教材,主要是指国内教材和国外教材配合使用,甚至也有一些学校以国外教材作为主教材。如从 1978 年开始在浙江大学使用的由英国 Longman 出版公司出版的"*A Course in Basic Scientific English*",供理工农类学生学习科技英语基础知识之用。与此同时,浙江大学还使用"*Reading and Thinking in English*",这套教材由 John Moore,H.G.Widdowson 担任正副主编,1980 年由牛津大学出版发行,原是为 Bogata 的 University of Andres 学生编写的阅读教程,题材广泛,不限于某一专业学科,属于"学术英语"范畴,目的是培养学生阅读学术性书刊所必要的能力,因而受到英国人的推崇。此外在我国高校使用得较多的国外教材还有如"*New Concept English*"(《新概念英语》),"*English for Today*"(《今日英语》),"*Advanced English Vocabulary*"(《高级英语词汇》)等国外原版教材。

对这种混合使用各种教材的情况,1984 年 6 月由中国公共外语教学研究会和理工科公共外语教材编审委员会主持召开的"全国理工科英语教材研讨会"给予了肯定,认为"混合使用各种教材是一个可行的过渡措施。现有的教材在一段时期内还将起到一定作用,同时认为当前主要是抓好下一阶段教材的编写,即集中力量编写出符合新大纲的教材。"[③]这标志着新一代大学英语教材即将产生。

第二代教材基本上仍然遵循第一代教材的编写理念。理工科英语用教材虽然还是以科技文章为主和培养阅读能力为主,但起点较高,而且开始注意口语、听力和写作和翻译技能

---

① 郭家铨.中国英语教育简论[J].佛山科学技术学院学报(社会科学版), 2001, 019(002):50-56.
② 复旦大学外文系文科英语教材编写组.英语(非英语专业用)[M].北京:商务印书馆出版,1981.
③ 中国公共外语教学研究会.公共外语教材研究文集[M].上海:上海外语教育出版社,1987.

的训练。如吴银庚主编的《英语》是当时典型的"以阅读为教学目标,适当进行一些听、说、写的训练"[①]的教材。编者在每册都安排了"有指导的会话"和"听力训练"。"有指导的会话"题材通过与课文密切配合,介绍一些常用概念的口语表达方式,如相信、选择、同意、怀疑、建议等功能意念会话方式。尽管用来训练会话的对话是编者自编,缺乏口语特征,但这是我国正式将口语列入大学英语教材的标志,为之后的英语口语教学奠定了基础。"听力训练"部分的听力材料也力求与课文配合,即可用作听力材料,也可用作复述材料。而从第二册起开始列入"有指导的写作"用于培养学生的常用科技写作能力。正因为此套教材的编排体例较前时期的教材有很大的突破,因此,受到很多高校的欢迎,其编写体例为新一代教材所借鉴和吸取。

(三)第三代大学英语教材

从大学英语教学的角度看,1986年开始到1996年,这十年发生了巨大的变化。首先,大学英语教学的指导思想发生变化。不仅要传授语言知识,还要培养学生的语言技能;不仅是读的技能,还有听、说、写的技能;语言教学不仅是句子层面,更重要的是语篇层次上的。其次,全国大学英语教学于1986年有了统一的大纲,实行分级教学,对各级教学目的和要求规定了定性和定量化的明确指标,分科教学进一步发展了学生读、听、说、写的技能。再次,从1987年起实行全国大学英语四六级统一的标准化测试,完善了大学英语教学体系。最后,成立了全国大学英语教学研究组织,促进了国内外大学英语教学方面的学术和科研成果的交流。

十年大学英语教学的发展自然离不开大学英语教材的建设。自1985年恢复教材编审组后,文科教材建设方面,先后制订了两个教材编选计划:《1978—1985年高等学校文科教材编选计划》和《1985—1990年高等学校文科教材编选计划》,促进了文科教材建设工作,尤其是促进了大学英语教材的进一步建设,其数量增加,质量提高,涌现了很多比较优秀的教材。

在编写形式上,第三代教材突破了前两代教材,使人耳目一新。在教材编写体例上,三教材基本上吸取了第二代教材的编写经验。比较一下吴银庚主编的《英语》和董亚芬的《大学英语精读》教程,我们就可以看出,后者深受前者的影响。具体表现在:①两者都是以单元(unit)形式出现的:吴的《英语》每册有12单元,每单元包括课文(Text)、词汇学习(Word Study)、结构学习(Structure Study)、有指导的会话(Guided Conversion)、听力训练(Listening Comprehension)、有指导的写作(Guided Writing,第二册列入)、阅读材料(A、B篇)。后者的编写思路与前者几乎没什么两样,如果说有不同的话,就是后者的每个项目中具体的内容比前者多而细。如在词汇学习项目中,前者只是将本单元要学习的重点词汇单独列出,一般在2~10个之间不等。以类似于字典词条编写的方式呈现出来。每个词汇用中英文进行双解,并用例句进一步使学生加深印象,接着用一练习题(填空或选择或翻译)来检查。而后者将本单元要掌握的词汇排列起来列入一方框格,以示其重要性,同时以填空、选择等多种练习形式来检查和巩固所学词汇。一句话,词汇量和练习题比第二代的多。

---

① 吴银庚.英语(2)[M].北京:人民教育出版社,1980.

第六章　大学英语教材的编写与设计改革

这说明,随着大学英语教学的发展,对学生的词汇量要求也就相应提高了。

(四)第四代大学英语教材

第四代教材则是指从1997年至今出版的教材。这阶段既是新型教材的开发时期,也是大学英语教材逐渐步入成熟的时期。

虽然第四代教材以不同于前三代教材的面貌出现,但在编写目标、编写体例和练习的设计方面仍没有大的突破,依然属于结构主义教材编写体系。大部分教材仍以阅读教学为编写的重点,仍以打语言基础为目的设计练习,练习任务几乎都是围绕着四六级考试。[1] 虽然有些教材也设法将功能主义教学理念融进教材,采用主题型单元形式安排教学任务,如《大学英语新视野》《大学英语(全新版)》,但阅读量之大、课堂任务之多、练习之纷繁复杂使得师生无法在有限的学时内完成教学内容。随着时间的推移,人们对教材越来越不满意,"现行教材不适合教学改革的人占两成以上"。[2]

我们至少可以这么认为,现行的一些大学英语教材在某种程度上已落后于大学英语教学的发展和新颁布的《大学英语课程教学要求》。因此,要满足社会和学生的需要,真正满足培养学生交际能力的要求,依据《大学英语课程教学要求》,我们又将面临新一代的大学英语教材的编写。

二、教材类型从单一型到多样型转变

(一)从理工科通用教材为主到三种类型教材并存

在20世纪80年代中期前,我国高校的公共英语教学普遍重视理工科的外语教学,因此,出版的大学英语教材以单一型的理工科英语教材为主。通常每套教材有三册,前两册课文以科普题材为主,可适用于所有的理工科学生,第三册则是按学生所学专业通用类编写的,20世纪70年代初期在"结合典型产品组织教学"的方针下,出现了不少与某一专业结合的英语教材,其中由上海交通大学编写的《英语》(第三册)按专业大类编写,教材分为冶金类、化工类、电力类、机械类、动力类、水利类、生物类、地质类等类型。这套教材经过修改后于1978年由人民教育出版社出版发行,以供各校自由选择使用。

相比之下,文科英语教材明显很薄弱。从中华人民共和国成立到1986年的35年里,只编写并公开出版过三套文科英语教材。

直到1986年董亚芬主编的《大学英语》(文理科通用)系列教材出版后,才改变了这一状况。自1986年开始,我国逐渐进入了编写文理科通用英语教材的全盛时期,到2006为止,共出版了11套文理科通用的大学英语教材。

---

[1] 李箭. 建国以来大学英语教学研究[M]. 南京:东南大学出版社, 2011.
[2] 刘润清,戴曼纯. 中国高校外语教学改革现状与发展策略研究[M]. 北京:外语教学与研究出版社,2003.

(二)由一册单本到一册多本

以 1986 年为界,大学英语教材构成形态呈现由一册单本到一册多本的转化态势。1986 年之前为一册单本教材,听、说、读、写、译技能的训练综合在一册中。因此,从某种意义上来说,一册单本也可称为综合型教材。从 1986 年开始我国大学英语教材进入系列化教材(一册多本)时期。根据 1986 年教学大纲的"培养较强的阅读能力,一定的听的能力,初步的写和说的能力"的精神,教材的编写开始将听、说、读、写分立开来。每册编写多本不同教程。最先的分立式教材自然是董亚芬的《大学英语》。由《精读》《泛读》《快速阅读》《听力理解》和《语法与练习》五种教程组成。此后编写的教材基本上都吸取了董亚芬《大学英语》系列教材的编写做法,将教材编写成一册多本的形态,只是各套教材的多本教程名称有所不同。如《大学英语新视野》各教程的名称分别是:《读写教程》《听说教程》《综合训练》和《教师用书》;《大学英语(全新版)》各教程的名称分别为:《综合教程》《阅读教程》(通用本)、《阅读教程》(高级本)、《快速阅读》《听说教程》和《语法手册》。

(三)由纸质版到纸质版、电子版和网络版一体

20 世纪 90 年代末以前,出版的大学英语教材以纸质型的课本形式面世,一直是大部分教师教授英语和学生学习英语的主要途径和渠道。随着现代教育技术发展,以计算机为依托、网络资源为平台的多媒体教学逐步进入校园。1999 年开始,原先的几套大学英语教材以及新编写出版的教材都配备了包括助学光盘和电子教案版的配套课件,有的教材还配有网络系统为平台的学习软件和学习资源,如《大学英语(全新版)》教材框架"由书面教材和网络系统两部分组成。网络学习系统又包括网络课程、交付资源、网上测试和管理平台四大部分"。[①] 而《大学英语教程》包括纸质教材《大学英语教程》(1~6 册学生用书和教师用书,共 12 册)和《必胜英语——大学英语使用听说教程》(1~4 册学生用书和教师用书,共 8 册)。"全书提供网络版资源和配套光盘及录音带。"[②] "本教材的编写与现代化信息传播技术紧密结合,配置有现代多媒体教学内容的《大学英语教程》网络版,为学生个性化学习和大量的声像语言互动联系提供保证,形成一个由有声模仿、形式记忆、内容认知、文化习得、社会交际运用等学习活动组成的反复循环语言学习过程。网络版的开发满足立体化、网络化、个性化英语教学和学习的实际需要,建立计算机和课堂教学的英语多媒体教学模式。"[③] 以现代教育技术为基础开发的电子版和网络版教材在很大程度上改变了大学英语教材开发形态,也影响了大学英语教学模式。

[①] 李荫华.《大学英语综合教程》系列教材(全新版)(第一册)[M].上海:上海外语教育出版社,2002.
[②] 黄必康.大学英语教程[M].北京:北京大学出版社,2004.
[③] 同上.

第二节　大学英语教材编写的过程

在教学中,高校英语教材是其中不可缺少的一项重要部分。教材内容是否良好,对教学效果影响非常大,因此教师需要提前考虑教学的优劣。虽然在我国的教学改革中对教材进行了调整,但是就某种程度来说,教材的更新速度依然很慢。本节就通过分析高校英语纸质教材的编写、高校英语电子教材的设计、高校英语语料库的构建以及高校英语教材的多维度开发来进行说明。

一、高校英语纸质教材的编写原则

高校英语纸质教材的编写往往会受多种因素的制约,要想保证高校英语教材与课程需要相符,在编写中需要坚持如下几点原则。

(一)思想性

所谓思想性,即要求高校英语纸质教材的编写要符合教学思想,其不仅将知识体系与能力体系囊括进去,还需要将思想体系包含其中。

语言是思想教育的载体与媒介,当然这也符合英语这门课程的特点。这就要求高校英语教材的编写要做到思想性,通过高校英语教学,这种思想性能够变得更为充实与生动。一般来说,思想教育是高校英语教学中的德育,而这种德育也需要高校英语知识教学与技能教学的帮助。因此,必须处理好彼此之间的关系。

(二)灵活性

高校英语纸质教材在编写过程中需要保持灵活性,即教学内容的灵活与教学方法的灵活。

从教学内容上说,高校英语纸质教材在编写中要给教师留有余地,允许教师在面对课程需要时改进内容,这样有助于教师的取舍。

从教学方法上说,高校英语纸质教材在编写中应该提供给教师多种方法,教师可以自主选择与取舍,不应该只为教师准备一两种方法,这样难以满足不同教师的教学需求。

(三)科学性

高校英语纸质教材在编写过程中要坚持科学性,即要符合如下几点要求。
第一,在内容上要做到循序渐进,要符合教学大纲的要求。
第二,教材要与不同阶段学生的需求相符。
第三,纸质教材的内容、目标等要形成一套系统,体现教学大纲的要求。

(四)文化性

语言与文化密切相关,因此高校英语教材的编写中离不开文化内容。也就是说,在高校英语教材中,不仅涉及语言知识与技能,还需要涉及语言背后的文化,不断扩大学生的视野,加强学生对不同文化的理解和包容。

二、高校英语电子教材的设计

除了传统的纸质教材,随着科技的发展,电子教材也进入了人们的视野。具体来说,在设计高校英语电子教材时,需要遵循如下几点原则。

(一)模态协作化

由于电子教材的设计多包含多模态形式,因此高校英语电子教材的开发需要考虑这一原则。具体来说,要注意现有的设备条件是否符合多模态学习的要求;使用多模态能否产生正面效应,并且效应的大小如何;所使用的多模态形式是否能够强化与互补。[①]

(二)个性化

高校英语电子教材的开发需要坚持个性化原则,即以学生的学习内容与特点为基础来组织教材,避免出现"一刀切"的情况。

(三)模块化

这里的模块化是指以阶段性目标为核心,根据此目标为学生提供相应的教材[②],并在此基础上设计完成目标的方法和措施,指导学生按步骤学习,从而达到学习目标。

三、高校英语语料库的构建

(一)语料库的定义

对于语料库的研究,已经从很早就开始了,但是对于其定义,还不明确。下面主要从一些有代表性的观点出发来论述。

1. 国外学者的观点

克里斯特尔(Crystal)认为,语料库是对语言材料展开的收集,这些材料的来源不仅可

[①] 吴秀英.英语教学基础理论诠释及创新视角研究[M].长春:吉林大学出版社,2019.
[②] 徐家玉.信息技术背景下高效英语教学理论体系的建构与探索[M].长沙:湖南师范大学出版社,2018.

以体现为书面语篇,还可以体现为话语的记录脚本。克里斯特尔还指出,语料库可以被用于对语言加以描述的起点,还可以用于对相关语言假设方法的验证。

辛克莱(Sinclair)认为,语料库是按照明确的语言学标准,对语言运用材料进行选择与排序。语料库主要用于充当语言的样本。

利奇(Leech)认为,语料库是一个基于大量真实情况而构建的语言信息集合,其主要用于对语言进行研究。

2. 国内学者与权威出版的观点

除了国内学者,一些国外的权威人士也对语料库进行了界定。

《语言学与语音学词典》对语料库有专门的定义,即语料库顾名思义就是对语言资料进行收集,通过对带有语言学信息标注的语言资料进行加工,其可以用于对语言加以描述的起点,还可以用于对语言假设的方式进行验证,这一点与克里斯特尔的观点是一致的。

李文认为,语料库是根据语言学规则,运用随机抽样的手段,对一些连续的、自然的语言语用文本或者话语片段进行收集,从而构建一个大容量的电子文库。[①]

彭勤认为,语料库是采用数据库技术,将大量的书面或口头交际的语言材料进行文本储存,并运用计算机对这些语料进行处理与检索,从而构建出一个巨型的语料库。[②]

黄昌宁、李娟子认为,语料库简单来说就是对语言材料进行存放的仓库。

(二)语料库的类型

语料库可以从不同的角度来划分,具体如表 6-1 所示。

表 6-1　语料库的基本划分

语料库	角度	分类
	应用角度	通用型语料库
		专用型语料库
	信道角度	比喻语料库
		口语语料库
	语言属性角度	单语语料库
		双语语料库
		多语语料库
	时间角度	共时语料库
		历时语料库

---

① 张付花.基于语料库的英语翻译研究[M].北京:中国水利水电出版社,2017.
② 彭勤.语料库概述及在英语教学中的应用[J].科技信息,2010,(16):123.

续表

语料库	角度	分类
	语言变体角度	本族语语料库
		译语语料库
		学习者语料库
	语料状态	静态语料库
		监控语料库

第三节　大学英语教材的多维度开发

教材是教师使用的最频繁的教学媒介,对教材的进一步开发实际上是对教师进行知识更新和技能提高的再培训。教师要善于开发、编写、创作、再创作教材、教案活动和课件,善于评价教材的特质,善于研究教材的功能、效能、价值。而要做到这些,则必须满足5个需要:(1)需要一定的理论基础;(2)需要学术眼光;(3)需要教学水平;(4)需要教学能力;(5)需要实践经验。由此可见,教师自身的专业能力是教师驾驭教材、开发教材的基础。每一次的课程改革都会造就一批英语教学名师。从某种意义上说,教材的多维度开发对促进教师专业发展起着非常重要的作用。

一、大学英语教材的开发要求

英语教学的跨文化转型对英语教材开发提出了新的要求,不仅要求英语教材符合外语教材的基本特征、基本编写原则,而且要求教材中的文化知识内容、教材的建设等均符合跨文化交际能力培养的要求。

(一)把握英语教材开发的基本特征

在英语教学的跨文化转型背景下,英语教材作为教学的主要载体,应该能够满足教师的教学需求,更重要的是能够满足学生的不同需求,能够潜移默化地丰富学生的文化知识,培养学生的文化素养,锻炼学生的自主学习能力、语言应用能力和跨文化交际能力。可见,切实将教材的编写与学生跨文化交际能力、实践创新能力的培养相融合并落到实处十分重要。具体而言,新时代的英语教材应具备以下几个基本特征。

第一,在教材的编写方面,教学内容和语言要与时代发展相吻合,能够反映快速发展和变化的时代,英语教材中语言材料的选取要体现主流文化。

第二,要梳理好专业知识、学科知识和语言训练之间的关系,并处理好它们之间的关系。

第三,教材不能局限于知识的传授,要着眼于对学生思维能力、鉴赏批评能力、文化能力和创新能力的培养。

第四,教学内容要重点突出,具有针对性和实用性。

第五,教材要能够与多媒体、网络等先进的教育技术相结合,并能充分利用这些教学手段。随着科技的发展、电脑的普及,越来越多的音频、视频材料及电子课件开始走入课堂,为学生学习英语提供了更生动逼真的语言环境。我国外语教材的整体研发与使用正朝着立体化的方向发展。

(二)弄清英语教材中的文化内容

英语教学的跨文化转型对英语教材的文化内容提出了相应的要求。大部分的教材都十分关注和重视对学生语言能力的培养,却忽视了对学生文化意识和跨文化交际能力的培养。实际上,英语教材应能够培养学生的交际能力,能帮助学生在实际生活中进行交际,教材中的文化内容应满足学生跨文化交际能力发展的需要。[1] 具体而言,英语教材的文化内容应体现以下特征。

第一,英语教材中的文化内容应体现国际性和跨文化特征,除了要涵盖英语国家的文化知识,还要包括丰富的国际性文化知识。在经济全球化和文化全球化背景下,英语已经成为一门世界性语言被人们广泛使用,越来越多的并非以英语为第一语言的人开始学习和使用英语,并试图和不同对象进行交际,因此英语教材中不仅要包含英语国家的文化背景知识,还要包含其他非英语国家的文化背景知识,也就是国际文化知识。

第二,英语教材的文化内容应覆盖面广,并且具有多样性,能够体现关于人本身、环境、生活方式、文化等方面的多样化知识,能够体现文化内容的核心,即价值观。

具体来讲,英语教材的文化内容应体现在以下几个方面。

首先,英语教材应具有真实意义,也就是说英语教材中应包含目的语国家的文学、艺术、音乐等内容。

其次,英语教材应具有社会意义,也就是说英语教材应反映目的语国家的习惯、家庭、娱乐等。

再次,英语教材应具有语义意义,也就是说英语教材应体现语言的概念系统。

最后,英语教材应具有社会语言意义,也就是说英语教材应体现礼貌原则,能够让学生了解社会地位、年龄等对语言的影响,并能够帮助学生熟悉不同的写作文体。

除此之外,英语教材应包含本民族文化知识,丰富学生的本民族语言和文化知识,帮助学生树立文化自信,使学生能够用英语传播本民族文化。

二、大学英语教材的开发主体与维度

(一)开发主体

教师是课程的实施者和积极开发者。教师不仅要适应既定的课程,还应积极地理解、领会课程设计者的主旨和意图。这就要求教师不仅要了解学生的现有水平、学习需要、接受能

---

[1] 吴元霞.英语教学与文化融合[M].北京:光明日报出版社,2017.

力和情感态度,还要尽力增强自己的教学理念,提高知识水平和教学实践能力,能够更好地理解教材编写者的意图,开发课程资源,精心进行教学设计,展现自己对课程、教材和教学的独特理解,彰显个人的创造性。

（二）开发维度

一般来说,大学英语教师在实际的教学中可以对语言、内容与语境、教学过程、课程管理等层面进行加工与改编。笔者认为,教材的多维度开发也可以参考这些层面,具体总结为如下几个维度。

1. 语言维度

语言是一切教材内容的载体,其涉及的领域非常广泛,大体可以划分为两种：语言内容与语言技能,前者包含语音、词汇、语法、话语、语体,后者包含听、说、读、写、译等。这些内容纷纷呈现于教材的各个角落,并渗透于各种解释、课文、练习中。因此,就语言维度来说,大学英语教材的多维度开发大体需要考虑如下几个问题。

（1）教材是否符合学生的学习需求。

（2）教材是否包含语音训练,如连读、重音等的训练。

（3）教材中是否保证了恰当的词汇数量,并且难度是否得当。

（4）教材中词汇的呈现是结构化的呈现,还是任意形式的呈现。

（5）教材中包含了那些语法项目,是否设计了专门的语法练习。

（6）教材中是否充分覆盖了听、说、读、写、译这些项目,是否考虑了这些项目的融合。

2. 内容维度

就内容维度而言,大学英语教材的多维度开发需要考虑的是其中是否包含情感、文化层面的内容。语言与情境有着密切的关系,语言不能脱离语境而独立存在。如果教材开发者仅仅将语言视作抽象系统,那么这样的教材是很难提升学生在具体语境中的语言能力的。这就要求教材中必须呈现真实的语言运用内容,并融入一定社会文化主题,这样才能真正提升学生的语言运用能力。

3. 结构维度

语言内容是根据一定的结构进行排列的,但是不管选择何种内容、用何种形式进行排列,都需要考虑学生学习的目的。虽然教材的结构体系可能有所不同,但是其与情境、功能等是紧密结合起来的。也就是说,大学英语教师需要从学生的接受水平、认知能力出发,选择合适的内容组织排列教材,在具体的实践中还要不断调整教材的顺序与进度,以满足学生的实际需要。

4. 能力维度

在实际有效的交际中,知识和能力是密不可分的,但二者的获取途径却有所不同。知识往往通过呈现、发现等手段获得,即便学生当时学会了,以后也可能会忘记；能力依靠具体练习获得,学生一旦掌握了,那么就很难忘记。

第六章　大学英语教材的编写与设计改革

在大学英语教材的多维度开发中,教师除了设计学生需要的语言知识、社会文化知识,还需要设计相应的语言技能。具体来说,大学英语教师应该在教材中呈现听、说、读、写、译这五项技能,在对教材进行开发的过程中,要考虑听力材料是否真实,难易程度是否与学生水平一致,录音是否清晰;口语材料是否切合学生的生活情景,活动设计是否有助于学生的真实互动;阅读材料的语言表达是否地道,材料是否充足,是否能真正提高学生的阅读能力;写作活动的量是否适当,语篇组织与语体运用是否合适等。

三、教材多维度开发的步骤与具体方式

对教材进行多维度开发,通常要遵循以下步骤。

首先,教师要认真研读和把握课程标准。课程标准能够为教师的教和学生的学提供语言观、语言学习观和语言教学观的规范性指导。课程标准通常会对课程性质、目的、要求和任务等作明确阐述和规定。教师以课程标准作为教材开发的基本指导思想,因时因人因地灵活使用教材。

其次,教师要确定教学目标并结合教学对象对之进行详细解读。教学目标确定的过程实际上是一般性目标具体化为特定目标的过程。教师要结合学科目标、课程目标、学生的认知水平、知识技能水平、学习动机、学习风格、学习期望等方面的特点及实际的课堂教学情况,确定、描述并细化教学目标。

最后,教师在教学目标的引导下,确定教学策略,形成教学方案,设计课堂教学,制作教学课件。在教学过程中随学生的反馈和实际情况及时变通和调整,最后在教学行动后实施评价。

四、大学英语教材的选择和使用

(一)英语教材的选择

随着英语教学的跨文化转型,现在的英语教学已经将跨文化能力的培养提升到了与语言能力培养同等重要的地位,在选择英语教材时就应对此加以注意,并体现这一理念。英语教材的选择应充分考虑跨文化交际能力培养的需要,在选用教材之前,教师和管理者应深入分析教材的优缺点,对教材进行全面评估,进而选择最佳的教材。

具体而言,在选择英语教材时,要充分考虑学生的学习动机、学习兴趣和语言水平;考虑所涉及的文化内容的广度以及系统性,注重文化信息和主题的呈现形式,注重文化传播的过程;考虑教材运用的实践性和可操作性;注重文化意识和跨文化交际能力的培养。当选择原版教材时,就要注意教材要满足教学实际的需要,也要考虑学生的语言能力和需要。[①]

[①] 吴元霞.英语教学与文化融合[M].北京:光明日报出版社,2017.

（二）英语教材的使用

课堂上如何使用教材,即如何保证学生、教材、教师之间的交互质量,对学生的文化学习和跨文化交际能力的培养起着重要的作用。

每一个教学环境都有其独特性,而且受多种因素的影响,如学生的学习动机、资源的可供性、课堂的动态性等、教学大纲的限制等。为了更有效地开展教学,切实培养学生的跨文化交际能力,教师需要对教材进行必要的改编。

具体而言,教师在使用教材过程中要具有一定的自主性、灵活性和创造性。教师在教学实践中以课本为主,同时辅助其他教学材料,也可以根据实际教学情况对教材进行必要的增减、改动和替代,科学、有效地使用教材。自主、灵活、创造性地使用教材具有显著的优势,即通过课本,教师可以获得课堂教学的通用框架,使教学有据可依;采用其他教学材料,可以弥补课本的不足;对教材进行必要的调整,能够有效满足学生的需要,也为多样性教学活动的开展和教学技术的运用提供了空间。对此,教师除了要依据教学大纲、教学目标、学生需求使用核心教材,还要自主地、灵活地、有选择性地利用、整合其他各类教材内容和多媒体技术、网络资源、影视节目等课程资源,并且根据学生的实际情况和教学需要对这些资源进行改编、加工等,以激发学生的学习兴趣,为学生提供练习的机会,满足学生的学习需求。需要注意的是,教师在教材进行改编时,用首先对教材和教学环境有深入的了解,同时要充分考虑学生的实际情况,包括学生的学习动机、学习兴趣和学习风格等。

总体而言,教师在使用教材过程中,应不拘泥于课本,从实际情况出发,合理筛选、整合、利用教学资源,灵活、创造性地使用教材。

第七章　大学英语教师的素质与能力改革

教师是教学的灵魂,是提高教学质量的关键,并且对学生的跨文化交际能力培养起着重要的作用。为了适应英语教学的跨文化转型,实现英语教学跨文化能力培养的目标,英语教师的素养和跨文化能力等都应满足教学要求,即提高教学素养,培养跨文化能力。

第一节　大学英语教学中教师的角色定位

在教学活动中,教师具有组织者的身份,也是对教学效果产生影响的一个重要变量。教师的主导作用往往需要与学生的互动与交往才能实现。在教学中,教师应该将自身的主导作用发挥出来,不断提升自身的素质与能力。

一、英语教师的传统角色定位

(一)语言知识的复制者

在传统的英语教学中,教师的工作就是将知识原封不动地传授给学生,在传统的英语教师的眼中,书本知识就是金科玉律,教参就是真理,因此教师往往将书本知识视作教授学生的来源,并且根据书本来设计教案。对教师教学好坏进行评价主要看教师能否把书本知识传达到位、准确。显然,基于这样的观念,大多数教师从书本内容出发展开教学,教师很自然地就成了英语课本的复制者。

在传统的英语教学中,学校往往为教师配备了一整套教材、教参等,并且为教师设计了教材上要求的每一堂课的活动,甚至对教师说的话都进行了明确的规定。教师如同批量生产的工人一般,千篇一律地展开教学,将大纲内容复制给学生。

但在新环境下,教学过程被看作师生互动的过程。就建构主义学派的观点来说,这一过程是师生对客观事物的意义加以构建的过程,并且是合作性的构建,并不是单纯地对客观知识加以传递。

在英语教学中,教材、教参等是重要的资源,师生需要对这些资源进行开发,尤其对教师来说,他们需要对这些资源加以分割与整合,之后通过与学生的互动,将固有内容转化成丰富的、可供学生理解与接受的知识。之所以将教材静态的知识转换成动态的资源,将课堂上单一的知识转变成生动的课堂,最终目的都在于帮助学生获得知识。就这一角度而言,学生固然是知识的构建者与参与者,而教师更应该将自己置身于开放的环境中,成为资源的积极构建者。也就是说,教师的角色应该发生改变。

(二)语言技能的传授者

传统的教育观依然在教师的心中存在,这与现代的信息环境有着较大差距。在信息技术环境下,很多教师的理念中仍旧存在"教书匠"的意识,他们侧重以书本作为经验与教学方式,采用灌输的手段进行教学。一些教师将学生看作被动接收知识的容器,认为教材是学生获取知识的对象,教师是将这些知识灌输给学生的人。显然,教师充当了一个"传话筒"的角色,学生是接收器,将教学简单地视作知识传递的过程。这种对知识过于重视而忽视具体能力的教学方法,势必会造成教学过程的重复、单一,也会制约教师的创新意识与研究精神,让教师的教学思想与观念更加保守、陈旧。

二、英语教师角色的重新定位

在新形势下,信息技术迅猛发展,教师在技术、知识上所具备的权威性受到极大的挑战。在新环境下,大学英语教师对于知识传授者的角色是否有新的理解?是否对教师新的角色进行重新定位?教师自身的教学手段、角色观念是否感到不适?教师如何转变自我并适应这一环境?这些问题都说明,教师作为知识传授者的角色应该改变。[1]

说到角色,一般人会觉得其与身份、地位有关,认为角色是对人们身份、地位的诠释。在当今社会,教师扮演着十分重要的角色,他们以各种方式调动与引导学生参与活动,并引导学生在自己设定的环境中展开探索。传统的英语教师所扮演的角色已经很难适应当今社会的需要。在这个多元化的社会,教育具有多样性,他们需要适应不同层次、不同族群人的需求。教师需要作为文化传承执行者的角色展现在人们的面前,他们通过间接的形式逐渐实现文化传递。只有具有多元文化教育观的教师,才能与多元文化社会教育相适应。也就是说,教师不再是知识的传授者与复制者这些简单的角色,而是被赋予了新的多样角色。下面就具体分析英语教师角色的转变。

(一)语言单元任务的设计者

要想实现单元主题目标,就必然需要对单元任务进行设计,这是大学英语教师的一项重要任务。学生通过教师设计的这些真实的任务,可以拓宽自己的语言知识面,还能够提升自身解决具体问题的能力。因此,在英语学习中,语言单元训练任务的设计是非常重要的。这要求教师应该在网上设计相应的单元任务,让学生在规定的时间内完成,最后提交完成任务的结果。通过这种方式,学生可以降低自身的压力,让他们愿意参与其中。

---

[1] 钟丽霞,任泓璇.翻转课堂模式下的大学英语教学改革及创新优化[M].长春:吉林大学出版社,2019.

(二)有效主题教学模式的设计者

在新形势下,大学英语课程教学要求教师不断探求新的教学模式与方法。具体来说,大学英语教师不仅需要发挥网络的优势,还需要提升学生学习的效率。对此,大学英语教师在设计主题教学模式时,应该选择学生感兴趣的话题,并且整个教学模式都围绕这一主题开展,以小组合作讨论的形式完成任务,最后提交讨论结果。

另外,在设计有效主题教学模式时,大学英语教师要尽量链接一些有效网址,帮助学生接触更多的国内外文化知识。大学英语教师还可以下载一些前沿性的资料,以吸引学生,提升他们的求知欲。当然,对于一些敏感性的话题,大学英语教师要进行正确指导,避免学生出现文化偏见。

(三)在线学习系统的建立者

网络为学生的英语学习提供了便利,而教师在这之中充当了调控学生学习、提供个别指导的作用,但在这之前,首先就需要建构一个完善的在线学习系统。在这一系统中,有教师与学生两个端口。学生通过填写自己的信息,向教师端提出申请,教师负责审核,使学生加入到这一系统中。[①]

(四)学生网络学习的帮助者

在大学英语课程教学中,网络能够起到监控的作用。通过网络监控,大学英语教师可以对学生的学习过程有所了解与把握,从而帮助学生实现自己的学习需要。大学英语教师是学生进行网络学习的帮助者,尤其对于差生而言,大学英语教师更是发挥了不可磨灭的作用,他们通过记录学生浏览网页的情况,了解学生是否参与其中,从而清楚学生在学习中遇到的困难,之后帮助学生解决实际的问题。

第二节 大学英语教学中教师素质的新要求

了解了大学英语教师的角色定位,还应该对大学英语教学中教师素质的新要求有所掌握。作为影响教学效果的关键因素之一,在与学习者的交往中发挥主导作用的同时,大学英语教师要清楚地认识到自身应具备的素质和能力发展问题。

根据林崇德先生提出的"三层次五成分"教师素质观,从当前大学英语教师的基本情况考量,大学英语教师素质的内涵可以涉及职业理想、知识水平、教育观念、监控能力、教学策略与行为等层面。

新的环境下,对大学英语教师的素质要求也在不断发生变化,下面介绍几点大学英语教

---

① 高凤琴.当代大学英语教学理论阐述及方法运用[M].北京:中国书籍出版社,2019.

学中教师素质的新要求。

一、以学生为中心的教学意识

在大学英语课堂中,所有的学生形成一个多元文化语境,他们来自不同的地区,具有不同的成长背景,这就使得他们有着不同的接受能力、不同的思维方式等。如果教师对所有学生都一视同仁,那么必然会削弱学生学习的积极性与主动性,也势必会导致教学效果不佳。在摆脱传统的大学英语教学模式中,教师在课堂上占据绝对的主体地位,而学生只是处于被动的参与者的情形,教师要形成以学生为中心的教学意识。

教师应该"以学生为中心",教师自身的角色也应该发生改变,从原本对课堂的控制者转变为对学生英语学习的辅助者,同时对待每一位学生都应该持有平等、公平的姿态。教师要认识到不同学生的文化差异与多样性,对不同的学生采用不同的方法,使学生成为教学的主体,展现自身的个性,从而更好地在多元的环境中习得英语这门语言。①

二、良好的师德素质

师德是英语教师必备的素养,也是英语教师从事教育活动的动力源泉。教师的师德具体体现在对学生的热爱、对事业的忠诚、对教学执着的追求和人格的高尚。与此同时,教师的师德直接影响着学生的成长。从教师的专业成长历程来看,教师职业道德的发展阶段可以分为职前教育阶段、职业实践阶段和终身追求阶段。

其一,职前教育。教师职业道德是社会道德的重要组成部分,是道德在教师职业领域中的特殊表现。职前教育的目标主要在于使教师成为一个具有良好道德修养的人,这是保证教师职业道德的底线达标,即先为人,后为师。

其二,职业实践。职业实践是教师职业道德养成的根本保证,在教育教学过程中,教师会遇到各种各样的问题,在解决这些问题时,教师总是被要求要具有自己的独特方式,即要有所创新。因此,教师需要不断提升自己的专业素养,在实践中不断践行职业道德规范,提升职业道德水准。

其三,终身追求。社会在发展,知识在更新,教师要想跟上时代发展的脚步,必须要不断学习,终身学习。当然,教师所追求的职业理想也是没有止境的,教师必须不断学习,自觉从各方面抓住一切机会来提高自己。另外,教师需要在面对学生和教学工作时产生一定的成就感,这样才会拥有不断进行学习的动力,否则,教师容易出现心理倦怠,从而缺乏追求理想的动力。

三、解读多元文化的能力

在文化自信视野下,教师需要具备对多元文化进行正确解读的能力。因为多元文化是

---

① 钟丽霞,任泓璇.翻转课堂模式下的大学英语教学改革及创新优化[M].长春:吉林大学出版社,2019.

一种历史事实、政治诉求,也是一种思维方式。教师应该对多元文化进行正确的解读,从多样的视角对不同文化予以尊重、学习与理解,不能毫无保留地全盘接受社会主流文化,对其他文化全盘否决,应该批判地看待不同文化。需要注意的是,教师在对多元文化的解读中,应该持有平等、公正、多元的理念。

四、适应科技发展的信息素质

随着科技的发展,人们认识到人才的高素质是一个民族强大的动力。在所有素质中,信息素质非常重要。因此,很多高校都十分重视学生信息素质的培养。但是,对于中国而言,信息素质教育起步较晚,直到教育信息化的实施,才在一些好的学校开设信息素质教育课程。对于在职的教师而言,信息素质教育根本未得到应有重视,甚至有的教师都不知道信息素质的含义。很多资料表明,我国高校教师的信息素质早已无法适应当今教育信息化对高等教育发展的需求,与发达国家相比,存在巨大差距。[①]

第三节 大学英语教师的专业能力发展

教师专业知识结构和能力结构的深入分析有助于教师正确评价自己的知识与能力,从而找到提升自己专业能力的发力点和突破口。长期以来,人们对英语教师的认知,即其为一个能够听、说、读、写、译英语的人。这与英语翻译又有何区别?英语教学专业人员不仅要有很强的英语听、说、读、写、译的能力,同时还要具有有效地把这种能力传授给自己学生的能力。在这个帮助学生习得英语听、说、读、写、译的能力的过程中,教师还需要许多本学科知识之外的、有关教育教学的知识和能力。这些知识和能力的需求,恰恰是英语教学作为一门专业存在的最直接的理由。[②]

一、大学英语教师专业能力的层面

(一)知识层面

在知识层面,教师应具备文化知识、语言知识和专业知识,并且这些知识要符合跨文化交际能力培养的需求。

就文化知识而言,教师应掌握一定的目的语文化知识,具备一定的文化素养。虽然教师没有必要了解所有目的语国家的文化知识,也没有必要成为文化方面的专家,但是有必要了解一些目的语国家的社会文化。此外,教师应具有多元文化意识,了解本民族文化、目的语国家的文化和其他国家的文化,清楚不同文化之间的差异,了解那些容易引发交际误解、

---

① 洪颜.地方应用型本科院校教师教学技能培养机制研究[M].北京:中国原子能出版社,2019.
② 陈燕.大学英语教师专业发展新视角[M].北京:中国政法大学出版社,2014.

导致交际失败的文化知识。教师要有意识地与目的语文化密切接触、保持联系,了解和掌握多样化的文化知识,进而提高自身的文化意识和素养。

就语言知识而言,由于学生基本都是在母语环境下学习外语的,如我国学生是在汉语环境下学习英语的,母语对英语知识的习得产生较大的影响,母语可能会对英语学习产生正迁移,也可能对会对英语学习产生负迁移,因此这就需要教师切实掌握英语在使用语境中的语用规则,并且透彻了解母语和英语两种语言的区别。[①]

就专业知识而言,教师应掌握跨文化交际的基本含义和相关理论,具备与之相关的社会文化和心理层面的知识;清楚跨文化教学的综合和具体目标;了解跨文化教学的核心思想、基本原则和有效方法,掌握语言文化教学的主要理念,具备开展跨文化教学的策略。

(二)能力层面

在能力层面,教师应具备三种能力,即语言能力、跨文化能力和学习能力,以满足跨文化交际能力培养的需求。首先,教师应具备扎实的语言能力,这是教师开展跨文化教学的基本前提和保障,教师要具备语言交际能力和非语言交际能力,并且具备一定的交际技巧和策略。其次,教师应具备一定的跨文化能力,这是有效实施教学的重要保障。教师应具备跨文化意识,同时要发展自己的本族文化身份认同,以更加有效地进行跨文化教学。最后,教师应具备一定的学习能力,能在教学中和学生一起进步,共同成长,培养和提高跨文化意识和跨文化交际能力,从而使教学开展更加顺利和有效。

(三)态度层面

在态度层面,在面对他族文化时,教师要持有尊重、理解和宽容的态度,对不同的文化具有一探究竟的兴趣,愿意积极主动地与其他民族的人们进行交流。有研究表明,那些乐观、具有好奇心、灵活、善于思考、对他族文化具有浓厚情趣的教师,即使不参加文化培训,也能很好地将语言教学与文化教学相结合,完成跨文化教学任务。

(四)素养层面

在素养层面,教师要具备以下方面的素质。首先,教师要具备与跨文化交际相关的个人品质,具备积极、活泼、富有感染力的性格,并且具备相应的理论知识,包括心理学知识和教育学知识,从而改变学生对文化学习的态度,激发学生学习文化知识的兴趣。其次,教师要具备移情和包容能力,教师要能够站在学生的角度考虑问题,能够推断和猜想学生的需要,包容学生,从而使学生学会移情和包容。最后,教师要了解文化差异,并且正确对待文化差异,从而引导学生避免产生文化偏见。

---

① 吴元霞.英语教学与文化融合[M].北京:光明日报出版社,2017.

二、英语教师专业能力发展的基本路径

在新形势下,英语教师的专业发展面临着专业意识欠缺、专业能力薄弱等问题。对此,教师应该展望世界,培育自身的专业意识,丰富自身的专业能力,大胆反思,从而成为适应当前社会需要的高素质教师。具体来说,主要从以下几个方面着手。

（一）提高专业意识

所谓教师的专业发展意识,指的是教师按照教师专业化的要求,对自己专业发展过程、目前专业发展状态、未来专业发展规划的系统化、理论化的认识。教师的专业意识是基于教师的自我意识、职业认同、动机的基础上产生与呈现的,其对于教师素质与能力的拓展起着重要的规划与导向作用。[1]

要想提高大学英语教师的专业意识,首先就要掌握一定的方式、方法和策略,这是信息化教学能力培养的中观层面。在这一层面中,大学英语教师的职前培养、教学实践、在职培训、协作交流、自主学习等是最为主要的几个方面。

当前很多年轻的教师由于教学时间短、缺乏教学经验,也没有过多参与课题研究的机会,因此经过一段时间的教学工作后,往往比较厌烦,这都是自我专业发展意识薄弱的表现。因此,在当前的跨文化教育背景下,大学英语教师应该不断提升自身的专业意识。

1. 提高理想意识

教师的理想对教师的专业发展起着十分重要的作用,为教师指明了前进的方向。大学英语教师的专业理想主要指的是他们对工作的热情。只有具备了热情,他们才能富有积极性,才能具有专业认同感,愿意在自己的工作中付出努力。

2. 提高科研意识

通过记录专业中的关键事件与自我专业发展保持对话,并对未来的发展规划做出适当的调整,教师在专业化发展的过程中必有大成。教师能否具有科研意识,决定了教师能否尽自己所能投入到科研活动中。也就是说,教师要想从事科研工作,就必须具备科研意识,他们要在思想上对科研有所重视,在理论上不断加强学习,获得科研的理论指导,在时间上还要不断提升自身的问题与思考意识等,这样才能真正地投入到科研活动中,并为大学英语教学研究贡献一份自己的力量。

（二）实行专业引领

当前,我国的大学英语教学在不断革新,先进的理念需要有骨干、研究者的带领,才能促进自身的专业发展。一般来说,教学专家、资深教师等都可以起到专业引领的作用。普通

---

[1] 徐家玉. 信息技术背景下高效英语教学理论体系的建构与探索[M]. 长沙:湖南师范大学出版社,2018.

大学英语教师要向他们学习，接触先进的思想与经验，从而推动自身的专业化发展。

专业引领的要求：其一，要将专家与普通教师的积极性与能动性发挥出来。其二，大学英语教师要保证内容、目标等的正确，采用的方法要恰当。

专业引领对于大学英语教师专业能力发展非常重要，具体而言可以从如下几个层面着眼。其一，阐述教学理念。其二，共同拟定教学方案。其三，指导教学实践尝试。

三、教师的跨文化教学能力培养

教师在教学中培养学生的语言能力和跨文化交际能力，就要向学生传授语言知识，发展学生的语言能力，提高学生的跨文化意识，培养学生的跨文化交际能力。而这也对教师的专业水平和教学能力提出了较高的要求，要求教师具备一定的跨文化教学能力，具体包含以下几个方面。

（一）教材的评估、选择和使用

教师的教学要以教材为依据，因此教师要具备对教材评估、选择和使用的能力。具体而言，教师应从跨文化角度出发来评价和选择相应的教材，能够根据教学需要合理地选用其他教学材料，并保证教学材料的真实性，能够根据具体教学情况和学生学习情况对教材进行调整和改编，从而达到跨文化交际教学的目标。

（二）跨文化课堂教学

跨文化课堂教学是英语教学跨文化转型的重要途径，也是培养学生跨文化交际能力的重要环节，因此教师应具备有效开展跨文化课堂教学的能力。首先，教师应对学生进行分析，了解学生对目的语文化的态度，了解学生对目的语文化知识掌握的程度；能够针对具体的教学环境、不同的教学目标和基本教学原则选择教学内容、选择教学方法、设计教学活动。其次，在教学过程中，教师要客观地看待教学，将教学视为动态的过程，积极鼓励学生参与教学活动，确保师生、生生主动地交流。最后，具体到语言文化教学，教师应适应教学的素质要求，合理运用语言文化教学方法；帮助学生掌握文化知识，比较不同文化之间的差异，避免学生在跨文化交际中出现失误。

（三）课外学习与实践的组织和指导

课堂活动是课堂教学的延伸与补充，二者紧密相关、相辅相成。教师除了要在课堂上做学生的引导者和帮助者，也要做学生课外的文化学习的组织者和指导者，鼓励学生积极参与课外学习和实践，扩充接触知识的途径，扩大文化知识的积累。通过对学生课外学习与实践的组织和指导，教师要能够帮助学生丰富文化知识，提高文化能力，使学生可以与来自不同文化的人们顺利进行交际；教师要能够激发学生学习文化知识的兴趣和欲望，帮助学生梳理本族文化和他族文化之间的关系，使学生树立正确的价值意识。

第七章　大学英语教师的素质与能力改革

（四）跨文化交际能力评价

英语教学的跨文化转型要求教师具备对学生跨文化交际能力进行评价的意识和能力。现在很多的英语评估和测试都忽视了对跨文化意识、跨文化交际能力的评价，即使是评估，也多采用书面测试，或者传统的和人陈述、角色扮演、案例分析等，而很少采用其他方式，也缺乏对学生的自我评价。对此，教师应充分考虑文化因素，调整测试模式，设计符合跨文化交际能力培养要求的测试活动，对自己的教学和学生的学习进行双向评价。[①]

（五）现代信息技术使用

现代信息技术的快速发展以及在教育领域的广泛使用，对教学产生了巨大且积极的影响作用。在跨文化教学中，教师应充分利用现代信息技术来丰富学生的文化知识，提升学生的跨文化意识，培养学生的跨文化交际能力。教师应根据教学和学生的需要，合理运用现代化信息技术创设跨文化交际语境，为学生提供实践的机会，有效开展跨文化教学。

简单来讲，在瞬息万变的社会发展中，教师不仅要懂得语言文化知识和技能，还要紧跟时代发展的步伐，合理使用现代化信息技术，将信息技术与教学相结合，优化教学环境，提高教学效果。具体而言，教师在现代信息技术使用方面应具备以下能力。

首先，教师应具备基本的信息技术知识，对信息技术与语言教学的整合有系统的理解，能够使用常用的办公软件，能够利用 PPT 制作课件，了解相关的多媒体和网络知识。此外，教师应具备扎实的信息技术应有能力，能在教学中合理地运用信息技术，并将信息技术与教学相整合，包括将信息技术用于课程准备、课程设置、课程管理等方面，能够将信息技术、信息资源和课程内容有机结合起来，高效完成教学任务。

其次，教师应成为网络资源的探索者和研究者，成为促使学生有效进行网络学习的帮助这，帮助学生恰当地借助信息技术和网络资源进行语言文化学习。

最后，教师应通过便利、交互的网络环境进行学术交流和学习，提升自己的专业能力，促进自身不断发展。

具体到教学实践中，教师应有效运用信息技术组织教学和管理教学。在课前结合教学内容和网络资源制作各种课件，然后将课件、教学计划和安排发布到网上，方便学生预习。课堂上充分利用多媒体和网络资源，激发学生的学习积极性，促进学生互动，使学生吸收和内化课堂知识。教师还应利用信息技术将课堂教学伸至课外，通过 E-mail, QQ, 微信等聊天工具与学生、家长进行课外沟通，做好教学反馈，完善教学体系。

总体而言，信息技术教学的开展有赖于教师的努力和负责，在教学过程中，教师首先要掌握信息技术知识和技能，然后精心指导学生丰富知识，进行学习实践。

[①] 吴元霞.英语教学与文化融合[M].北京：光明日报出版社，2017.

第八章　大学英语教学评价改革

当今时代,高校英语教学改革势在必行,这就需要一套与时俱进的教学评价体系与之相契合。在长期的教学实践中,人们通过大量的经验积累形成了丰富的教学理论,其中就包括教学评价理论。教学评价在教学中的作用是不可或缺的,是教师了解学生学习进度的重要参考。教学评价是教学体系中的重要组成要素。通过教学评价,教师可以充分掌握学生的学习情况,进而调整教学方式、方法,以选择适合学生学习的教学模式来引导他们展开学习。教学评价的作用是毋庸置疑的,一直以来都受到人们的关注与重视。

第一节　大学英语教学评价简述

一、教学评价的界定

评价在人们的社会活动中广泛存在。有人认为,"评价是确定课程能否达到既定目标的一种手段。"[1] 也有人认为,"评价是运用不同的渠道,对学生的相关资料加以收集,并将这些收集的资料与预定的标准相比较,进而做出判断与决策的过程。"[2] 还有人认为,"评价是对相关信息进行收集、综合、分析,从而用这些信息促进课程的发展,对课程的效度、参与者的态度进行评定。"[3]

但是,更多的人将评价等同于价值判断。就英语教与学来说,评价指的是学生能否具有某项能力,学生能够实现课程目标,教师的教学与学生的学习能否帮助学生实现既定目标的一种判断手段。[4]

二、大学英语教学评价的基本方法

当前的高校教学主要以终结性评价为主,而为了保证与当前社会发展相适应,还需要实行形成性评价,这样才能使教学的属性完整地体现出来。

---

[1] B. Tuckman. *Evaluating Instructional Programs*[M]. Boston: Allyn & Bason Inc., 1979.
[2] K. Montgomery. *Authentic Assessment: A Guide for Elementary Teachers*[M]. Beijing: China Light Industry Press, 2004.
[3] 李雁冰. 课程评价论[M]. 上海: 上海教育出版社, 2002.
[4] 吴秀英. 英语教学基础理论诠释及创新视角研究[M]. 长春: 吉林大学出版社, 2019.

第八章 大学英语教学评价改革

（一）学习档案评价法

学习档案评价法是当前应用较为广泛的评价方法。所谓学习档案评价法，是指对学生个体的各种信息进行收集。一般来说，其收集的内容具有多样性与动态性。在档案建立之前，教师可以组织家长与学生阅读学习大纲，理解档案构建的必要性，并对如何构建、使用进行指导，为以后有效地使用档案袋做准备。一般来说，构建的流程如图8-1所示。

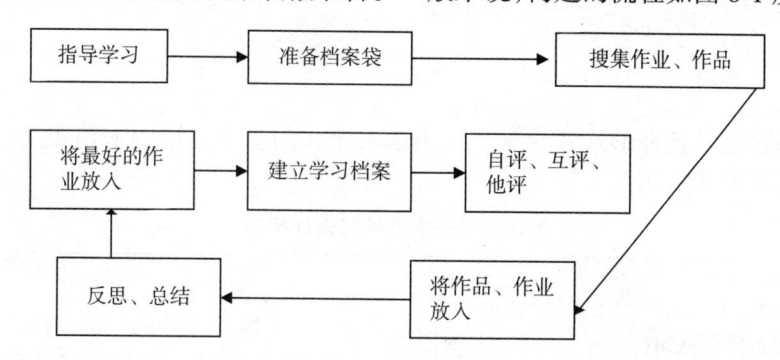

图 8-1 学习档案构建流程

（资料来源：任美琴，2012）

（二）结构化观察表格

结构化观察是人们通过感觉器官或借助一定的仪器，有目的地对自然状态下的现象进行考察的一种方法。这种方法主要用来收集学生的学习行为反应信息。表8-1是用于观察学生在课堂中出现不集中注意行为的表格。[①]

表8-1 学生出现不集中注意行为的观察记录表

	0～5	5～10	10～15	15～20	20～25	25～30	30～35	35～40
S1								
S2								
S3								
S4								
……								
Sm								

（资料来源：柯清超，2016）

（三）态度量表

态度量表是针对某件事物而设计的问卷。被试者对问卷所作的反应，反映了被试者对

---

① 童保红. 多媒体教学实用教程[M]. 北京：科学出版社，2004.

某事物的态度倾向。态度量表主要用来收集学生的学习态度反应信息。表 8-2 是为了了解学生对课堂教学的态度所设计的量表,针对的问题是"您对该节课感不感兴趣？"

表 8-2 态度量表设计实例

很感兴趣	感兴趣	不感兴趣	很不感兴趣

（资料来源：柯清超，2016）

（四）形成性练习

形成性练习是以各种形式考核学生对本学习单元的基本知识的掌握程度。如表 8-3 是一个形成性练习设计实例。

表 8-3 形成性练习设计实例

知识点	学习水平	题目内容
什么是限制性定语从句？	理解	判断（正确就打√，错误就打 ×） It is Mount Tai that lies in Shandong Province.

（资料来源：柯清超，2016）

（五）同伴互评量规

同伴互评是开展合作活动常用的过程性评价,其实施可以借助类似表 8-4 的互评量规进行。[1]

表 8-4 小组活动互评表

评价内容		较满意	满意	很满意
我觉得我们组	1. 自觉完成了教师布置的任务			
	2. 与伙伴们相融洽			
	3. 我们组学到了一些知识			
其他同学认为我们组	1. 能自觉完成教师布置的任务			
	2. 大部分时间里提出的意见对小组有帮助			
	3. 对我们组的总体表现是喜欢的			
教师夸我们组	1. 乐于完成学习任务			
	2. 在活动中积极表现自己的想法			
	3. 喜欢与其他组沟通交流			
我们组得到了	颗星			

（资料来源：柯清超，2016）

---

[1] 钟丽霞，任泓璇. 翻转课堂模式下的大学英语教学改革及创新优化[M]. 长春：吉林大学出版社，2019.

第八章　大学英语教学评价改革

（六）信息技术评价法

信息技术评价法的评价过程可以划分为制订评价标准、应用评价标准进行测量、划分测量结果等级、给出评价结论4个步骤，如图8-2所示。

其中，制订评价标准的过程就是把评价目标的主要属性细化为一系列具体、可测量的指标的过程。划分好的指标构成一个相对完整的评价指标体系，它能反映评价目标的主要特性。经过划分后可以得到多媒体作品质量评价的一个指标体系，如图8-3所示。

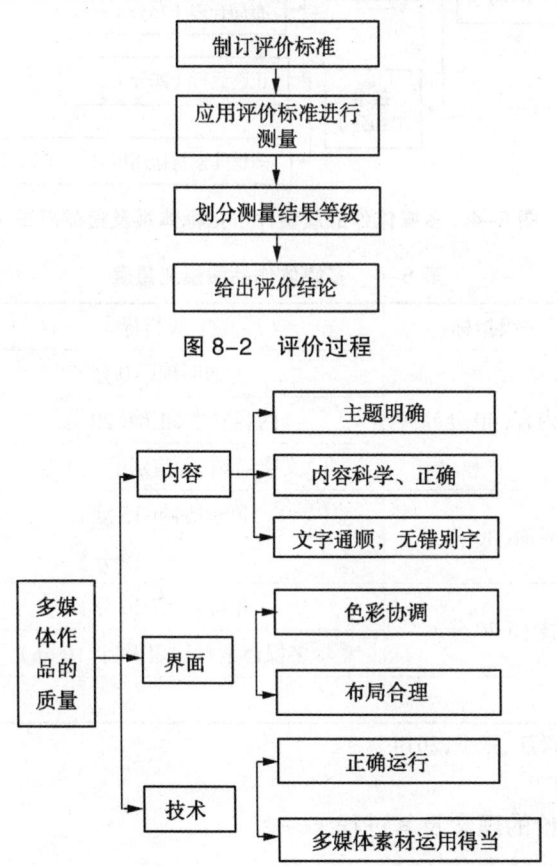

图 8-2　评价过程

图 8-3　多媒体作品质量评价的一个指标体系

每一个指标对于反映评价目标来说，它们的重要性程度是不一样的，重要性程度用权重来表示。教师可以给多媒体作品质量指标体系赋予分值，如图8-4所示。[1]

测量是依据评价指标体系，用数值来描述评价对象的属性的过程。依据图8-4，可以制作出测量多媒体作品质量评价表，如表8-4所示。[2]

---

[1] 赵波，段崇江，张杰，等.信息技术课程标准与学科教学[M].北京：科学出版社，2014.
[2] 宋万女.信息技术应用研究[M].北京：中国商业出版社，2018.

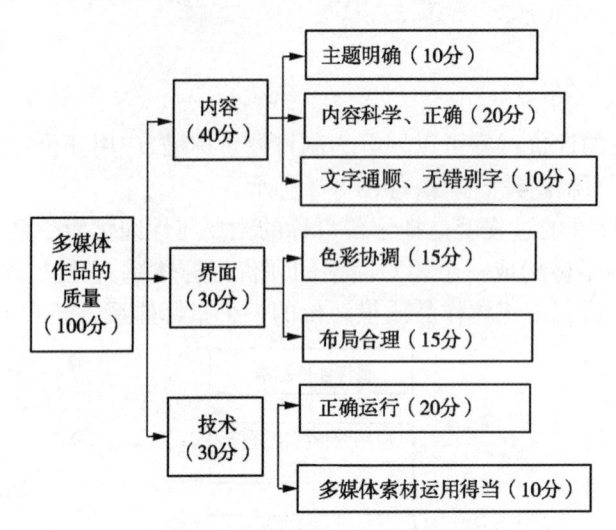

图 8-4 多媒体作品质量评价指标体系及指标权重

表 8-4 多媒体作品质量测量表

评价目标	一级指标	二级指标	得分
多媒体作品质量（100分）	内容（40分）	主题明确（10分）	
		内容科学、正确（20分）	
		文字通顺、无错别字（10分）	
	界面（30分）	色彩协调（15分）	
		布局合理（15分）	
	技术（30分）	正确运行（20分）	
		多媒体素材运用得当（10分）	
总分			

（资料来源：赵波、段崇江、张杰，2014）

三、信息化教学评价的理念及其过程

（一）信息化教学评价的理念

随着教学评价研究的进展，当前的学习评价在理论和方法上都已呈现出多元化的趋势。各种学习评价新理念，如发展性评价、真实性评价、多元化评价动态性评价、后现代主义评价等越来越受到关注。

1. 发展性评价理念

发展性评价由形成性评价发展而来，它是根据一定的教学目标，运用适当的技术和方法，对学生的发展进程进行评价解释，以使学生在学习过程中能不断认识自我、发展自我和完善自我的评价活动。该理论认为，教学评价要尊重和体现个体差异，以便激发学生的主体

第八章 大学英语教学评价改革

精神,促进每个个体最大可能地实现自身价值;评价是与教学过程持续并行而且同等重要的过程,它贯穿于教学活动的每一个环节,是教学活动的有机组成部分,其目标是为了促进学生发展,而并不仅是为了检查学生的表现。因此,发展性评价更加强调以人为本的思想,重视通过评价来发现人的价值,发掘人的潜能,发展人的个性、发挥人的力量。

2. 真实性评价理念

真实性评价(Authentic Assessment)是20世纪80年代末在美国兴起的一种新型评价方式,它要求学生运用所学的知识和技能去完成真实世界或模拟真实世界中一件很有意义的任务,并试图用接近"真实生活"的方式来评价学习的成就水平,任务完成的绩效主要通过依据学业标准制订的评价量规来进行评定。真实性评价是对标准化评价方式的有效补充,根据实际需要,教师可以在教学过程中交替使用这两种方式开展学习评价。目前,真实性评价已逐渐从教学评价的边缘走向中心,并成为信息化教学评价的重要理念和方式。[1]

3. 多元评价理念

现代智力研究成果认为,学习能力是多方面的,不同的学生可能擅长以不同的智力方式学习,其知识表征与学习方式有许多不同的形态;学生在意义建构活动中表现出来的并不是单一维度的能力反映,而是多维度能力的综合体现。因此,应该通过多种评价手段来衡量不同的学生,应该针对学习的不同维度综合评价,以便全面反映学生的学习状况和学习成果,并给学生以多元化、弹性化、人性化的发展空间。[2]

4. 动态评价理念

动态评价理论源于苏联著名心理学家维果斯基的社会发展认知理论。相对于传统评价只提供学生在单一时间点上的测验表现或成就信息的相对静态化评价来说,动态评价能够统整教学与评价过程,它兼重过程与结果,兼顾社会介入与个别差异,并通过师生间的双向沟通与互动关系,同时考查认知潜能和学习迁移能力,因此,可以评价与预测学生最佳的发展水准。

(二)信息化教学评价过程

信息化教学与传统教学在评价方面的最大区别,就在于它对学生发展过程的关注和促进。单就评价的一般过程而言,二者并无本质的区别,其一般过程大致可分为评价准备、学习信息收集和整理、学习信息的判断和分析,以及评价结果的形成和反馈等阶段。

1. 信息化教学评价的准备

古人云:"凡事预则立,不预则废。"由此不难理解,准备阶段是评价实施的预备阶段,准备阶段的工作质量将直接影响评价结果的质量。在信息化教学评价中,除进行传统的相关评价准备外,重点要进行各种信息化评价量规、手段和工具等方面的准备,具体可分为4个方面。

---

[1] 刘成新. 现代教育技术:信息化教学理论与方法(第2版)[M]. 北京:电子工业出版社,2009.
[2] 陈光海,汪应,杨雪平. 信息化教学理论、方法与途径[M]. 重庆:重庆大学出版社,2018.

（1）明确评价目的和评价目标。

（2）设计评价量规体系。科学、合理的量规体系是评价取得成功的基础,也是评价结果可信和有效的关键。因此,开展教学评价并对教育现象进行价值判断,必须有一个严密的衡量参照依据,即评价量规体系。通常,评价量规体系的建立应在评价活动开始前进行设计,而且量规体系的设计过程应尽量让学生及家长参与。

（3）确定收集和处理评价所需信息的方法。

（4）设计评价生成工具。

2. 评价信息的收集与整理

在信息化教学评价中,学习信息的收集是指评价者运用科学的方法,系统、全面、准确地收集评价所需学习信息,并将其作为进一步对评价对象进行分析、判断的主要依据。它是教学评价的基础性工作,是评价过程中的重要环节,也是评价过程中最为费时、费力的一项活动。

收集评价信息,首先要明确需要什么信息,其次是确定信息源的数量,还要选择收集信息的具体方法。

（1）应收集的学习信息

在信息化教学评价中,需收集的信息不仅要包括传统评价中用到的各类测试成绩,还要包括学习过程中的相关信息,以及合作伙伴方面的信息等。

①各类测试结果。测试成绩,无论在传统教学评价还是在信息化教学评价过程中都是极其重要的评价信息。但不同的是,在信息化教学评价中的测试结果不仅仅是一个分数,还要包括测试中的各种分析,如学生对知识点掌握的分析、学生在同伴中的相对位置分析等。

②各类评估表。评估表(Assessment Form)是以问题或评价条目形式组织而成的,它主要用于学生的自我评价,也可提供给教师或学习同伴进行开放式评价。信息化教学评价过程中可用到多种评估表,如学习成果评估表、合作或协作小组评估表等。通过各类评估表的收集,可有效地评价学生的反思过程,收集师评、互评资料。

③学习社区积分。社区积分就是学生在"相互对话"与活动过程中的表现信息。其基本内容可包括学习者在学习社区(如学习论坛)中活动情况的记录,如在论坛中的发帖数、回帖数参与研讨的次数、回答别人问题的次数、精彩论题数等。另外,还有学生个人学习课题的基本档案,包括文章上传学习信息的收集、作业提交情况、优秀作品和精华帖的情况等,并按照一定的权重记分。

④学习档案袋。学习档案袋可实现学习过程中信息的收集。其内容包括:"个人信息""学习过程信息""作品信息"和"课程相关项目信息"等。通过此类信息的收集,可为综合性、过程性、对话性、表现性、反思性的评价活动服务。

⑤可参照的评价案例。网络的共享性为评价者进行选择提供了许多可参考的资源,因此,可事先收集一些其他评价过程中完整的典型案例。这样,可使评价活动直观易行,但也需要评价者根据不同的分类标准,如成果形式、学习者差异等进行一定的推荐和整理,便于进行同类评价参照。

（2）学习信息收集的方式

在信息化教学评价过程中常用的收集信息的方式有5种。

①测验法。测验法就是针对评价对象，运用教育测量理论和方法编制高质量的量表，并施测于评价对象，以获取评价信息的一种方法。同时，在设计测验时应注意同时考虑其信度效度、难度和区分度等相关因素。在信息化教学评价中，可利用基于计算机和网络技术的电子测验系统进行测验。

②查阅相关资料。查阅相关资料就是对现有的资料进行检索、阅读、整理、统计以及浓缩，从而获取定量和定性的评价信息。在信息化教学评价过程中，可通过网络、计算机技术等检索学生的电子学习档案来获取学生学习过程中的信息，也可通过网络搜索引擎查找相关信息。

③个别访问。个别访问即评价者通过与评价对象面对面的谈话来了解情况、收集资料的方法。现在，除进行面对面访谈外，还可通过建立评价者邮件列表、访谈对象邮件列表开辟专门的访谈区等方法进行同步或异步的个别访谈。这样，不仅可打破以往面对面访谈时间上必须要求同步的限制，给访谈双方一些缓冲的余地，而且由于彼此不直接见面、匿名的特点，不易在访谈双方产生紧张、抗拒、隐瞒等不良情绪，进而保证访谈效果。[①]

④问卷法。问卷法是为了获取较大范围内教育活动的信息，向有关人员分发印好的表格，要求按题作答，然后集中整理统计提供评价信息的方式。当前，为了进一步扩大获取信息的范围、提高问卷收集的效率，常将问卷以网页的形式生成发布。而且，接受调查也可直接通过浏览器填写问卷。这样做的优点在于免去传统方式下邮寄的时间、费用，提高有效问卷的比例，统计方便；免去很多人为的处理环节，比较容易获得真实的信息。

⑤观察法。观察法就是在深入评价的自然场景中去实际观察已发生和正在发生的事情，从而获取评价对象信息的方法。通过现场观察，可以使评价者了解学生学习所处的现实环境，使其获得第一手信息，消除头脑中的旧观念和旧看法；还可以发现一些平时没有注意到的问题。尽管通过网络进行的观察在技术上可以实现（如视频会议），但目前由于成本等方面的原因，观察法的远程实施相对比较困难，还只能由专人进行现场观察。

（3）评价所需学习信息的初步整理

利用上述信息收集技术获取的各类资料并不是都有用，有些隐含"水分"，有些无法直接进行处理，因此，必须经过整理才能进入分析处理阶段。学习信息的整理是根据评价对象的本质特征，评价活动的目的、任务以及统计分析时所用统计方法的可能性，将所获得的信息进行分组归类。它是对评价信息进行归纳整理、简化概括的第一步，为进一步的分析打下基础。

一般来说，所收集的学习信息包括数据信息资料和质性资料。其中对评价数据主要利用统计表、统计图、频数分布表、累积频数分数表等工具进行初步整理。而对于所收集的质性评价资料，则需要对其中遗漏的细节进行及时补充，对简化的内容进行扩展，对不全或错误的记录进行必要的补充或纠正。另外，当原始资料经过初步整理和编号后，需对所有资料

---

① 陈光海，汪应，杨雪平.信息化教学理论、方法与途径[M].重庆：重庆大学出版社，2018.

进行备份。①

3. 学习信息的判断和分析

评价判断、分析阶段是评价准备阶段和评价信息收集阶段的延续,这一阶段得出的结论是前面两个阶段工作成绩的反映。通过对学习信息细致、深入的分析还有可能揭示出蕴含在评价信息中的其他信息,从而使评价的作用真正发挥,对学习起到推动作用。

4. 评价结果的形成与反馈

评价结果的形成与反馈是信息化教学评价活动的最后一个阶段,它的质量关系到评价作用能否充分发挥。因此,这也是一个重要的阶段。

(1) 评价结果的形成

信息化教学评价是一个复杂的、多元性的评价,其所得的各初步评价结果往往不能全面反映被评价者的整体情况。只有在对各种初步的评价结果进行全面、细致分析的基础上形成最终的综合判断,才能对被评价者做出完整、全面的评价。②

(2) 评价结果的反馈

①教学反馈信息要及时。在信息化教学过程中,应及时地把评价意见反馈给学生。如果评价信息不能及时反馈,学生就无法准确获知自己的学习情况和存在的问题,不能从评价中得到有效的刺激并适当调整自己的学习进度和方法,评价的发展性功能也就得不到有效的发挥。

②评价反馈内容要全面。一次评价活动所蕴含的信息是非常丰富的,教师一定要深入评价过程中,全面挖掘评价信息,同时,也要到评价之外了解其他方面的情况,弥补评价信息的不足,矫正评价信息的误差,把准确而全面的信息反馈给学生,使学生从评价活动中真正受益。教师要从促进学生全面发展的角度来处理评价和反馈信息,为学生的发展提供明确的指导和帮助。③

③反馈要与指导意见相结合。教学评价不是目的,它是为学生的发展服务的。在处理评价信息时,教师不仅要给学生指出学习中存在的问题,更要帮助学生发现造成问题的原因,不能只把评价结果交给学生。如发现学生的学习方法不恰当,教师要为学生提供学习方法指导。

④要注意交互反馈的实施。信息化教学评价中,评价反馈不单指教师将评价结果信息反馈给学习者,还包括学生将自己的学习情况、对评价活动的意见和建议等向教师的反馈。因此,在评价过程中,应注重来自学生的反馈信息。④

四、互联网背景下大学英语教学评价改革的必要性

教学评价是构建内部质量的保证体系。以教学诊断与改进工作为抓手,开展学校质量

---

① 刘成新,李兴保. 信息化教学理论与方法[M]. 北京:电子工业出版社,2005.
② 刘成新,王焕景,吴运明. 网络教育应用[M]. 北京:电子工业出版社,2009.
③ 刘成新. 现代教育技术:信息化教学理论与方法(第2版)[M]. 北京:电子工业出版社,2009.
④ 刘成新,李兴保. 信息化教学理论与方法[M]. 北京:电子工业出版社,2005.

第八章　大学英语教学评价改革

保证体系顶层设计,从质量监控主体、监控层次和监控内容3个层面构建"多元化、多层次、全覆盖"的开放性的质量保证体系。进一步完善由学校、专业课程教师、学生与决策指挥、质量生成资源建设、支持服务、监督控制构成的五横五纵工作标准体系,形成质量标准链。

传统教学评价主要以各类测试为基础。尽管以测试为主的评价方式在检验教学效果、促进知识学习和选拔鉴别人才等方面都具有重要作用,但由于在传统的教学评价过程中过分强调了考试的作用,因此,其弊端也日益凸显出来。

（一）传统教学评价落后于前沿理论

目前,我国教育体系已经进行了多方面的改革,取得了较大的成果,这导致传统教学评价已经落后于当前的教学系统,表现在重视结果,轻视过程;重视定量,轻视定性;重视教师;轻视学生。

1. 重结果、轻过程

在传统英语教学中,教师多使用终结性评价方式来评价学生,很少使用形成性评价方式。利用终结性评价,教师往往只重视对结果的评价,无法对学生学习过程中的情况进行把握。换言之,教师只有在期中、期末考试中才能了解学生掌握知识的情况,是否达到了学习目标,而对学生学习过程中的学习情况丝毫不知情。此外,期中、期末考试题目设计有限,教师并不能把一个学期所讲授的所有内容都放在考试题目中,因而所选择的考试题目或许存在片面性、偶然性,这对于学生的整体学习而言都是极其不利的。

2. 重定量、轻定性

在传统英语教学评价中,教师往往只重视定量评价学生,完全忽视了从定性层面来评价学生。虽然定量评价具有一定的优点,如可以准确反映评价对象的学习成果,并且方便对评价成果进行统计与分析,然而对于学生学习过程中并不能进行量化的内容,定量评价就无法进行合理评价,所以想要全方位对学生展开评价,就不能仅采用定量评价方式,而需要将定量评价与定性评价相结合来进行。然而,定性评价在高校英语教学中受到的重视程度依然不够,还需要教师在这方面为其努力改进才可以。

3. 重教师、轻学生

在传统教学与评价过程中,教师都是主体,是不可或缺的部分,教师对于学生而言,始终处于居高临下的地位,学生往往被动或者被忽略,这对于学生自主学习积极性的培养来说是十分不利的。

（二）传统教学评价难以适应时代发展

在我国英语教学的发展过程中,很长一段时间采用的都是应试教育方式,教学评价的目的很明确,即选拔人才,将考试作文评价教师教学成果以及学生学习成绩的重要方式。然而,时代在发展,社会在进步,全球化格局的形成将世界上的各个国家带入一个多元化的格局中,各国文化都进行着前所未有的交流与碰撞。另外,科学技术也飞速发展,将人类带入信息化时代。在这样的发展趋势下,我国应试教育的弊端也越来越明显。

应试教育不合理的评价方式导致英语教学评价内容的不全面,仅重视学生学习中认知的发展情况而忽视智力的发展情况。事实上,兴趣、态度、情感、习惯等非智力因素对学生的英语学习产生着重大影响。如果在教学过程中仅重视对语言知识的学习,忽视对语言能力的培养,那么就会造成学生只是记住了英语知识,并不能将这些英语知识运用到具体的交际实践中。由此可以看出,对传统英语教学评价进行改革十分必要。

(三)信息化教学评价的优点

为适应信息化教育发展的需要,信息化教学评价应体现"以学生为中心""面向学习过程""促进学生发展"的基本特点。

与测试型的传统教学评价相比,信息化教学评价与教学的关系应由过去那种孤立的、终结性关系,转变成将评价镶嵌在学习过程之中并作为学习过程不可分割的有机部分,而且在教学评价的目的、重心、主体、方式和标准等方面都需要进行适当的调整和变化。

(1)评价目的。应从侧重于学习结果的评价逐步向关注学生的发展转变。这样,使评价能够基于学生的表现和学习过程,用于评价学生应用知识的能力。而教学评价的功能应从强调甄别、选拔逐渐转变为改进、激励和促进学生发展。[①]

(2)评价标准。由传统的固定统一型逐步变为教师和学生根据实际问题和学生的先前知识、兴趣与经验共同制订。

(3)评价主体。由教师单一评价变为多元主体,要鼓励学生、家长及其他人员以适当形式参与教学评价。而且,要重视评价主体间的多向选择、沟通和协商,加强学生自评、互评、教师评价和其他人员交互评价相结合的方式。

(4)评价重心。由侧重于评价结果和知识掌握转变为关注学生的表现和学习过程,关注学生应用知识的能力。而评价内容也由单一的考试成绩转变为包括学业成绩、创新能力、实践能力、情感体验、合作意识等在内的多个方面。

(5)评价方式。内容的广泛决定了评价手段、方法的多元化。评价方式应由过去学生被动接受教师的评价结果逐渐变成在教师评价的同时,注重学生的自我评价和学习同伴间的相互评价。[②]

总之,互联网教学是互联网技术与现代教育紧密结合的产物。为了能够使互联网技术更好地融入大学英语教学,在进行计算机设置时,需要考虑如下几点问题。

(1)解决互联网教学的信息资源问题。

(2)解决互联网教学的课程改革问题。

(3)解决互联网教学中师资力量的培训问题。

(4)及时对互联网教学进行评价。

因此,互联网教育背景下的大学英语教学评价意义非凡,是当前互联网教学的重要组成部分。

---

① 陈光海,汪应,杨雪平.信息化教学理论、方法与途径[M].重庆:重庆大学出版社,2018.
② 刘成新.现代教育技术:信息化教学理论与方法(第2版)[M].北京:电子工业出版社,2009.

第八章 大学英语教学评价改革

首先,互联网教育背景下的大学英语教学能够对学生的学习情况进行监控,保证学生学习的质量,促进学生学习的进步与发展。根据学生在学习中的情况,对其学习态度、学习过程等展开评价,有助于为学生的学习计划与学习调节等提供支持。根据评价的结果,教师能够对学生的英语学习加以指导,对学生学习中存在的问题提出意见,并让学生进行弥补,从而将学生的潜能发挥出来。①

其次,互联网教育背景下的大学英语教学评价还有助于教师的进步与发展。这是因为,教师评价目的主要是对教师工作现实和潜在价值做出判断。

第二节 大学英语教学评价的原则

在英语教学评价中,还需要坚持一定的原则,这样对于评价的实践有更好的指导意义。以这些评价原则为基准,教师才能更好地找到与学生实际情况相符合的评价手段与方法。本节就对英语教学评价的基本原则进行探讨。

一、主体性原则

所谓主体性原则,即英语教学评价主体需要考虑教学价值主体本身——学生的需求,对教学价值客体进行评价。

在学习中,学生处于主体地位,但是传统的英语教学评价仅将教师作为核心地位,认为教师充当教育主体,是知识的灌输者,而学生仅是知识的被动接受者,这样导致教学评价主要是针对教师来说的,评价的内容也主要是教师的教学情况。表 8-5 是一个对教师评价的典型体现。

表 8-5 教师课堂教学评价表

项目	内容	权重	得分
教学目标	(1)是否体现明确的教学目标、教学大纲、教材的特点,是否与教学实际相符 (2)是否落实了教学知识点,是否培养了学生的能力 (3)是否将德育教育寓于知识教育之中	15	
教学内容	(1)教材的处理是否恰当,是否突出了重难点,是否突破了重难点 (2)教学组织是否有清楚的条理,是否简明扼要,是否准确严密,是否难度适中 (3)教学训练是否定向,是否有广度,是否保证强度适中	25	

---

① 黄燕鹂."互联网+"背景下大学英语教学体系的反思与重建[M].成都:电子科技大学出版社,2018.

续表

项目	内容	权重	得分
教学方法	（1）教学的设计是否得当，是否体现了教学改革的精神，是否处理好主导与主体之间的关系问题 （2）教学是否有合理的结构，是否做到教学方法的灵活性，是否将各个环节分配恰当 （3）教学是否有开阔的思路，是否采用现代化的教学手段，是否能够将学生的学习兴趣激发出来 （4）教学是否注重学习方法与学习习惯的指导	25	
教学基本功	（1）教学中是否运用了清晰、生动、规范的语言 （2）教学中是否保证书写的清晰与特色鲜明 （3）教学中是否有自如的神态，保证大方得体	15	
教学效果	（1）教学中是否保证热烈的气氛，是否给学生留下了深刻的印象 （2）教学中是否能够面向全体同学，是否完成了教学任务，是否实现了良好的教学效果	20	
综合评价		总分：	等级：

（资料来源：任美琴，2012）

显然，从表 8-5 中可知这类评价主要是评价学生能否接受教师传授的知识以及接受的程度；评价学生的学习情况来对教师的教学内容与教学方法的合适程度进行审查；评价教师的学习策略是否得当等。简单来说，这种教学评价是为教师服务的，并没有展现出学生的主体地位。

当前的教学强调有效教学，即发挥学生的认知主体地位，因此教学评价的对象需要从以教师为主导转向以学生为主体，对学生学习情况的评价内容与手段应该从单一转向多元，如对学生学习动机、学习兴趣等都可以进行评价。基于此，教学评价的对象才能转向学生，当然这里并不是说不对教师进行评价，只是说以学生的评价为着眼点，为学生创造更多适合学生学习的环境，对教师的评定标准也是考虑学生来制订的。

因此，主体性原则要求将学生作为评价主体，即评价活动以学生的发展作为目标，评价设计要有助于学生的多元化、个性化发展，发挥学生的主观能动作用，帮助学生形成积极的态度，同时不能损害学生的自尊心，要对学生予以爱护与尊重。

二、过程性原则

英语教学评价应该坚持过程性原则，这主要体现为两点。

其一，要全程性，即评价要在学生学习的全过程得以贯穿。

其二，要动态性，即对发展过程加以鉴定、诊断、调控等，对整个过程的发展方向加以把握。

英语教学评价对于过程评价非常关注，正是这一点，有助于提升学生的学习兴趣，增强学生英语学习的动机与主动性，从而有助于他们的自主学习。

第八章 大学英语教学评价改革

三、多样化原则

英语教学评价应该坚持多样化原则,这主要体现为三大层面。

其一,评价主体要多样化,即不仅涉及教师,还涉及家长、学生等,通过宽松、开放的评价氛围,对教师、家长、学生的参与予以鼓励。

其二,评价形式要多样化,即对学习过程予以关注,要从不同的内容与对象出发,考虑采用自评、互评等评价方式的多元化。

其三,评价手段要多样化,可以是教师观察,可以是学生量表等,教师从不同学生的学习差异与策略出发,采用恰当的评价手段,选择适合他们自己的评价方式,从而彰显出学生自身的优势,让每一位学生都可以体会到成功的喜悦。

四、实效性原则

英语教学评价强调实效性,即主要是从教育的现实意义与评价行为等层面考量的,其要求在具体的评价实践中,能够将评价的实用价值体现出来。

英语教学评价的实效性原则体现在评价方式上是非常方便的,即不要使用烦琐的程序,但是要保证评价的时机与质量,因此在设计评价内容与方式时,不能与英语教学的目标相脱离,要非常关注评价之后产生的实际效果。

五、发展性原则

英语教学评价应该为学生的发展服务,注重学生信心的树立,发现学生发展过程中所出现的问题,通过反馈对这些问题进行解决,促进他们更好地向前发展。对于发展性原则,一般包含如下几点。

其一,发展性原则要求英语教学评价应该从学生主体出发,将学生的需求作为出发点与落脚点。

其二,发展性原则要求英语教学评价的目的是促进学生的发展,即只要是对学生发展有利的层面,任何手段与技术都可以运用其中。

其三,发展性原则要求英语教学评价对每一位学生的个性特点与原有基础有所把握与关注,从而为每一位学生获得最佳的发展而做出努力。

通过评价,教师才能更好地引导学生对学生的原有基础、认知水平等进行鉴定,认识自己在发展过程中的不足,从而有针对性地进行改进与调整,对自己的学习过程进行优化,使学生获得最佳的发展。除此之外,发展性原则还要求教师对学生的态度、情感等进行关注,以帮助学生形成正确的价值观。[①]

---

① 吴秀英.英语教学基础理论诠释及创新视角研究[M].长春:吉林大学出版社,2019.

第三节　大学英语信息化教学评价的发展

信息化学习环境既为学习者提供了丰富的资源、技术和活动平台,同时也为评价的多元化发展提供了技术支持。信息化教学评价关注学习过程,强调评价的多元化。除传统的测试外,电子测试系统电子学档的评价、表现性评价、概念图评价等都是信息化教学常用的评价方式。

一、电子测试系统

一个完整的电子测试系统,实际上就是将计算机应用于传统的测验全过程。其工作流程包括题库建设与管理、智能组卷、考试、评卷、试题分析(包括试卷、试题和学生分析)等环节。试题分析的结果,一方面对下一轮的教学提供参考;另一方面要对原题库不合适的内容进行修改、增加、删除等调整工作,从而构成一个循环过程。

（一）题库建立和维护

题库是按一定的教育测量理论,在计算机系统中实现的某门课程试题资源的集合。当前,题库既可以在独立计算机系统中实现,也可借助网络技术形成网络题库。一个题量充分且经过精心组织的试题库是整个系统的基础,它决定了系统可能考试的科目和题型,还包含考试的全部试题及试题的所有相关属性(如知识点、分数、题干、选项、答案、难度系数、区分度系数、知识点等)。因此,在电子测试系统中,题库一般要事先建立,而且要能根据实际需要对题库中的试题进行添加编辑、删除和查询等。[1]

（二）智能组卷

首先根据测试目的,教师通过浏览器输入相应的组卷参数(如题目数量、总分、平均难度、平均区分度、参加考试的学生等);然后系统按一定的组卷策略自动从试题库中抽出相应试题,组成符合要求的试卷。另外,为保证所选试题能满足教师的特殊需要,电子测试系统还应支持教师的手工组卷,即教师逐个选择所需题目,组成试卷。

（三）测试过程控制

测试过程控制主要是完成对电子测试过程的控制,如远程实时监控,在需要时锁定系统,不允许学生进行与测试无关的浏览,控制测试时间,到时自动交卷等。

---

[1] 刘成新.现代教育技术:信息化教学理论与方法(第2版)[M].北京:电子工业出版社,2009.

第八章　大学英语教学评价改革

（四）试卷评阅

阅卷评分分为自动阅卷评分和人工阅卷评分，自动阅卷评分是针对客观题，如选择题、填空题、判断题等，学生完成考试后，由系统自动评分并将分数记录到数据库中；人工阅卷评分是针对主观题，如名词解释、简答题、论述题等，学生结束考试后，由教师在线阅卷评分，并记录到数据库中，再将客观题分数和主观题分数相加作为学生的总分记录到数据库中。

（五）测试结果分析

测试结果分析包括各学生成绩分析、所组试卷分析和题库中各试题的分析等。其中，学生分析是针对某个学生在某门课程的各次考试成绩进行的分析，包括其总得分、各题型得分、本次考试的平均分等；试卷分析是针对每一份试卷进行的，包括每份试卷的平均分、最高分、最低分得分分布情况、整份试卷的信度和效度分析等；每一试题的分析则包括使用次数、答对人数、实测难度、实测区分度等。

（六）学生成绩和分析结果的报告

电子测试系统一般能对客观题测验进行自动评阅，并实现对答题情况的即时反馈。而对于主观题，则是先提供即时的参考答案，待教师评阅完成后再给予具体答题情况和得分的反馈。

二、表现性评价

（一）表现性评价的内涵

表现性评价（Performance Assessment）通常也称绩效评价，它是通过观察学生在完成综合性或真实性任务时的学习表现来判断其发展过程和结果的评价方法。美国国会的技术评价办公室将表现性评价定义为"通过学生自己给出的问题答案和展示的作品来判断学生所获得的知识和技能"。这主要包含3层含义：第一，学生必须自己创造出问题解决方法（即答案）或用自己的行为表现来证明自己的学习过程和结果，而不是选择答案；第二，评价者必须观察学生的实际操作或记录学业成果；第三，评价必须能使学生在实际操作中学习知识和发展能力。

表现性评价既可以评价学生在完成表现任务过程中所表现的行为与心理过程，也可以评价表现性任务中所涉及的内容和完成任务的结果。其核心在于被评价者所执行的表现性任务与评价目标的高度一致性。它不仅将综合思考和问题解决联系起来，而且还让学生在合作中解决真实性或与现实生活相类似的问题，从而使教学更具有现实意义。

比如，要评价学生的计算机应用方面的某一能力，就应该让学生利用计算机来完成相应的设计或实践任务，在任务完成过程中观察学生的各种表现和结果，而不是让学生在试卷上回答操作步骤、程序方法等。作为一种新型评价方式,表现性评价与传统测验的区别主要体现在任务真实性、复杂性、所需时间和评分主观性等方面。①

(二)表现性评价的常用方式

1. 演示

演示是一种按照规定的要求进行操作的能力表现,学生可借助演示过程展示其能够运用知识和技能来完成一项特定的复杂任务。它通常指向展示学生技能的运用过程或熟练程度,而不是指向学生的思维过程或知识陈述。演示任务通常是定义良好的学习问题,学生和评价者一般都了解完成演示任务的正确步骤或最佳方式等,如要求学生演示实验仪器的操作使用方法、演示网络信息资源的获取过程或演示某项运动技能等。

2. 实验与调查

实验与调查也是一种按要求操作的能力表现,学生可以通过设计、实施及解释过程和结果来表现能力。实验与调查可以评价学生是否运用了适当的探究技能与方法,还可以评价学生是否形成了适当的观念框架,以及对所调查的现象是否形成一种基于学科知识的理论化解释等。为评价这些能力,在开始收集数据前评价者应要求学生进行估计与预测,再通过收集、分析数据来展示学习结果,得出结论并进行论证。②

3. 项目

项目主要有个体项目与群体项目两种形式,它是指需要学生个体或群体完成的一项探究性任务。个体项目通常用来评定个体综合应用知识技能的探究能力,而群体项目除考查学生的探究学习能力外,主要用来评价学生是否具备适当的合作学习或协同工作能力等。精心编制的研究项目应要求学生能综合应用知识技能解决问题,通过项目研究过程可以对学生综合运用知识的能力作出评价。项目通常需要持续较长的活动时间,如设计某个实物模型、开发某种功能产品、撰写一份研究报告等。

4. 口头描述与戏剧表演

口头描述要求学生说出他们的知识,并以会谈、演讲的方式使用其口语技能,如在语言及语言艺术课程中,许多学习目标集中于语言的流利及交流技能的方式上,而不是内容的正确性上。而戏剧表演则是将言语化、口头与演讲技能及运动能力表现结合在一起,如学生可以将他们对虚构人物或历史人物的理解,通过扮演角色将这些人的个人特点表现出来。

5. 作品集

作品集最初是艺术家、摄影师、作家用来收集和展示其作品的,后来被一些教育工作者用作表现性评价的基本方法或唯一方法。学生作品集是学习作品的有限集合,用于展示学生的最佳作品或记录学生在成长过程中的学习成果。通常情况下,用作学习评价的作品集

---

① 陈光海,汪应,杨雪平.信息化教学理论、方法与途径[M].重庆:重庆大学出版社,2018.
② 王海芳.教师怎样进行学生评价[M].北京:中国文史出版社,2007.

第八章　大学英语教学评价改革

并不仅包括学生作品的集合,还应包括判断优秀作品的标准,学生对作品的修改及对作品的自我分析与反思等。

（三）表现性评价的应用设计

1. 明确评价目标和标准

要根据课程标准和教学内容来构建评价目标和标准。所确立的评价标准要明确、简洁和可操作,而且还要尽量让每个学生都熟悉并能正确理解目标要求和标准量规。

2. 选择评价重点

按评价的重点不同,表现性评价可分为侧重过程和侧重作品两种。一般来说,如果表现性任务没有作品要求或者对作品进行评价不可行时,主要侧重对学习过程开展评价,如难以评价作品或评价作品的成本和代价过高。操作过程具有一定的顺序并可直接进行观察,正确的过程或操作步骤对后续学习或活动的成功至关重要,对过程的分析有助于提高结果的质量等。同样,在某些表现性任务中如果对结果具有明确要求,而且结果比过程更值得关注时,通常以学习作品作为评价重点。

3. 设置表现性任务

表现性任务的选择对学生应具有一定的新颖性和挑战性。要选择那些学生比较熟悉的生活情境或现实问题,以便要求学生在具体情境中综合运用他们所习得的知识和技能。任务设计不仅要对学习目标、评价标准任务结果、建议策略等作出具体说明,而且还要明确完成任务的时间要求与支持条件。另外,任务设计必须切实可行,要保证学生能有足够的时间、空间材料和其他资源完成任务,而且为完成任务所需的知识和技能都能在学习过程中获得。至于任务数目的多少,则主要取决于评价的范围大小、目标的复杂程度,以及完成每项任务所需的时间和可用的资源等因素。

4. 收集信息资料

在日常教学中对学生的观察往往并不系统,而且缺乏对观察结果的正规记录。因此,难以为评价学生的复杂表现提供全面、客观的信息。表现性评价是在具体的任务情境下来观察和记录学生的表现和结果,它通常需要使用行为检核表或评价量规表等观察并记录学习过程的系统化信息,并且与日常教学中的非结构化观察有机结合,以保证既能收集到与评价目标直接相关的信息,也能收集到其他有价值的信息和资料。另外,必须正确定位教师在表现性评价中的角色。教师在表现性评价活动中不再只是"权威",而且更应成为学习评价活动的促进者、指导者、管理者及任务开发者。

5. 形成评价结论

在形成评价结论时,应参考多种评价资料,从多维度、多层次对学生的表现进行综合评价;定量评价和定性评价相结合,既要关注学习过程,也要关注学习结果。表现性评价鼓励学生本人参与评价过程,将个人自我评价与小组相互评价相结合,以促进学生的自我反思和提高。

根据学生的表现,参照评价目标和标准,结合学生自身的因素和环境因素,以发展的观点指出学生的优势和不足,并提出有针对性的改进建议。作为教师,应当从表现性评价中认识到教学已经取得的成果和存在的不足,不断改进教学。

(四)评价实施及判分建议

(1)如果时间允许,可以让学生实际开展研究和有关技术实践,并针对学生在不同阶段和不同环节上的表现进行评判;也可以通过纸笔测试方式,要求学生制订详细的研究计划,并对计划考查的各环节的技术操作进行详细解释。

(2)对于学生的实际操作,可根据学生在不同阶段和不同环节上的实际表现依次制订评价标准并判分,最后累计学生在不同阶段和不同环节上的表现得出总分:首先,判断学生是否"会发邮件且会提交附件";其次,针对其提交的研究计划、研究报告和幻灯片分别制订评价标准并分别判分;最后,根据学生在上述方面的表现,考查学生在"信息搜索""信息评价与甄别""利用文字处理软件撰写研究报告""制作演示文稿"等方面的能力。

(3)如果希望考查学生活动过程的质量,可以围绕学生在活动过程中的规划意识和规划能力、信息技术应用水平(包括信息作品创作过程中的个性和创造性)、学习态度和参与意识、投入程度、交流能力与合作精神、问题解决能力等制订面向活动过程的评价指标。[①]

三、教学评价量规

(一)评价量规的内涵

量规作为一种学习评价工具,是用于评价、指导/管控和改善学习行为而设计的一套评价标准。它通常表现为二维表格的评分细则形式,并为学习过程、学习作品或其他学习成果(如一篇文章的观点组织、细节、表达等)列出具体的评价细则和标准要求,明确描述了每个准则从优到差不同水平的等级得分。从量规的功能形式使用方法等方面来综合理解,可以将学习评价量规界定为:根据教学目标要求从多个维度对评价标准和等级划分进行具体描述的说明性工具。

在信息化教学评价中,量规可广泛用来评价学生在学习过程中的认知过程、行为表现、问题解决能力、学生作品或学习成果以及情感态度和价值观等。其教学应用意义主要表现为3个方面。[②]

(1)量规依据教学目标要求从多方面详细规定相应的学习评价指标,它基本定义了什么是高质量的学习,可以有效降低评价的主观性和随意性;教师依据它评定学生学习过程和结果,学生也可以参照量规开展学习自评或同伴互评。

(2)量规可以向学生清晰描述教师的期望,并能向学生说明怎样才能达到这些期望。

[①] 陈光海,汪应,杨雪平.信息化教学理论、方法与途径[M].重庆:重庆大学出版社,2018.
[②] 刘成新.现代教育技术:信息化教学理论与方法(第2版)[M].北京:电子工业出版社,2009.

第八章　大学英语教学评价改革

当学生利用量规来评价自己的学习活动和作品时,他们会对自己的学习更具有责任感,有效地减少了学习的盲目性。

（3）量规运用可以大大提高评价效率,并使教师更容易向学生解释为什么获得某个等级分以及怎样做才能获得提高等。通过参照学习评价量规,学生也可以获得更多关于自我学习过程的反馈信息。

（二）评价量规的设计

随着信息化教学的发展,越来越多的教育工作者开始了解并熟悉评价量规,并已经开发了许多可供直接使用的量规资源,如《信息化教学——量规实用工具》一书中就提供了信息化教学评价的实用量规集锦。但为了更好地反映课程和教学的特点,教师仍需要经常自己设计学习评价量规。

1. 评价量规的设计原则

（1）一致性与科学性原则。量规要与教学目标或学习目标保持一致,而不应游离于目标之外。量规设计要讲究科学性,必须符合信息化教学的原则和理念,不能仅凭已有经验进行开发。

（2）系统性原则。量规体系应具有整体性联系性和层次性,要能对评价对象进行全面的衡量。当评价对象处于更大的系统中时,应注意它与周围情境的纵横联系。

（3）开放性原则。信息化学习包含诸多因素,内容复杂,不可能用一成不变的量规体系来框定。因此,量规体系必须是开放性的,评价者在教学过程中不仅可以灵活使用,而且通过相互借鉴还可以使评价量规不断得到修正、充实和完善。

（4）独立性与实用性原则。各量规项之间并不兼容,每个量规指标都独立提供评价信息,不能有重叠关系。量规设计要切合实际,既要保证提供足够的评价信息,又要考虑人、物、财力、时间等应用条件。

2. 评价量规的设计步骤

（1）量规设计应遵循的步骤

为了使评价量规能更好地体现教学目标并发挥其评价作用,量规设计一般应遵循以下步骤。

①分解学习目标,初定量规框架。学习目标可以被分解为若干层次,每个层次又可分解为若干不同部分或组成要素,可以根据获得的若干末级指标设计初步的量规体系框架。

②指标归类合并,确定量规体系。末级指标之间可能会有一定的功能交叠,照此组成的量规体系也会出现内涵重复现象。因此,应对初定的量规框架进行加工整理并简化提炼,删减重复条目并归类合并,再确立出具体的量规体系结构层次和功能作用。

③具体描述指标,确定量规赋值。对各具体目标的评价量规进行描述时,要根据目标要求写出期望达到的评语或要求,同时把量规分为若干等级,每个等级赋予权重分值,评价者根据学习期望或目标要求逐级进行学习评定。量规权重不仅表明了量规体系内各因素的相对重要程度,而且确定了各因素之间及量规和结果之间的关系,使评价结论能比较客观地

反映被评价对象的全貌。

④试用并修订量规。通过学生自评、互评和教师应用来试用已经设计完成的量规,对量规体系或指标权重提出意见,以便对量规设计进行修订和完善。

(2)量规设计应注意的问题

设计良好的学习评价量规,除了要遵循量规设计原则和步骤外,还应注意以下问题。

①让学生参与量规的设计。量规设计过程中的一个重要方面,就是把量规制订作为学习过程的一部分,尽量让学习者参与量规的设计,并通过和学生讨论制订有关学习量规,有助于学习者把标准和量规内化,使学习者更清楚整个学习过程和所要达到的目标。

②要根据教学目标和学生水平来设计结构分量。教学目标不同,量规结构分量也应不同。如评价学生电子作品时,通常从作品选题、内容组织技术、资源利用等方面考虑,而在评价学生网络学习参与时,则要从在线时间、参与讨论情况、小组合作情况、作业完成情况等方面进行考虑。另外,学生水平也是决定量规结构的一个重要方面,不符合学生水平的结构分量在评价时往往是没有意义的。[①]

③根据教学目标的侧重点确定各结构分量的权重。结构分量的权重设计与教学目标的侧重点有直接关系。对量规中各结构分量的权重进行合理设置,不但有助于教师进行有效的评价,还可以引导学生把握好学习方向。仍以电子作品为例,如果教学的主要目标是教会学生学习制作电子作品的有关技术,那么赋予技术、资源利用结构分量的权重要高些;如果主要目的是让学生通过电子作品展示自己对某一主题的观点,赋予选题、内容、组织等方面的权重则要高些。

④用具体的、可操作性的描述语言清楚地说明量规中的每一部分。在对量规进行解释时,应使用具体的可操作性描述语言,而避免使用抽象的概括性语言,同时还应避免使用不清楚或消极语言等。

(三)量规设计的权重确立

所谓权重,就是根据组成事物的要素在整体中的地位和作用不同而赋予的一定数值设计评价量规时,只有客观、准确地认识各结构分量的价值及其在总体目标中的比重,使权重赋值大小与该分量的重要程度密切吻合,才能保证评价结论准确合理。通常情况下权重应满足两个条件:一是取值为0~1;二是各结构分量权重之和为1。确定权重的方法有多种,如关键特征调查法特尔斐法、专家会议法层级分析法(AHP)、回归分析法等。其中,专家会议法和特尔斐法在量规权重设计中比较常用。[②]

1. 专家会议法

专家会议法即邀请一定数量的长期从事教育管理工作的干部、有经验的教师及有关领域的理论工作者共同讨论商定。此法的优点在于:①专家会议考虑的因素比每个成员考虑的因素全面;②有助于集思广益,互相启发,通过交换意见,思想碰撞,内外反馈,使结论更

---

① 刘成新,李兴保.信息化教学理论与方法[M].北京:电子工业出版社,2005.
② 刘成新.现代教育技术:信息化教学理论与方法(第2版)[M].北京:电子工业出版社,2009.

趋合理。但是,这种方法也有缺点,主要表现为易受心理因素的影响,比如,屈从于权威和多数人的意见,受劝说性意见影响等。

2.特尔斐法

特尔斐法因出自古希腊特尔斐地区的预言家而得名,它能够避免专家会议的不足,以保证各种意见互不干扰。在现代教育评价中,特尔斐法实际上是为了取得对某一指标或某些指标重要性程度的一致认识,在编制教育评价体系时进行的一种专家意见征询法。这种方法主要通过分发问题表的方式,向专家匿名函询征求意见,然后由组织者进行汇总,并作为参考资料再分发给每位专家,供他们分析判断并提出新意见。经过几轮反复的匿名函询,专家意见渐趋一致,最后便可得出结论。[1]

(四)评价量规参考案例

1.PowerPoint演示文稿制作量规

学生在学习幻灯片演示软件PowerPoint之前,需要掌握关于图形界面系统的相关技巧和概念,以便在这个学习单元中得以扩展,并可以以一种很有趣的方式得以应用。在学习使用PowerPoint的过程中,学生要根据选择的主题完成并演示一套幻灯片。通过将相关的图片加入幻灯片,学生可学习到如何将图像数字化及如何扫描图像,知道如何从网络上复制与主题相关的图片,学到如何注释与www有关的参考文献的引用。此外,还可以为幻灯片加入CD上的音乐片段或其他文件上获得的音频。表8-6为一演示文稿制作的量规。[2]

表8-6 演示文稿制作的量规

要求	评分依据	熟练/完成程度			
至少6张幻灯片	至少有6张幻灯片具有合适的背景、前景颜色,附有页眉、页脚	优4	良3	中2	差1 未完成0
大纲	通过将主要观点设置成大纲而使设计思路得以发展	优4	良3	中2	差1 未完成0
语法、拼写和结构	整套幻灯片表现出正确的语法、拼写、大小写使用	优4	良3	中2	差1 未完成0
使用扫描仪	至少有1张图片是通过扫描仪扫描得到,并经正确的调整与剪裁引入幻灯片中	优4	良3	中2	差1 未完成0
使用数字图片	至少有1张图片是通过数码相机得到,并通过绘图软件编辑后经过正确的调整与剪裁引入幻灯片中	优4	良3	中2	差1 未完成0
音效	音效引入恰到好处,不会影响人们对幻灯片内容的关注	优4	良3	中2	差1 未完成0

---

[1] 陈光海,汪应,杨雪平.信息化教学理论、方法与途径[M].重庆:重庆大学出版社,2018.
[2] 顾小清,龚进明.教育技术基础:技术支持的教与学[M].上海:上海大学出版社,2003.

续表

要求	评分依据	熟练/完成程度				
动画及幻灯片之间的转接效果	动画及幻灯片之间的转接起到增加生动性引起兴趣的作用,但不能让人目不暇接	优 4	良 3	中 2	差 1	未完成 0
备注页	至少制作两个备注页并打印出来	优 4	良 3	中 2	差 1	未完成 0
创造性	整套幻灯片的设计富于创意,使用多样音频与视频图像来增加幻灯片的趣味性	优 4	良 3	中 2	差 1	未完成 0

2. 案例教学评价量规

在案例教学评价中,通常可以从如何选择恰当的案例、教师如何指导案例教学,以及学生的学习参与3个方面来进行评价,见表8-7。

表 8-7 案例教学的评价量规表

评价项目	参考标准
案例选择	(1) 案例是真实的 (2) 事件具有一定的复杂性 (3) 能引发学习者展开讨论 (4) 案例必须是开放式的,答案是多元的
教师指导	(1) 将教学置于案例中 (2) 组织与引导学习者的学习与讨论 (3) 示范专业的思维与行动方式 (4) 提供指导与反馈 (5) 创建协作性学习环境
学生参与	(1) 能对案例作出有意义的分析 (2) 能积极参与课堂讨论 (3) 能把前面学到的有关知识和正在学习的案例整合起来

3. 基于问题学习的评价量规

评价是对整个PBL学习模式实施过程和学习效果的整体检视。从评价内容来看,应主要对能力提高、知识获取、合作情况学习态度和最终作品等方面进行评价,具体评价指标体系见表8-8。

表 8-8 基于问题学习评价指标体系

一级指标	二级指标	三级指标
能力提高 (50%)	信息收集	紧扣主题,从多种渠道收集信息并正确标明出处
	分析能力	独立分析信息并得出合理结论
	创新能力	灵活处理学习中的问题,对问题提出多种答案,问题解决方案有创意
	解决问题能力	有效地解决问题,并设计出行之有效的解决方案
	自主学习能力	独立完成所承担的任务,独立查找、分析信息、设计问题解决方案

续表

一级指标	二级指标	三级指标
合作情况（30%）	决策能力	对学习过程中遇到的问题做出及时判断、分析，并提供有效的解决办法
	合作能力	有效分享，相互提供有效协助，通过多种方式与他人合作
	任务完成情况	完成所承担角色应完成的任务，并给他人提供建议
	配合	合作默契，与别人共同商讨，寻找解决方案，并积极听取他人建议
	交流	通过多种途径，积极、主动地与人交流、交换与主题相关的资源、信息
	任务分工	按照学生兴趣、能力进行合理、明确的分工
学习态度（10%）	参与	主动、积极参与，符合各阶段进度及要求，认真解决学习中遇到的困难
	准备情况	准备好学习所需的材料、工具，并积极准备小组成果的各种证明材料
	出勤	准时参加各种讨论/交流活动
最终作品（10%）	口头报告	组织准备充分，条理清晰，研究有深度，结果准确，论据充分，观点新颖
	书面报告	观点新颖，包含研究细节，结论符合逻辑，报告有图片、表格等辅以说明，行文流畅
	作品形式	形式美观，内容丰富，有新意，使用综合媒体，以多种方式展示自己的发现和智能

4. 基于资源学习的评价量规

评价以目标为指向，基于资源的学习目标包括两大部分，评价也同样包括两个部分，即对课程目标达成状况的评价和对信息素养目标达成状况的评价。对信息素养目标达成状况的评价分为研究问题表述评价、支持资源的提供评价和信息收集的方法评价3个方面，见表8-9。

表8-9 基于资源学习的评价量规

分类	评分	评价指标
研究问题表述	0	没有对问题加以表述或表述的问题不适合进行系统研究
	1	表述不清晰，或虽然表述较确切但问题过于宽泛
	2	表述清晰、确切，并且关注的是一个可以回答的问题，而非宽泛的主题
	3	提出了与中心问题相关的其他问题
	4	讨论与建构对相关信息资源的理解，如统计资料、官方文件、学术期刊论文、图书报告、评论和报纸等
支持资源提供	0	没提供引用资源
	1	提供了资源，但与研究问题不相关
	2	提供了有限的资源，但与研究问题只有一点关联

续表

分类	评分	评价指标
	3	提供了有限的恰当的资源,并且与研究问题相关
	4	提供了足够的恰当的资源,并且与研究问题相关
	5	确切地引用了资源,并运用资源提出了与研究问题相关的证据
	6	参考了各种类型的资源,如统计数据、报纸、论文和文件等
信息收集方法	0	没提供方法
	1	对运用恰当的信息工具去访问资源进行了描述
	2	用附页陈述数据库检索中找到的重要观点与相关词汇
	3	附上在不同数据库检索中运用不同检索策略的例子
	4	附上关于改进检索策略以得到更多相关结果的讨论
	5	简要描述对一个具体的数据库进行有效检索的原则
	6	确定评价资源可靠性的标准
	7	提供对研究中信息收集过程所作的反思

5. 研究性学习过程评价量规

研究性学习的整个过程为:提出研究问题—提出假设—收集资料—分析处理信息—得出结论—展示主题等,评价可以分成对整个研究过程的评价和对其中某一项内容的评价两种方式。表 8-10 适应于评价学生的研究性学习过程。

表 8-10 研究性学习过程评价量规

评价的准则	3	2	1	得分
提出问题	教师给出主题,学生自己确定问题	教师给出主题,学生在教师的引导下提出问题	教师给出问题	
推理、假设	学生利用已有的知识、技能和经验自己独立完成推理、假设	在完成推理、假设的过程中,教师只需要提供极少的帮助	学生在教师的引导下完成推理,假设	
信息收集	从多种电子和非电子的渠道收集信息,并正确地标明了出处	从多种电子和非电子的渠道收集信息	仅从极少数的电子和非电子渠道收集信息	
分析、处理信息	学生独立分析信息,得出结论	在教师的引导下分析信息,得出自己的结论	完全引用所收集到的信息	
小组合作(内部)	每个小组成员都积极参与小组活动	部分小组成员参与小组活动	仅有极少数小组成员参与小组活动	
小组合作(外部)	不同小组之间互相交流情报、心得,或在活动中相互帮助	不同小组之间交流不多	不同小组之间几乎没有交流	
成果展示	能综合使用多种形式展示自己的成果	能综合使用几种形式展示自己的成果	仅使用有限媒体展示自己的发现	

6. "Intel 未来教育"单元作品评价量规

在"Intel 未来教育"的教学设计过程中,教师应根据单元计划项目评价量规从技术整合、学生学习、单元实施学生评价等方面对自己所设计的单元计划项目进行评价,若有问题,应进行必要的修正,见表 8-11。①

表 8-11　单元作品评价量规

项目	优	良	差
技术整合	①拟采取的技术方法能吸引学生注意力,符合学生的年龄特点,有利于学生学习,能促进高级思维技巧的培养 ②技术是单元计划成功不可或缺的因素 ③学生范例明显体现了技术运用和学生学习之间的联系 ④把计算机当作探究工具、发布工具和交流工具来使用,技术方法确实增强了单元计划的效果	①拟采取的技术方法能吸引学生注意力,符合学生的年龄特点,但是对于如何增进学生的学习不是很清楚 ②技术是重要的,但对本单元来说并非不可或缺 ③学生范例的技术运用与学生学习之间有一定联系 ④在一定程度上把计算机当作探究工具、发布工具和交流工具来使用	①拟采取的技术方法不能吸引学生注意力,不符合学生的年龄特点,不能增进学生的学习 ②技术的重要性对本单元学习项目的作用不明显 ③学生范例不能表现技术运用与学生学习之间的联系 ④单元计划未能利用计算机的研究、发布和交流功能
学生学习	①单元计划要求学生解释、评价、推理或综合信息 ②学习目标明确,条理清晰,而且以基本问题和单元问题为支持 ③学生范例讨论单元问题的方式有新意 ④所有学习目标都与学科课程标准或教学大纲有明显关联 ⑤单元计划有精心设计的、适应不同学习者的调整措施	①单元计划要求学生分析和应用信息、解决问题或作出结论 ②较好地定义了学习目标,基本问题和单元问题的支持程度一般 ③学生范例讨论单元问题的方式比较普通 ④部分学习目标与课程标准或教学大纲有关联 ⑤单元计划较少地提供了适应不同学习者的调整措施	①单元计划仅要求学生定义、鉴别、描述或概述,很少用到高级思维 ②学习目标模糊,基本问题和单元问题的支持不明显 ③学生范例讨论单元问题的方式缺乏新意 ④学习目标与课程标准或教学大纲几乎无关联 ⑤单元计划无法适应不同学习者
单元实施	①单元计划提供了精心设计的范例和实施指南 ②单元计划容易修改,能够在各类教室中实施	①单元计划具有示范意义,但实施指南欠完整 ②单元计划或许可以在其他教室实施	①单元计划模型和实施指南均欠示范意义 ②单元计划只能在教师本人的教室中实施
学生评价	①单元计划包括了真实评估和评价手段 ②学习目标和学生学习评估之间有明显关联 ③评价工具包含切合主题的具体指标,对学生明显具有支架作用	①包括用于大多数学习目标的评价手段 ②学习目标和学习评估之间有所关联 ③评价工具包含了切合主题的具体指标,但对学生作用不明显	①不包括用于学习目标评价的手段或手段与目标不相匹配 ②学习目标和评价工具的关系不明 ③评价工具仅包括一些宽泛的标准

---

① 陈光海,汪应,杨雪平.信息化教学理论、方法与途径[M].重庆:重庆大学出版社,2018.

第九章　网络视角下的大学英语教学创新思维

近些年来,信息技术的发展为大学英语课堂教学的有效开展提供了更多的技术支撑。在新课改精神的指导下,网络教学逐渐受到重视,并且将其与传统的课堂教学相结合,能显著提高大学英语教学质量,促进教学资源的优化。

第一节　大学英语网络教学简述

网络在大学英语教学中的应用,为大学英语教学注入了新的血液,使其更加蓬勃发展。本节将对大学英语网络教学进行简要论述。

一、网络英语教学的定义

因特网是迄今为止最丰富、最具创新性、最复杂的交际媒介,它集超文本、多媒体虚拟现实、神经网络、数字技术和人工智能于一体。因特网具有三个基本特征,分别是互动性、超文本和互联性。这些特征使得它与以往帮助记忆的信息技术不同,它的智能化程度很高,而且超越一切时空的界限。人们的阅读、写作、交际,甚至工作和生活方式都因此发生了巨大的改变。因特网也给教育带来了变革,网络英语教学成为一个潜力巨大的外语教学模式。

网络英语教学可被简单地定义为利用计算机网络开展的英语教学活动,它包括局域网和因特网,这里主要指因特网上的英语教学活动。具体来说,网络英语教学是利用因特网上的电子邮件功能、视频会议系统、万维网、讨论组、新闻组、聊天室、搜索引擎以及文件传输协议(File Transfer Protocol, FTP)、超级文本标记语言(Hyper Text MarkupLanguage, HTML)等工具来进行的外语教学活动。从发起者的角度来分,网络英语教学可能是个人的、学校的、社会的;从学习过程来看,网络英语教学可分为正式的、系统的课程学习和非正式的、零碎的学习。网络英语教学可以是学习者个体利用网络资源或通过网络课件进行的自主学习,也可以是以学习小组为单位通过网络进行交流与合作的协作学习,还可能是参加学校开发的正规网络外语课程的学习。[1]

---

[1] 莫琼,黄炜,何东林,等.大学外语教学改革与实践研究[M].昆明:云南大学出版社,2012.

第九章　网络视角下的大学英语教学创新思维

二、大学英语网络教学的特征

相较于传统的大学英语教学,大学英语网络教学优势突出,特点鲜明,其实施和开展对提高教学质量和培养学生的英语能力具有重要意义。

(一)开放性

网络教学具有开放性特征,这主要体现为其扩展了教师这一客观的教学环境,将课堂教学扩大至有"信息海洋"之称的互联网上,教师和学生都不再局限于课堂,而是可以通过网络查找和学习语言资料,教学和学习都具有一定的开放性。

(二)交互性

网络教学实现了多种互动方式的互动,包括师生互动、生生互动和人机互动,而且这些互动方便快捷,不受时空限制。网络教学不仅为学生提供了练习词汇、听力、口语、阅读能力的平台,也为学生提供了丰富且真实的英语互动平台,如电子邮件、BBS、聊天室等。并且通过网络的互动具有实时性,这又进一步提高了教学反馈的速度,有利于学生学习效率的提高。

(三)灵活性

通过运用网络技术,大学英语教学变得更加直观、灵活和便利。网络多媒体集文字、声音、图像、视频于一体,这可以使教师的教学更加直观,可以有效调动学生的学习积极性,可以切实锻炼和提高学生的听说能力,还可以丰富学生的语言文化知识。根据具体的教学需要,教师可以灵活运用网络教学手段有效开展英语教学。

三、大学英语网络教学的原则

如果缺乏相应原则的指导,大学英语网络教学也难以将自身的优势与特征完全发挥出来。因此,大学英语网络教学的开展应遵循一定的原则,具体包含以下几项。

(一)认知原则

开展大学英语网络教学,首先要遵循认知原则,即做到以下两点内容。首先,关注学生的认知发展,提高学生的认知策略。其次,关注学生的认知,根据学生的认知风格进行有针对的指导。在实施网络教学过程中,教师应根据学生的认知原则做到因材施教,有效培养学生的认知能力。

（二）主体性原则

所谓主体性原则，是指在教学过程中明确学生的主体地位，将学生作为教学活动的中心。在大学英语网络教学中，教师应明确学生的主体性，鼓励学生积极参与教学活动，引导学生选择适合自己的教学内容，并帮助学生构建自己的知识体系。

（三）系统性与最优化原则

教师在开展大学英语网络教学时，要遵循系统性与最优化原则，使教学内容系统，教学目标渐进化，继而实现教学的系统化和最优化。具体而言，教师应根据学生的实际需要和现有水平选择教学材料，做到难易交错、循序渐进，使学生系统地掌握知识。此外，教师应紧跟学生的进度，及时发现学生学习中存在的问题，并帮助学生解决问题，实现教学最优化。

四、大学英语网络教学的理论基础

（一）视听教育理论

1. 视听教育理论的核心——"经验之塔"

在教学过程中，教师经常会采用各种视听教学媒体，这些教学媒体占有较为重要的地位，从视听教育理论中可以得到验证。"经验之塔"理论中，人们获得的经验主要包括三种，分别是做的经验、观察的经验和抽象的经验，同时也对人们获取经验的方法进行了分类。

做的经验主要包括直接有目的的经验、设计的经验、游戏的经验。

（1）直接有目的的经验

在"经验之塔"模型中，位于最底部的是直接有目的的经验，指的是从日常生活的具体事物中获得的知识，这类经验最具体也最丰富，从日常生活中总结而来，学生获得直接经验是形成概念和进行抽象思维的基础。

（2）设计的经验

通过间接材料（如学习模型、学习标本等）获得的经验就是设计的经验。由人工设计、仿制的学习模型和标本与实物是有差异的，尽管如此，学生利用这些材料可以更好地理解实际事物。

（3）游戏的经验

通过演戏、表演等获得的经验更接近现实。学生要获得关于社会观念、意识形态、历史事件等事物的经验，通过直接实践是行不通的。

上述这三种经验的共同特征是都通过学生的亲自实践而获得，比较具体、丰富。

观察的经验主要源自如下几个层面。

（1）观摩示范。学生先模仿别人，再亲自尝试，以获得直接经验。

（2）广播、录音、照片与幻灯。学生听录音、广播，看幻灯与照片，可获取相关信息，形成视听经验。这些经验来源的真实性不及电视、电影,比较抽象,但和完全抽象的经验相比,还是具有直接性的。

（3）参观展览。学生通过观察展览活动中陈列的实物、图表、模型、照片等事物而获取经验。学生在参观展览中看到的事物缺乏真实性,不具有普遍意义。

（4）电视与电影。利用电视、电影艺术可以将教学中的难点内容形象表现出来,表现手法有编辑、动画、特技等,采用这些丰富的手法可以生动形象地呈现教学内容,使学生理解起来更方便。电视和电影相比,具有直接功能,学生观看电视获得的经验比观看电影获得的经验相对来说更直接一些。

（5）见习旅行。学生在参观访问、考察等活动中对真实事物进行观察与学习,从而增长见识,获得丰富的经验。在学生的学习过程中,抽象思维伴随着其整个过程,只是在程度上存在某些差异。

这些经验的共同之处就是,都是由学生进行"观察"而得到的,它们在"经验之塔"中所处的位置越高,就说明越抽象。

抽象的经验主要包括从言语符号和视觉符号获得的经验。

（1）言语符号。"经验之塔"模型最顶层的言语符号在整个模型中的抽象程度最高。言语符号并不能单独发挥作用,而要和模型中的其他材料结合起来发挥作用。

（2）视觉符号。诗句符号经验主要来自示意图、图表等事物。学生应正确认识诗句符号所代表的事物,基于此才可以真正学到知识,从而得到有价值的经验。

2．"经验之塔"理论的要点分析

"经验之塔"理论具有以下基本要点。

第一,"经验之塔"模型中最底层的经验是最直接和最具体的学习经验,学生容易掌握;层次越高,经验的抽象程度和间接程度就越强。最抽象的是顶层经验,这一层次的经验便于形成概念,应用起来较为便捷。

第二,观察经验在经验值塔中处于中段位置,和抽象经验相比,这类经验相对更形象、具体,更容易被学生理解,有利于对学生的观察能力进行培养,并使其直接经验得到弥补。

第三,获得具体经验并不是学习的目的,要在获得具体经验后过渡到抽象经验,以形成概念,便于应用。

第四,在学校教学中,为了使教学更直观、具体,应充分运用丰富的教学媒体手段,这也是使学生获得更好的抽象的重要手段。

总之,"经验之塔"理论模型对学习经验进行分类,说明各种经验的抽象程度,这与人们的认知规律相符,即从具体到抽象、从感性到理性、从个别到一般。

3．视听教育理论的优劣

视听教育理论的核心是"经验之塔",对现代教育技术起到以下几方面的作用。

第一,"经验之塔"理论将学习经验分为具体和抽象量大类,并指出学生学习过程中体现出由直观到抽象的规律,这符合人类的基本认识规律,为教学中对视听教材的应用提供了重要的理论依据。

第二,为划分视听教材的类型提供了重要的理论依据,也就是说,对视听教材进行分类时,主要应根据各教材所对应的学习经验的抽象程度进行划分,对视听教材的合理分类能够为划分教学媒体的类型和优化选择教学媒体奠定基础。

第三,有机结合视听教材与课程,这是现代教育技术研究与应用的思想基础。

另外,视听教育理论也存在很明显的不足,具体体现在以下几点。

第一,过于重视视听教材本身的使用,并未充分重视设计、开发、制作及管理等一系列环节。

第二,并没有正确认识媒体在教学过程中起到的作用,仅将视听教材作为教学的辅助技术,这会影响视听教育的发展和教育改革的进程。

(二)程序教育理论

程序教育的概念源自行为主义学习理论,该理论中对关于程序教育的原则进行了总结,随着教学原则的不断完善,程序教育理论也逐渐形成。程序教育理论提出,为了最大化地提高强化的频率,最大限度地降低教育中因出错带来的消极反应,应将教学内容分解为一个个相互关联的教育单元来有序实施。程序教育原则是根据刺激—反应—强化的原理总结而成的。

五、大学英语网络教学的发展现状

(一)教师发展现状

网络技术发展对教师对于教学信息的加工、传播、反馈与收集能力提出了一定的要求。新时期,大学英语教师要胜任网络技术并合理应用于大学英语教学,就必须掌握一定的信息技术知识,并具备现代信息的加工、处理能力。具体分析如下。

网络时代对整个社会有着很大的影响,对人民的生产、生活、学习等产生了较大的改变。在教育层面,也逐渐改变了大学英语教师的角色,传统教学中的教师是教学内容的唯一提供者,但是在信息化时代下,学生除了从教师那里获取知识外,还可以通过很多渠道获取知识,大学英语教师的角色也发生了突变,即成了引导者、辅导者、指导者。

网络技术辅助下的大学英语教学对教师提出了更高的要求。具体来说,教师不再仅仅扮演知识的传授者与引导者的角色,他们的角色更加多元化。因此,大学英语教学与网络技术的融合还要求教师不断提升自己的专业化水平,促进自身的专业化发展,从而适应信息时代对大学英语教师的要求。

(二)学生发展现状

学生是教学的对象,教师的一切决策都要围绕学生开展,教师应充分考虑到学生群体和学生个体的身心特点与学习、发展需要。教师应关心和尊重学生,为引导学生积极参与教学创设良好环境与情景。

在网络技术背景下,教学活动中学生的主体性地位发生了变化,主要表现在以下几个方面。

(1)对教育对象的自主选择权。学生对教师教学的影响并非无条件地接受,他们要求教师的教学尽量适应学生的发展需求,学生有根据主体意识,积极地或消极地进行选择的权力。

(2)对教学内容的自主选择性。学生主动参与教学内容选择是当代教学思想所提倡的,学生选择教学内容是学生自主性中最活跃的因素。

(3)参与教学活动的积极性和主动性。学生在学习过程中能积极地参与教学活动,并能以自己已有的知识经验、认知结构主动地认识、理解、吸收新知识。

(三)师生互动现状

在网络技术出现之前,教师与学生的交流与沟通的场所主要是教师、操场、学校活动中心。

在教室内上课的过程中,教师与学生之间首先要完成本次课的教学任务,然后才能进行课程外学习内容的交流,因此,师生在学校各教学场所的交流是十分有限的。很多教师在完成教学工作后忙于其他事情(如进行科研),也没有时间与学生交流,师生交流缺乏主动。

课堂之外,学校教师在学校除了日常教学还有很多其他工作,学生的校园生活也十分丰富,由于师生的教与学的任务不同,这就更加使得师生课堂关系难以在课外继续保持良好的关系和联系。

网络技术的发展和教学应用,为师生之间的更加频繁的交流提供了技术支持,但是,由于线上网络课程教学中,师生不是面对面的,因此,教师很难像在真实课堂教学中那样监督学生,也不能给每一学生形成一种紧张、专注、融洽的课堂环境氛围,因此,很多学生在线上课程的学习中都处于沉默、"潜水"状态。[①]

网络技术辅助下的大学英语课程教学中,学生的"线上沉默"有一部分原因是课堂时空环境和氛围造成的,此外,也受教学内容难易程度、教学内容呈现方式、教师的线上互动方式方法等有密切的关系。

第二节 大学英语网络教学实施的意义

现在,网络技术在各个领域都发挥着重要作用,对英语教学的影响也十分显著。在大学英语教学中运用网络技术,可以突破时空的界限,学生可以选择自己合适的时间和地点进行学习,教师可以在浩瀚的网络资源中寻找可以辅助教学的资料。总体而言,在大学英语教学中实施网络教学有较为重要的意义,这集中体现在以下几个方面。

---

① 张会丽.教育信息化2.0时代的智慧教学新探索[M].长春:吉林科学技术出版社,2019.

一、提高教学效率

所谓教学效率,具体是指一定时间内完成的更多教学任务,或者完成相同教学任务量使用更少的教学时间。网络技术的发展和英语教学的结合可缩短英语教学时间。在学习过程中,学生利用的感官越多,越有利于学生对知识的记忆、理解,就越能帮助学生获得较佳的学习效果,进而提高英语教学的效率。[①]

二、转变师生角色

在网络与英语教学结合的过程中,最大的障碍是教师角色的转变。很多研究者认为,网络环境下的英语教学通过"传递信息"和"吸收内化"过程的转变,教师由知识的传授者转变为学生学习的指导者、服务者;学生由被动的接受者转变为主动的研究者。

三、扩大教学规模

网络技术能扩大教育规模,加速英语教学的发展。从当前我国的英语教学现状来看,国家正在实施科教兴国战略,充分利用网络技术,开展各种远程教育,更多的偏远地区的学生受益,客观方面大大节省了师资、校舍和设备,并有效促进了英语教学规模的扩大。

四、更新教学观念

网络技术的创新与应用可使教师对教学过程与教学资源利用有新的思考,进而促进教学观念的更新。传统的英语教学以教师为中心,教师作为传授知识的主体,在英语教学过程中发挥着十分重要的作用,而且这种作用被放大化,整个教学都围绕教师来进行,学生只是被动地参与学习。不仅增加了师生之间的交流与沟通、实现了师生之间的交互的双向教学,教师从单纯地讲授书本知识转变为利用多媒体技术进行教学设计,网络技术在英语教学过程中的应用,教师也在英语教学过程中逐渐建立起以学习为中心的观念;"应试教育"更加彻底地向"素质教育"转变。

五、提高教学质量

大学英语教学与网络技术结合显著地提高了英语教学的质量。具体来说,英语教学质量的提高表现在英语教学过程中真正实现了英语教学目标,促进了学生的德、智、体、美等多方面的发展。网络技术对英语教学质量提高的促进具体分析如下。[②]

首先,网络技术为教学提供技术支持,能为现代英语教学提供一个良好的交互环境,给

[①] 张会丽.教育信息化2.0时代的智慧教学新探索[M].长春:吉林科学技术出版社,2019.
[②] 同上.

学生提供更自主学习的机会,有助于增强学习效果,促进学生主动发展、个性化发展,提高个体化英语教学品质。

其次,在新时代,网络技术与英语教学的结合无时间、空间的限制,有利于创建英语教学的大格局,能更加高效地调动各种英语教学资源,使得优质的英语教学资源得到有效整合,扩大优质的英语教学资源的受益面,进而促进英语教学质量的整体提高。

最后,现代化的英语教学强调高素质全面发展的人才的培养,强调学生的发展应与社会发展相适应。新的英语教学观念将会催生新的英语教学质量评估体系和评价方式,并有助于建立信息全面的大数据跟踪与检测,促进每一名学生的真正全面发展。[1]

六、促进教学改革

网络技术的发展是英语教学改革与发展的制高点和突破口,引起了英语教学领域的多方面变革,具体分析如下。

（一）英语教学组织形式的变革

在传统的英语教学中,英语教学组织形式是以学校、班级和课堂为主场所,学生的统一化教学仍是主要教学形式,学生的个性化教学难以实现。随着网络技术在英语教学中的应用,学生的小组学习、个别化学习成为可能。

（二）英语教学手段与方法的变革

网络技术在英语教学实践中的应用,为教师的多样化灵活教学提供了更多的技术支持,也能丰富学生的感官体验,有助于提高教师和学生的教与学的积极性与主动性。能为学生的不同英语内容的学习提供最佳的教学环境与教学体验。

（三）英语教学模式的变革

在英语教学模式上,传统的英语教学模式限于教室、教师、黑板和教科书。现代教学媒体改变了原有英语教学过程的结构,形成了多种人—机结合的教育新模式。网络技术在英语教学中的应用突破了有围墙的学校模式,使教师的"教"与学生的"学"均摆脱了学校、课堂、时间、地域的限制,远距离教学的模式——"网络大学""开放大学""全球学校"得以实现。

七、匹配学习活动与学习环境

按照学习过程是否需要交流协作或独立思考,可以将学习分为独学和群学。独学以独立思考为特征,如知识传授;群学以协作交流为特征,如知识内化。学习环境也有两类:私环境和公环境。私环境如家里,安静,干扰少,适用于独立思考,适用于独学;公环境如课室,

---

[1] 姜忠元.现代教育技术基础[M].北京:中国社会科学出版社,2013.

公共场所,适用交流分享、协作探究,适用于群学。网络与英语教学结合的最大潜力和最大特色可以认为是实现学习活动与学习环境的完美结合与匹配。①

第三节 大学英语网络教学的具体模式

随着网络技术的发展和在大学英语教学中的运用,大学英语教学模式也在不断更新和变化,并产生了新的基于网络的教学模式,微课教学模式、慕课教学模式、翻转课堂教学模式和线上线下混合式教学模式。这些先进的教学模式不仅更新了当代英语教学的理念,也改变了传统"满堂灌"的教学模式,对促进英语教学质量的提高具有重要意义。

一、微课教学模式

信息技术的发展促使着人们的学习方式发生了改变。在网络及"微时代"的双重影响下,微课模式已经悄然进入英语教学领域,并成为探索新型教学模式的一个重大突破口。微课是一种新的网络学习资源,并在国内迅速发展,成为新兴的大学英语教学模式。

简单而言,微课是一种在线课程,它以短小精趣的微视频为主要载体,围绕某一单一知识点而展开教与学活动。作为一种全新的教学资源,微课是基于传统单一资源类型的教学课例、教学课件、教学设计、教学反思等发展起来的。

微课有着几个显著的特点。

首先,视频是微课的核心载体,组成了多样化的资源。学习和教学中的知识点由教师以教授的方式,录制成短视频,然后通过多媒体、学生反馈意见等形成独立的教学资料,仅供学生观看和学。

其次,微课主题突出,短小精悍。微课视频的时间长在10分钟左右,主要目的是展现学科知识点,或者反映课堂教学流程和教学活动,适用于学生课前课后学习。

最后,易于获取和传播。微课是针对某个知识点的讲解,而非某项课程教学,微课可以让学生在短时间内获取视频内容,容易提高学生的学习兴趣。

(一)微课应用在大学英语教学中的优势

1. 不受时间限制,随时随地是课堂

众所周知,课堂教学的传统模式就是上课的时间是规定好的,上课的地点也是固定的,因此,大学使用这种教学模式就会对学生完成教学任务、吸收知识与课后的评价产生制约。运用微课正好能缓解这些限制。当前科技快速发展,网络也遍布全球,学生在任何时间和空间都能应用网络,几乎人人都有手机,为学生随时随地观看微课提供了现实条件。这样学生就可以完成课前预习、课后复习、背景了解、知识巩固等各种学习内容。在通过微课进行学

---

① 王奕标.透视翻转课堂:互联网时代的智慧教育[M].广州:广东教育出版社,2016.

习的过程中也能提升学生的自主学习能力。

2. 短小精悍,针对性强

戴维·彭罗斯在2008年率先提出了微课一词,并且指出微课就是未来教师为了向学生传递知识点与概念制作的短视频,每段视频大概为1～3分钟。近些年来,我国研究微课的人也越来越多,研究逐渐深入,许多专家对微课进行了定义。胡铁生指出,通过微型教学视频对某个知识点与教学环节设计开发的新型情景化、能够支持多种学习方式的在线网络视频课程就是微课。在国内外众多学者对微课的定义中可以看出,"微"是其核心,微课最重要的一点就是短小精悍。当前社会是信息化社会,众多的信息都需要人们去接收,也有更多的事情等着人们去做,学生在课下不可能会花费相当多的时间去观看学习视频。而每段微课视频的时间都很短,针对的是一个知识点,并将这个知识点中所有的重点内容都呈现于视频之中,不必花费学生太多的时间,也更容易让学生清楚明白,使学生在进行课堂学习时拥有更高的学习效率。

3. 类型多样,顺应不同教学需求

微课操作起来相当灵活方便,按照教学需要能够开展各种各样的微课形式。胡铁生提出,微课可以根据教学内容的性质、教学方法、使用对象和主要功能、最佳传递方式、微视频的主要录制方法等分成几种不同的种类。举例来说,根据教学方法的不同,将微课分成讨论类、实验类、探究学习类、问题类、练习类等;根据最佳传递方式的不同,将微课分为活动型、解题型、讲授型等几种类型;根据录制方法的不同,将微课分为录屏型、摄制型、混合式等几种类型。教师必须在教学需求的基础上设计微课课程,微课虽然短小,但凝结了教师的教学理念和设计思路。

(二)微课在大学英语教学中的意义

在大学英语教学中运用微课开展教学,可以为学生创造直观而且优良的教学环境,能让学生将全部精力放在英语学习上,对于英语教学而言意义重大。具体而言,微课在大学英语教学中所发挥的作用体现在以下几个方面。

1. 推动了大学英语教学模式的改革

教育改革的推进深受新型教育模式的影响,大学英语教学改革也在这种模式的推动下不断深化。传统的大学英语教学模式形式陈旧单一,无法满足学生的需求,也无法适应当代社会的需求。通常是一节课中课程讲授量大,往往会超出学生的接受限度,学生多感觉课堂教学无聊乏味,如果使用微信或者QQ发布英语知识点讲解,则会更加受欢迎,因此微课是当代创新性的教学方式,属于知识的传递者,能够满足学生的具体需求。

将微课教学运用于大学英语教学,可以加速教学改革,更新教师的教学结构和教学理念,使教师顺应时代的发展和学生的需求,也能让英语教学跟上时代发展。此外,微课推动着大学英语课程内容和体系的改革,微课通过时代信息技术,整合教学资源,可以扩大教学途径,转换学习视角,丰富教学资源,改革课程体系。

2. 顺应时代发展

互联网技术的发展,使得人们更加方便地去接收信息。随着互联网进入微时代,微视频、微信、微博等逐渐兴起,并成为人们日常生活中的重要部分。就教学而言,学生对手机的关系多于对课本的关注,教师传统的对段落和知识点的讲解方式只会让学生觉得枯燥乏味,对此有些学生甚至不带课本,而是随身携带手机等工具上课。

在信息化时代,学生更能接受数字信息化的学习模式,偏向于既简单通俗又富有趣味性的知识信息,而微课作为信息技术发展和教学改革的产物,能有效满足学生的这种学习心理,对于激发学生的学习兴趣发挥着重要作用。

3. 满足不同层次的学习需求

教师在使用微课教学时,会将微视频上传到微信或者 QQ 等平台上供学生分享,此时那些在课堂上没有记笔记或者存在理解障碍的学生,可以根据需要反复观看视频内容,温习所学内容,进而加深和巩固所学内容。

4. 创建新型的师生关系

在大学英语课堂教学中,教师普遍使用多媒体进行教学,就是以书本内容为核心,以 PPT 的形式讲解课文知识。受课堂时间的限制,教师在讲解过程中语速较快,模式单一,大多数学生未能完全掌握课堂知识,而且对课堂教学缺乏兴趣,因此教学效果往往不佳。而在微课教学中,教师的角色发生了变化,不仅是传授者,也是解惑者和引导者,教师除了向学生提供学习资源,还会指导学生有效学习,满足学生不同层次的个性需求,这有利于改善师生的紧张关系,拉近师生之间的距离。

5. 培养学生的自主探究学习能力

培养学生的自主探究能力是大学英语教学的重要任务之一,因此在大学英语教学中,教师应注重培养学生的这一能力。有效利用网络和微课教学的优势,可显著提高学生的自主探究意识和能力。具体而言,教师在向学生讲解英语课文时,可结合教学中重点内容和课文中出现的不同角色,先播放相关的视频让学生观看,然后对他们进行分组,让学生以小组为单位讨论课文内容,并进行创意表演。通过这一过程,学生不仅积极性被调动,而且能积极自主探究学习内容,加深和巩固对课文的内容理解。

(三)微课在大学英语教学中的应用

大学英语教学中的微课教学模式实际上是一种微型化的网络英语课程教学,一门完整的网络英语课程,可以由众多的与知识相关的教学环节的微课组成。大学英语微课教学模式的应用包含以下几个步骤。

1. 明确微课制作中应注意的问题

首先,在制作微课时,要快速进入主题,使用多模态教学。由于微课时间较短,因此教师需要在最短的时间内进入主题,以便于学生快速了解视频内容,避免导入时间过长。相较于传统面对面教学,微课讲解会更难,因为教师不能及时了解学生的学习情况,讲解内容如果空洞,则提不起学生的学习兴起,此时教师可以使用多模态教学,增加内容的灵活性,使教学形式更具吸引力。

其次,加强逻辑性与条理性。微课制作过程中,教师要选择相关的教学资源、PPT和主题,使教学资源和PPT之间形成较强的逻辑性和清晰的条理性,便于学生准确找到课程主线。此外,教学资源不能毫无秩序地罗列,也应具有逻辑性,便于学生清晰地了解视频内容。①

最后,明确课题内容,突出课程重点。微课需要教师在短时间内完成教学任务,因此要明确课题内容,快速切入主题,突出教学重点,主要抓取重点加以讲解即可,没有必要面面俱到,否则会延长教学时间,影响教学效果。

2. 精选微课教学资源

微课制作的优劣直接影响着大学英语微课教学的效果,因此教师在制作微课时要熟练掌握相关的多媒体信息技术和各种软件,创新视频内容,提高视频制作质量,增加视频的吸引力。例如,在讲授 Natural Disasters 的内容时,教师可以先分析课文重点,然后提取重要的有价值的内容。该课的教学目的在于研究自然危害对人类的影响,

因此在微课中就没有必要再说明自然灾害的原因等,直接展示自然是如何对人类带来伤害的即可,并且确保视频流畅性,吸引学生注意力,将学生的目光锁定在自然危害上。

3. 明确微课教学的课前预习

在大学英语教学中要想有效使用微课进行教学,就要做好准备工作。视频制作完成后,需要规划课前的学习方式,大学英语教学不同于初高中英语教学,需要学生掌握牢固的英语基础,而且倡导学生自主学习,注重学生自主能力和创新能力的培养。

在开展微课教学前,教师需要适当布置课前教学任务,这样在教学中,教师和学生能够进入各自的角色中,提升教学质量。例如,在微课中讲解 Is there life on other plangets 时,教师可以通过先提出问题,然后学生根据问题运用不同的方式进行探讨学习,从而锻炼学生的自主学习能力,提高教学效率。②

4. 把握微课在大学英语教学中的教学方式

微课对于教学的意义是不言而喻的,但要想充分发挥微课的作用,提高教学质量,还要把握微课在大学英语教学中的教学方式。具体而言,在大学英语教学中教师要注意营造课堂氛围,发挥微视频吸引学生注意力的作用。在采用教学策略时,教师采用互动教学方式,借助微视频让学生学习英语知识,在学生观看视频之后为他们留出时间进行讨论。

通过讨论,学生可以交换意见,加深对课程内容的理解。另外,学生可以为教师提出建议,教师对学生的建议进行总结,对自己的微课教学进行反思,从而进一步提高教学效率。

综上所述,教师要依据具体的教学内容、学生的学习情况等设计有效的微课,以便更好

---

① 林志兴.信息化时代微课应用于大学英语教学的思考[J].内江科技,2019,40(12):99-100+68.
② 同上.

地服务于英语教学,提高大学英语教学的质量和学生的学习效率。

二、慕课教学模式

慕课,即大型开放式网络课程(massive open online courses, MOOC)。它是一种在线课程开放模式,它是基于以前那种发布资源、学习管理系统以及将学习管理系统与多种开放网络资源等课程模式而建立起来的。慕课主要是由具有分享与协作精神的个人组织的,他们将课程发布在互联网上,供有兴趣的学习者学习,旨在扩大知识传播。

相较于传统的教学方式,慕课教学突破了时间和空间限制,便于学生随时随地进行学习。慕课教学有效弥补了传统教学模式的缺点,对提高学生的学习积极性、改善教学现状、提高教学质量发挥着重要作用。

(一)慕课教学对教学信息化提出的新要求

混合教学是教学信息化发展的新阶段,它体现出信息技术从教学辅助向与教学深度融合的发展轨迹。信息技术应用于教育教学最早始于计算机辅助教学(Computer Assisted Instruction, CAI),并且衍生出了计算机辅助学习(Computer Assisted Learning, CAL)、计算机辅助训练(Computer Assisted Training, CAT)等概念,直到之后互联网时代的网络教学平台(E-Learning)等,这些教学应用的特点都是从属于已有的教学流程,在教学过程中所起的更多是辅助、补充和支持作用。

当前基于慕课的混合学习(Blended Learning),以及从教学角度而言的混合教学,使信息技术在教学中发挥的作用不再仅仅是工具或支撑平台,而是对教学思维、教学元素以及完整教学流程的重构。因此,基于慕课的混合教学对于教学系统设计中的信息技术环境和条件、教学参与者的信息技术素养、教学管理的信息化水平都提出了更高的要求。

具体而言,在信息化教学环境中,需要有稳定的有线网络和无线网络接入,慕课平台所在的云计算服务器需要安装在专业的数据中心机房内,教师和学生应该普及智能手机和笔记本电脑等终端,并能够随时随地稳定快速地接入慕课平台;教师和学生对"互联网+"教育教学以及信息化时代教学和学习的新理念、新思维有一定程度的认识和理解,能够适应教学流程重构和翻转对教师和学习者提出的新要求,能够主动调整自己在传统教学和学习模式中的习惯思维和行为,积极融入混合教学的新模式之中;作为教务管理部门而言,在基于慕课的混合教学的教务管理过程中必须继续提高管理的信息化水平,努力消灭数据孤岛,跨越数字鸿沟,重构教务管理规则和流程,避免传统教务管理中的一些规定和流程原样照搬到混合教学的管理之中,以免造成生搬硬套影响慕课教学开展的不良后果。

另外,混合教学中的教学绩效考核制度和教学质量评价体系也与传统教学评估的指标和模式存在较大的差异,需要教务管理部门与时俱进,研究制定混合教学的考核和激励机制,从制度上推动基于慕课的混合教学在学校教学中的应用普及与深入发展。

第九章　网络视角下的大学英语教学创新思维

(二) 制约教学开展的因素

制约基于慕课的混合教学在中推广应用的因素有很多，其中一个突出的问题是当前的教学现状导致教师对信息化教学改革的积极性和参与度不高，具体的原因包括：当前的职称评定考核以科研学术水平为导向，虽然很多学校也试图通过教师教学能力评比等手段促进教师对教学的重视，但总体而言，当前教师对教学的重视程度普遍不足；与公办基础教育对教师从事非职补课进行严格限制相比，对教师兼职授课普遍采取默许或鼓励的态度，使得很多教师在完成教学本职工作量之外还要到其他学校兼职授课，因此对本校教学的时间精力投入非常有限；部分教师的教学内容和教学形式非常固化，课堂教学基本就是通过PPT和投影照本宣科，将课程教学工作量狭隘地等同于课堂教学课时，内心抵触慕课等教学信息化发展带来的教学流程重构，以维持现状作为教学工作的主要诉求，几乎没有任何的教改积极性。

以上这些问题往往会与慕课平台的技术问题、网络问题、教务管理制度问题。师生信息技术素养问题等交织在一起，使得基于慕课的混合教学在推行过程中面临复杂的问题和挑战，需要教务管理部门、教学研究部门、教学单位、信息技术部门等单位紧密合作，相向而行，形成合力，逐一梳理才有可能逐步解决并不断完善。

(三) 教学参与者的信息技术素养要求

基于慕课的混合教学与传统的网络教学辅助平台应用最大的区别是，基于网络平台的教学主干流程替代了传统的以课堂教学为主干的教学流程，网络应用已经由课外的辅助应用变成了贯穿混合教学流程始终的主线，因此在基于慕课的教学系统中，对慕课平台和网络环境等技术支撑环境，以及对所有教学参与者的信息技术素养的要求都比以往的传统网络辅助教学提高了一个甚至若干个层次，因为对网络化教与学的应用已经由可选的、弹性的需求变成了必需的、刚性的需求，这对所有教学参与者的信息技术素养都提出了更高的要求，也是所有教学参与者在慕课时代面临的重大挑战。

因此，在实施基于慕课的混合教学之前有必要对所有教学参与者进行相应的信息技术强化培训，并且建立系统的信息化教学运维支撑体系，在教学过程中持续地为师生提供技术支持服务，从而潜移默化地提升师生的信息技术素养。

基于慕课的混合教学所必需的信息技术素养至少包括：熟练使用各种终端访问慕课平台，包括学校教学环境中的教室电脑和公共机房电脑，以及个人的笔记本电脑、平板电脑、手机等移动终端；学习并掌握互联网相关的法律法规，具备网络安全意识，在基于网络的学习过程中注意保护个人账号和数据，同时不要在教学和学习过程中发布违反法律法规的内容和信息；掌握一些基本的网络技术，包括各种环境内的网络接入，比如学校的校园网认证上网和Wi-Fi接入、家中的宽带接入、VPN接入、运营商的移动网络接入等，并能够对网络故障进行一些基础的简单调试，例如，查看操作系统的网络连接属性、查看是否获得了正确的IP地址，能够通过ping命令和网速测试软件判断网络是否畅通、是否稳定等；在自己的个人电脑和移动终端中确保系统安全，坚持使用正版软件并保持更新，避免使用可能包含木马的盗版软件,随时保持操作系统自动更新并定期手动检查,在系统中安装安全防护软件并定期扫描等;理解当前互联网的主流已经从传统基于 PC 网页浏览器的网页;全面过渡到基于跨平台、响应式、多终端兼容的移动网页,因此首选的网页浏览器应该是对 HTMIS 和 Jav Seript 支持较好的现代浏览器,这些浏览器包括但不限于 Google Chrome、Safari、Firefox、Edge、大部分 Android 和 ios 智能手机和平板中的 Web 浏览器等等,如果选择其他浏览器时应该了解该浏览器是否兼容 Chrome 或 Webki,避免使用老式的、长期不更新的 IE 浏览器;掌握一些基础的互联网内容和资源开发技术,了解网页的构成元素,清楚适合在互联网中传播的媒体格式,特别是教师除了使用慕课平台中现有的课程视频资源外,建议所有教师都掌握手机录像剪辑和 Catasia 等录屏软件的操作,从而能够由个人录制一些微课发布给学生作为慕课课程的补充内容,真正体现混合教学的意义和价值。

(四)慕课在大学英语教学中的意义

1. 突出了学生的主体地位,提高了学生的课堂参与度

慕课要求学生在上课之前就完成相应的预习,在上课过程中由教师来答疑解惑,课后要求学生完成相应的巩固练习,无论是课前还是课后的作业都进行量化,计入总分。慕课教学模式改变了传统课堂教学中师生角色,教师不再霸占整个课堂,而是成为学生学习的引导者和帮助者,学生也不再是被动的接受者,而成为学习的主体,在各种作业的推动下,学生积极探索,变为主动的学习者,学习的参与度也显著提高。

2. 营造了良好的学习环境

良好的英语学习环境能显著提升学生的英语学习效率,但是目前的大学英语教学中仍缺乏有利于学生学习的英语环境,这对学生学习效率的提高起到了阻碍作用。而英语慕课教学模式可有效弥补大学英语教学的不足之处。慕课的应用依赖于互联网技术,具有很强交互性,在慕课学习中,学生和教师能够随时随地沟通,双方的交流不受时间和空间的限制,而学生与学生之间也可以彼此交流和分享学习经验,进行合作学习。

此外,通过慕课学习,学生可以与世界各地的学生聚集在一起学习英语,相互之间交流和讨论,不仅能营造良好的英语学习氛围,还能接触地道的英语,提高跨文化交际和综合英语素质。

3. 充分利用碎片化时间

慕课教学的视频一般时间不会太长,多在 10~15 分钟,短时间的学习能够使学生集中注意力,高效率地进行学习。慕课教学模式不存在时空的限制,学生可以对自己的学习进度加以自主安排,充分利用碎片化时间,对于不理解的知识内容可以反复观看视频学习,最大限度地利用教学视频。

4. 扩大学生知识储备

在我国,大学英语教学主要是通过课堂教学的形式展开,面对繁重的课业压力与紧张的教学时间,课堂教学所能带给学生的英语知识实在有限。而慕课教学以网络为平台,向学生

提供了更为丰富的知识储备,方便学生及时更新自身知识。

同时慕课的在线课程还包含在线论坛与小组讨论,极大地提高了学生的学习兴趣与效率。

5. 具有更强的针对性

基于传统的英语教学模式,大学英语教学常采用大班授课的方式,由于教师面临的学生众多,很难详细了解学生的个体情况,更难以开展有针对性的教学,对此教师不得不以单一的标准进行统一授课,从而限制了学生的个体发展。而慕课教学模式有效解决了这一问题,由于慕课关注学生个人诉求,通过慕课教学,学生可以根据自己的爱好、学习水平等选择适合自己的学习内容,真正实现了教学针对性。

(五)慕课在大学英语教学中的应用

1. 重构课程模式

基于慕课的大学英语教学属于在线教学模式,有着传统英语教学没有的优势,但本身也存在一些无法避免的缺陷,如师生之间无法面对面交流,这使得教师无法分辨学生,也不可能彻底做到因材施教,只能根据大部分学生的学习情况来讲解内容。这就使得慕课教学要与传统教学有机结合,采取优势互补的方式重构英语课程教学模式,实现二者的资源整合,提高大学英语教学效率。

两种教学模式有效结合的方式是教师以传统的课堂教学为主、慕课英语教学为辅的形式开展教学,以课本的知识为主要内容,同时辅以慕课教学模式,充分利用慕课所拥有的海量教学资源进一步丰富教学内容,对课本知识进行延展,使学生根据自身的实际情况进行自主学习,扩展知识面。

在教学中,要将学生置于课堂教学的主体位置,进行师生之间的活动,针对学生的具体问题进行解答,帮助学生理解和学习。在课下,教师可以通过慕课平台对学生进行知识的拓展和补充,满足学生不同层次的需求。此外,教师可以通过慕课模式布置课后作业,并通过网络实时监控学生的完成情况。

2. 科学制作教学视频

慕课是通过视频来传达内容的,所以教学视频是慕课教学的基础与核心,教学视频的质量直接关系着慕课教学的最终效果。对此,教师在运用慕课进行大学英语教学时,应针对学科的特点,精心地制作视频,不仅要控制好视频的长度,同时要科学、精致地安排视频内容。对于视频的长度,通常维持在10分钟左右,视频时间太短将无法充分展现教学内容,视频时间过长则会使学生产生倦怠心理。教学视频贯穿于慕课教学的始终,课前通过慕课视频使学生提出疑问,提高课堂教学的针对性;课中可用慕课视频加强学生的理解和记忆;课后让学生通过慕课视频加以复习和巩固。慕课视频的内容要具有针对性,突出教学的重点和难点,使学生进行有针对性的学习。[1]

3. 完善课程评价体系

课程评价体系是教学的重要环节,是促进学生投入学习的重要手段。学生是否重视一门课程的学习,很大程度上源于这门课程在课程体系中所占的地位和比重。因此,要想促使学生积极地投入慕课学习,就要加大慕课在课程中的比重,提升其在课程体系中的地位。

例如,教师要求学生根据自身的情况进行一个或多个慕课课程学习,同时针对慕课课程安排平时作业,并将平时作业的完成情况纳入平时成绩中,将慕课的期末成绩纳入学生的期末成绩中,以调动学生学习慕课的积极性。

此外,完善课程评价体系,还应建立完整的慕课教学考核制度。首先,根据英语教学标准,对学生的英语综合能力进行考核。其次,对学生的学习态度及能力进行考核,并检查学生的自主学习效果。最后,考核学生的慕课知识学习情况,包括学习时长、任务完成情况、学习效果等,增强学生的英语实践运用能力。

4. 教师积极发挥作用

慕课在大学英语教学中的作用不言而喻,但是慕课教学模式尚有待完善,需要教师参与相关的培训,而且学生水平各有差异,需要教师实施有针对性的教学。因此,在慕课教学模式中,教师依然扮演着很重要的角色。首先,教师应该积极探索能够激发学生主动性和积极性的慕课课件。其次,教师需要对学生的基本情况有一个清晰的了解,保证慕课课件能够被大多数学生理解和把握。最后,教师还需要了解不同学生的自主学习能力,锻炼学生的心理素质,使他们尽快适应新兴的教学模式。[2]

三、翻转课堂教学模式

翻转课堂也称"颠倒课堂",是指重新调整课堂内外的时间,将学生的决定权从教师转移给学生。具体而言,翻转课堂是指学生在课前利用教师给出的音频、视频、电子教材或共享开放网络资源地址等数字化学习材料,自主学习课程内容,然后在课堂上参与由教师组织的同学间的讨论探究等互动活动,并完成课程学习任务的一种教学模式。

在翻转课堂教学模式中,教师不再占据课堂教学时间,而是由学生在课下通过查阅资料、教学视频等自主完成课程学习,在课上与教师共同针对问题进行讨论和交流,从而吸收和内化学习内容。

(一)翻转课堂的兴起、发展

翻转课堂是一种依托信息技术的新型教学模式,以微课、MOOC等为重要的辅助手段。它的出现离不开网络和多媒体信息技术的发展,它的发展更是得益于网络和多媒体信息技

---

[1] 李林鸿.互联网+环境下的大学英语慕课教学模式探讨[J].佳木斯职业学院学报,2020,36(02):164-165.
[2] 徐家玉.信息技术背景下高效英语教学理论体系的建构与探索[M].长沙:湖南师范大学出版社,2018.

第九章　网络视角下的大学英语教学创新思维

术的全面迅猛发展,翻转课堂的出现为高校课堂教学改革提供了新途径。

蔡宝来等(2015)认为:"所谓翻转课堂,就是教师创建视频,学生通过登录互联网在线观看网络视频中教师的讲解,完成任务清单中学习任务,课堂上师生面对面交流、答疑和完成作业的一种教学模式。

在翻转课堂中,学生在课外观看微视频代替教师的课堂讲解,课堂上完成练习及与教师、同学之间的讨论、协作、交流。翻转课堂的知识接受在课外通过自学完成,知识内化则在课堂上通过协作、互动等活动完成。它彻底颠覆了传统教学过程中的课内传授知识、课外内化知识的教学模式,改变了"传递—接受"式教学方式,为课堂教学注入了新鲜血液。

清华大学信息化技术中心钟晓流(2011)等认为:所谓翻转课堂,就是在信息化环境中,课程教师提供以教学视频为主要形式的学习资源,学生在上课前完成对教学视频等学习资源的观看和学习,师生在课堂上一起完成作业答疑、协作探究和互动交流等活动的一种新型的教学模式。也就是说,翻转课堂是信息技术支持下,教师在课前提供教学视频等资料给学生作为学习任务,学生在课堂外进行自主学习,这一步实现基本知识的传递;在课堂上,通过自主探究、合作探究、师生互动等形式,进行知识内化的一种教与学的形式。

翻转课堂最基本的做法是把传统课堂上的教学内容转移到课外学生自学,这样做有以下几方面的好处:节省授课的时间;满足不同个体的需求;翻转课堂给学习者更多的自由选择;增加互动时间。

时代发展到今天,社会不再青睐学校工厂生产式的操作型工人,而是需要有创造性的创新型人才。单一的传统教学模式已经难以满足人才培养的要求,翻转课堂作为一种新型教学模式,为高校课堂教学改革提供了一条新路径。

翻转课堂是产生于美国的一种全新的教学模式,我国学界有人提出,翻转课堂的提法源于美国科罗拉多州林地公园高中的两名化学教师乔纳森·伯格曼(Jonathan Bergman)和亚伦·萨姆斯(Aaron Sams),2007年他们尝试翻转课堂。一些学生因为路途遥远而经常迟到,有的因为生病或其他原因而耽误了课程,于是他们拍摄教学视频让学生观看作为补课。他们发现,通过视频来学习和课堂上针对性的讲解能够让所有学生受益,逐渐地这种方式受到了学生的广泛欢迎。翻转课堂的最初尝试是在美国的中小学校进行的。

也有人提出,早在20世纪90年代初,美国一些大学的教师便对这一教学模式进行了探索。1996年在迈阿密大学商学院执教的Maureen J. Lage和Glenn J. Platt首次提出了翻转课堂的设想,并将这种设想用于面向大二学生开设的"微观经济学"课程。Lage, Platt 和Treglia 2000年在 *Inverting the Classroom*:*A Gateway to Creating an Inclusive Learning Environment*(《翻转课堂:创建全纳学习环境的路径》)中详细介绍了他们自1996年起如何在迈阿密大学"微观经济学"课程中运用、实施翻转课堂的理念与方法。钟晓流等认为,翻转课堂作为一种概念被明确提出是在2000年Lage,Platt和Treglia(2000a,2000b)在《经济学教育杂志》发表的两篇有关翻转教学的文章中。

2010年前后,美国科罗拉多州森林公园高中的教师乔纳森·伯格曼和亚伦·萨姆斯以及可汗学院的创始人萨尔曼·可汗(Salman Khan)逐渐成为翻转课堂实践领域的领军人物。受他们惯用flipped classroom的影响,现在更多地用术语"flipped classroom"来表述翻转课堂。

美国的许多大学,如哈佛大学等,已有不少关于翻转课堂应用于理工类课程的实证研究。近年来,国内也掀起了对于翻转课堂的研究热潮,无论是在中学还是高校,翻转课堂已成为我国教育教学改革领域的一个热词。

我国教育工作者开始集中关注翻转课堂这种教学模式是在2011年萨尔曼·可汗在TED上的演讲之后,自此我国开始了翻转课堂理论与实践方面的全面研究。杨九民等(2013)以现代教育技术实验课程为例,验证了翻转课堂教学模式的有效性。潘炳超(2015)以多媒体课件设计与制作课程为例,采用准实验研究的方法论证了翻转课堂的教学成效,指出翻转课堂模式有利于激发和维持大学生的学习动机、培养大学生自主学习与合作学习的能力。邢磊与董占海(2015)以大学物理课程为例,证明了翻转课堂对提高学习成绩的积极作用。因此,翻转课堂适用于物理、化学、计算机等理工类课程的教学改革,这一点已得到国内外学者的一致认可。

有人认为,虽然翻转课堂适合于数学、科学、化学、物理等理工科课程的学习,但对历史、哲学、文学、教育学等人文性质的学科意义不大。不少学者研究都表明,翻转课堂对提高理工类课程教学效果有积极的促进作用,似乎翻转课堂应用于文科课程教学的研究较为少见。

然而通过从CNKI查阅文献发现,目前国内对于翻转课堂应用于文科类课程教学改革的研究也陆续增多。如蒋立兵、陈佑清(2016)以"教师教育国家级精品资源共享课程"有效教学为例,通过对教育学专业的两个教学班进行翻转课堂与传统教学的对比实验,全面分析两种教学模式下的学习氛围、学习动机、学习行为、认知结果、能力发展和学习满意度的差异性,探讨翻转课堂应用于大学文科课程的优势、条件与注意问题。

到目前为止,国内已经出现了一些有关文科课程翻转课堂教学模式的实验研究,但是仍有很大的研究空间。已经有学者开始尝试将翻译课堂教学模式与《语言学导论》这门课程结合起来进行研究,从CNKI上检索含有"翻转课堂+语言学"为主题词搜索到的文献有数十条,并且通过大型平台建立课程体系,语言学翻转课堂实验目前仍是空白。

(二)翻转课堂在大学英语教学中的意义

1. 增加了教学形式的多样性和趣味性

用于翻转课堂的教学视频的制作对教师的专业能力有着很高的要求,要求教师所制作的视频内容简洁、形式多样、幽默丰富等。基于这些要求和特点,翻转课堂有效增添了英语教学的趣味性,不仅能创造良好的学习环境,而且能有效激发学生的学习兴趣。此外,很多的翻转课堂教学视频涉及的内容十分广泛,包括英语音乐、英文电影、英语小说等,这些内容与课程教学息息相关,使得教学形式生动形象,更加多样化。

2. 使英语教学更加直观和简单

在传统的英语教学中,教师的教学内容主要是以课本为主,呈现方式也是以板书为主,这种教学方式对于学生来说不仅不够直观,而且不利于理解相关知识。如果仅限于传统的课堂教学模式,根本无法有效培养学生的英语运用能力。

翻转课堂通过借助多媒体技术,将相关的图片、音乐、视频等融入教学视频,使得原本晦涩难懂的英语知识变得直观和简单,也使得原本沉闷的课堂教学变得生动活泼。

3. 加深了学生之间的互动

翻转课堂改变了传统教学模式中师生之间的相处方式,翻转课堂中,教师与学生之间形成了一对一的交流。如果学生对某一知识点存在质疑,那么教师可以将这些学生集中起来,对他们进行特别指导。

另外,在翻转课中,教师不再是学生知识的唯一来源,学生与学生之间还可以进行互动学习。

4. 能够使学生反复学习

在传统的英语教学中,教师不可能兼顾所有学生的需求和感受,只能按照教学大纲要求和按步骤统一进行授课,这就会使部分学生跟不上教师的节奏,无法有效掌握课堂教学内容。而翻转课堂教学可以有效解决这一问题,在翻转课堂中,学生可以随时暂停、重放视频,直到自己看懂、理解为止。

5. 能够提升学生的主动意识

在翻转课堂教学中,师生之间的互动频繁,学生的主观能动性被充分调动,学生掌握着学习的主动权。

基于翻转课堂教学模式,学生可以根据教师提供的资源首先进行自主学习,还可以在课堂上与教师展开学习方面的探讨,进一步深化与掌握知识内容,这有效体现了学生的主体地位,而且淡化了对教师的依赖性。

(三)翻转课堂在大学英语教学中的应用

1. 创建习得情境

大学英语翻转课堂教学力图为学生提供近似母语习得的模式来学习和掌握英语。语言学习离不开语境,创设英语大学习得语境,就要避免中文的出现,这样才能还原语言习得的本质。

具体而言,在课前,教学视频不讲语法,只讲逻辑,也就是自然地展示句式,真实地展现英语语言。在课上,授课不采用任何应试技巧,而是将英语作为一种交流方式,让学生自然而然地习得。只有学以致用,才能让学生在解决问题的过程中提升英语运用能力,才能提高学习的积极性和动力。

2. 营造个人空间

基于翻转课堂模式的大学英语教学,除了要教授知识点,更要重视语言的实践和学生的自主训练。课前自主学习阶段,教师引导学生结合自身水平和目标,主动规划适合自己的学习内容、方法、节奏和风格。

课上教学阶段,教师不再以讲解知识点作为教学核心,而是将全部时间用于与学生的交流,通过交流解决学生的学习问题,调动学生积极参与英语交流实践活动。课下总结、吸收、建构成果,实现学生的差异化学习和共同进步。

在大学英语翻转课堂教学中,课前自学阶段非常重要。学生自主学习素材主要是教师制作的课件,这些课件具有以下几个特点。

首先,时间较短,大多数为几分钟,基本不超过20分钟。视频时长控制在这个范围内,符合学生的身心发展特点,能够有效使学生集中注意力进行自主学习。

其次,主题鲜明,每一个视频都有一个主旨内容,都只对应一个问题。教师要将所要讲授的重点和要点内容制作成视频让学生观看,这样便于学生自主掌握学习节奏和了解视频内容。

最后,查阅方便,没有时间、空间的限制。视频通过网络发布,具有快慢、暂停、回看等多种操作功能。学生可以在任何时间根据自己的实际情况自主地学习,自由把握学习节奏,实现个性化英语习得的自我建构。

大学英语翻转课堂中的课上讨论阶段,是让学生带着问题上课,通过交流、互动等方式进行语言应用训练。带着问题进行训练,可以使训练更具有针对性,更加有效率,可以使讲解主题充分明确,学生注意力更集中。教师不再是课堂教学的主体,而是学生的引导者和帮助者,在互动中起着辅助的教、导作用。教师也不再占据课堂的整个时间,而是将更多的时间留给学生,恢复学生的主体地位。翻转课堂教学注重学生对知识内容的内化,强调统一、协调的教学进度的同时,尊重学生的个体地位,重视学生的个体差异,满足学生的个体学习需求,发展学生的个性化学习风格,营造学生个人的私人学习空间,进而达到大学英语教学的目的。

大学英语翻转课堂中的课后学习阶段被重新定义。在传统的教学中,学生课下需要做教师所布置的课外作业,但这些作业是根据全班的情况布置的,不能充分体现学生的个人问题。

虽然课后作业是对学生在课堂所学知识点的巩固,但学生的学习水平各不相同,根据统一标准所布置的课后作业会束缚学生的自我发展。而且繁重的课后作业会让学生感到有压力,不能有效分配时间来预习之后要学习的内容,时间一长,就有可能形成恶性循环。不仅不能巩固课堂所学知识,还会占据无意义的课外时间,影响其他知识的学习。基于翻转课堂教学模式,课后作业的形式被颠覆。

学生课后的自主探究被转到课上,课后时间被放空,学生可以自主把控课后时间,可以根据自己的课堂学习状况自主规划课后复习计划,彻底摆脱教师课后作业的限制,课后作业被弱化。在这期间,教师扮演着指导者的角色,学生可以课后向教师咨询问题,教师针对学生的问题提供优质指导。课后的网络指导取代了之前课上的面对面交流,不仅省时省力,而且能让师生在轻松的状态下交流,这种交流也可以训练学生的听说能力,对学生英语综合素质的提高很有帮助。

3.优化教学评价体系

教学评价是教学中不可或缺的重要部分,科学合理的评价体系能够针对教师的教学过程和学生的学习过程进行客观公平的评价,能够激发学生的学习动力,能够显著提升教学的质量。在大学英语翻转课堂中,要优化和完善教学评价体系,就要做到完整性、客观性和多元性。

首先,教学评价体系要具有完整性。教学评价体系的完整性是指在教学评价过程中,要对教学活动进行多角度、全方位的评价,如对于学生的评价,既要评价学生的成绩,又要评价学生课前预习、课中互动交流、课后作业完成情况的评价。

其次,教学评价体系要具有客观性。教学评价的客观性是指教学评价要符合客观实际,不能掺杂个人情况,也不能主观臆断,如在评价学生的学习时,既要结合教师的客观评价结果,也要结合学生的自评以及学生内部和外部的客观评价。

最后,教学评价体系要具有多元化。教学评价的多元化是指教学评价不仅要有最终的分数结果,还要考虑学生在学习过程中的学习内驱力和能力的提升。

总体而言,翻转课堂虽然发展的历史并不长久,但给大学英语教学带来了革命性的变化,对提升教学效果具有显著的影响。在大学英语教学中,英语教师应积极运用翻转课堂模式开展教学,以全面提升学生的学习效率和英语能力,提高大学英语教学的质量。

四、线上线下混合式教学模式

当前,信息化网络技术飞速发展,对整个社会和人们的生活产生了巨大影响,人们已经进入信息化和大数据时代。在这种时代背景下,人们的生活、工作和学习方式也发生了新的变化,"互联网+"开始渗透至各个行业,使得在线资源不断丰富。而在教学领域,大学英语教学通过网络途径可以进一步融合在线资源,实施网络化教学和学习,有效拓展了传统课堂教学模式,使得线上和线下充分融合,显著提升了教学效益。

具体而言,线上线下混合式教学模式指的是将传统意义上的面授教学与以互联网为依托的教学相融合,打造线上资源联合线下辅导的一体化教学模式,教学过程呈现多维度性,训练具有多层次性。线上线下混合式教学模式使得教师的主导作用和学生的主体地位相融合,课堂教学与在线学习相融合,最大限度地发挥了教师的引导、启发和监督作用,体现出以学生为本的教学思想,尊重学生的个性发展,注重学生知识和技能的培养,体现出优质的教学效果。

(一)混合式教学

多媒体网络技术在教育领域广泛应用的大环境下,"教师主导+学生主体"的教学模式在许多院校盛行。在如今智能手机、平板电脑、网络为时代印记的新技术的时代下,教学模式不仅要求灵活运用以教为主的教学策略和以学为主的学习方式,同时需要整合各种教学资源,要求教师进行相应的角色转变。

依据建构主义、情感过滤假设理论为基础,结合教学实际,从语言知识、语言技能、情感态度、文化意识、学习策略五个维度综合考虑构建了适用于高校的移动平台翻转课堂授课、线上交互式数字课程学习、线下模拟场景实践、过程性与终结性评价结合的四位一体混合式教学模式,并制订了基于网络交互式教学平台的混合式高校英语教学模式。

在这个教学的过程中,教师在教学环节中不再是过去的讲授者或灌输者,而转变为一个帮助者和支持者,教师在课前和课后的准备工作及评价工作中的功能远大于过去,而学生在课前、课中、课后均为学习的主体,这与过去的"教师讲、学生听"教学模式有了很大的不同。

(二)线上线下混合式教学模式在大学英语教学中的意义

1. 方便灵活,能够突破时空的限制

信息科技与互联网的发展及其所带来的便利,使得英语教学视频可以在网上广泛传播,多样化的视频教学形式,如专题讲解、碎片化学习、视听说一体的视频教学等教学形式开始出现,使得英语教学的灵活性大大提高。首先,学生可以通过网络方便快捷地获取多元化的教学资源,不受时间和空间的限制而进行碎片化的学习。其次,教师可以利用网络资源提升自身的专业素质和水平,从而开展形式灵活、多样化的优质教学,提高英语课堂教学效果。

2. 贴合需要,能够整合多种教学资源

在大学英语教学中运用线上线下混合式教学模式,能有效加强学生的学习体验,提升学生的学习效率,而且切合学生的实际需求。首先,网上含有大量的英语教学视频,学生可以根据自身的水平和学习需求,自主选择优质课程,有针对性地利用教学资源。其次,通过线上线下混合式教学模式,学生可以获得丰富的学习体验,会形成自主探究的学习习惯,满足个性化发展需求。

3. 切入精准,能够拓展学习空间

相较于传统的教学模式,线上线下混合式教学模式切入点精准,在整体上能够扩展学习空间。该教学模式引发了教师主导的课堂格局的改变,通过丰富的线上资源来充实课堂内容,并且通过线下形式多样的个性化实践措施丰富学生的学习体验,进而精准地切入学生的爱好点,拓展学生的学习空间。将线上线下两种模式混合应用,能够有效改变教学的思路,切实优化教学质量。

(三)线上线下混合式教学模式在大学英语教学中的应用

线上线下混合式教学模式在大学英语教学中的应用大致分为以下三个阶段。

1. 课前预习助学阶段

在基于线上线下混合式教学模式的大学英语教学中,教师在授课之前要针对具体的教学内容和学生的学习情况选择贴合的课程资源,并且结合实际情况设计能够培养学生自主学习能力的学习任务,以充分利用教材和网络课程资源。例如,"朗文交互学习平台""新理念外语网络教学平台"等都是可以实现师生交互的移动网络平台,通过这些平台,教师可以将教材中所涉及的学习计划、学习目标、学习重点、学习难点、学习主题等相应的预习内容和学习任务等,及时发到学生手中,学生可以根据任务的要求通过不同的方式,如个人独立思考、小组讨论等,有效地获取知识背景,高效地完成预习任务,而且在这一过程中,自主学习能力也会相应地提高。在这一阶段,教师可以利用自主式的学习平台,充分实现师生之间的互动,为学生提供有效的在线咨询,为学生答疑解惑,向学生提供有针对性的辅导和帮助,进而切实提高学生的自主探究精神和自主学习能力。[①]

2. 课堂面授阶段

所谓线下,也就是课堂上的面授。在这一阶段,主要是通过课堂的教学平台和自主学习平台的相互融合,展开具有针对性的多媒体辅助教学。首先,教师根据学生对课前预习的完成情况进行检查和分析,重点指出相关问题。其次,运用多媒体创设富有情境化的教学内容,进一步提出问题,引发学生积极思考,进一步激发学生的探究意识。再次,教师结合教学实际情况和单元主题,设计相应的学习任务,鼓励学生积极讨论,也可以通过情景对话、角色扮演等方式,激发学生参与的积极性,促使学生主动参与课堂教学活动。最后,教师鼓励和引导学生进行总结和反思,可以让学生进行自评或学生之间进行互评,进而总结学习内容,激发学生的学习动机和自主探究精神,巩固学习知识,同时提升协作互助意识和英语应用能力。

3. 课后巩固阶段

在课后阶段,教师可以通过线上线下混合教学模式进一步补充相应的学习材料,有效拓宽学生的视野,加深学生对所学知识的理解和掌握程度。在课后,学生也可以利用网络平台寻找相应的复习资料,进一步加深学习效果,增加练习的实践,扩大知识范围,更好地完成相应的学习任务。课后巩固延伸了课堂教学的空间,能够显著培养学生的自主学习能力,也能够为学生养成良好的终身学习习惯打好基础。

总体而言,在网络化时代,大学英语教学应紧跟时代的发展,不断创新和发展,充分利用网络化教学资源来更新教学理念、优化教学环境、创新教学模式,进而提高教学质量和效率,培养学生的英语综合素质和其他良好品质。

[①] 王萍. 线上线下混合式教学模式在大学英语教学中的应用研究[J]. 科技视界,2019(27):127-128.

第十章　文化视角下的大学英语教学创新思维

随着文化全球化的发展,文化知识在英语教学中的地位不断提高,越来越受到人们的关注。本章重点研究文化视角下的大学英语教学创新思维。

第一节　大学英语文化教学简述

从语言与文化的关系,我们不难看出,学习一门语言就要学习这门语言背后的文化。在21世纪,全球化的趋势越来越明显,不同国家之间的联系更加密切。英语作为一种全球/国际语言(EGL/ELL)或一种通用语(ELF),被广泛地应用于跨文化交流,并在全球范围内传播和发展。在中国,作为与外国人交流的主要外语,英语的使用急剧增加,尤其是在过去的10年里。然而,中国的英语教学并没有影响到传统的教学模式,学生学习英语只是为了通过考试,教师讲课主要是为了帮助学生实现这一目标。其结果是学生无法灵活地运用英语来与外国人进行有效交流。在中国,这被称为"哑巴英语"或"聋哑人英语"。这种情况下,学生的英语综合运用能力是很难提高的,尤其是对于大学生而言。

为了改善这种状况,基于需求分析,教育部指出,大学英语教学的目的是培养学生综合运用英语的能力,尤其是听力和口语,使他们在未来的工作和社会交往中能够有效地通过口语和书面表达交换信息,同时提高他们的自主学习能力,提高他们的文化素质,以满足中国社会发展和国际交流的需求。这表明大学英语教学中让学生了解中西文化差异,进行文化教学是至关重要的,文化教学也可以看作大学英语教学改革的一项举措,旨在培养大学生的跨文化交际能力。

一、大学英语文化教学的现状

文化差异是影响语言进行交流的重要因素,学习一种语言,实际上就是学习一种文化,所以学习语言不可忽视语言所承载的文化,语言教学不仅包括语言知识的教学,而且包括文化知识的教学。因此,在进行外语教学的同时,需要导入与目标语有关的文化内容,这在目前已成为外语教学界的一种共识。然而,长期以来,英语教学重视语言形式,轻视文化导入,忽略跨文化意识的培养是较普遍的现象。

当前,大学英语教学的过程中存在着文化缺失的现状,在教学目标上,重视语言而轻视文化;在教学内容上,忽视了文化和语言密不可分的关系,没有意识到语言是文化的载体,

第十章　文化视角下的大学英语教学创新思维

文化渗透在语言当中。其中,大学英语教学中文化教学主要存在以下问题。

(一)教师主观重视程度不足

由于教师对文化教学的认识不足,在教学过程中没有对语言的文化背景加以重视,导致大学生英语文化学习的意识有待于进一步提升,使得学生不能全面地认识英语文化。

(二)没有制订合理目标

教学的主要目的在于提升学生的应用能力,把知识应用于生活。然而在大学英语文化教学中,教学目标并不明确,教师更加注重于学生英语基本能力的培养。

(三)英语教材涉及内容不全面

在大学英语教学教材中,偏重培养学生的阅读能力、翻译能力和应试技巧,而对文化差异重视不足,涉及英语文化方面的内容较少,导致在教学过程中不能很好地融合各国文化,学生所学到的文化知识零散,不能形成系统。教师过于注重对语法和词汇的讲解,对英语文化背景知识讲解少之又少。背景知识不仅指文化背景,还指人们掌握的各种知识,包括语言知识本身及已有的各种生活经验、经历。缺乏必要的背景知识是造成阅读困难的主要原因之一。丰富的英语社会文化知识,对提高英语综合运用能力有极大的促进作用;反之,背景知识的缺乏会造成理解障碍或误解。在知识习得过程中,学生应该学着运用上下文及背景知识来理解相关的语言信息。例如,在理解"The eagle always flew on Friday."这样一句话时,就必须利用相关的背景知识,如果单从字面上去理解,就是"老鹰通常周五都飞来"。联系上下文,发现这样的翻译在文中没有任何意义。对这句话进行分析之后就会发现,"eagle"是美国的国家象征,因为美国钱币上大都印有"鹰"的图案,由此可推断"eagle"喻指美国钱币,进而得出该句是"Payments were always given on Friday."从而达到正确理解。因此,教师要鼓励学生通过多种渠道和手段获取文化背景知识,如进行广泛阅读,并提供多种适合学生阅读水平和兴趣的英语阅读材料,增加阅读量,让学生多了解英语国家的背景知识。

(四)学习语境的缺失

语言的使用离不开语境。但在实际教学过程中,与英语相关的历史文化和风俗人情讲解少,导致语境缺失。而这样一来,将会导致学生在英语学习中带入很多汉语的思维和表达方式,在语言运用过程中引起很多不必要的失误。因此,在大学英语教学中,语境缺失是一个重要问题。

二、大学英语教学中文化导入的内容

不同的民族有不同的语言和文化,而文化差异的客观存在,极大地阻碍了不同文化背景下人们的交流与学习。中西文化差异也为中国人学习英语带来了挑战,同时也正是因为这种文化差异的存在而使得人们在学习外语的同时获得了不同的文化体验乐趣。大学英语课堂教学中,为了让学习者能更好地习得英语,使其掌握听、说、读、写、译等各项专业技能,培养其良好的跨文化意识,适时、适当地导入中西文化差异知识,进行文化教学就显得极其重要了,这也是必不可少的语言教学内容。

(一)文化差异

由于全球经济一体化的发展,不同文化背景的人之间的各种交流活动越来越频繁。21世纪,随着中国经济的快速发展和文化影响力的日益加强,与西方国家之间的交流与合作更是日益频繁与广泛。同时,中国学生出国交流、深造的机会也日益增多。在这种情况下,跨国界、跨民族、跨文化的经济和社会交往与日俱增,这就为我们提供了许多与西方人接触和交往的机会,然而,这也并不是一件简单的事情,因为我们所面对的是陌生的文化和国家,由于历史、政治、地理位置、宗教信仰等因素的不同,导致了各国、各地区文化的不同,这就是所谓的文化差异。

文化差异主要包括思维方式、道德观念、风俗习惯、宗教信仰、政治信仰等各方面的差异,我们其实可以将其汇总为文化方面的差异。

(二)中西文化差异对比

中西方文化差异不仅体现在语言交际方面,还体现在非语言交际上,它包含了表情、手势、身势、触摸、界域、服饰等。同样的非语言行为在不同的文化中有着不同的含义,因此,跨文化交际中对不同文化的非语言行为的了解和研究是必不可少的。

在全球化的背景下,不同文化的碰撞、交流和融合势不可挡,理解中西方文化的差异及其文化冲突是进行跨文化交际和提高跨文化交际的基础,有助于中西方文化的交流与合作,有助于世界文化的发展。

中国自古以来便是一个典型的农业社会,人们更加注重人与人之间的交际关系,提倡和谐,因此倾向于拉近人与人之间的距离,用称谓来表达一种亲近,同时提问一些能够体现人与人之间和谐关系的问题来维持关系。在中国人的观念里,如果两个人面对面无话可说,就表明这两个人的关系极其冷淡,毫不相关。而西方社会自发展以来,较为注重商业和工业,在社会的不断变迁中,淡薄了人与人之间的血缘关系,更加注重个人的隐私,崇尚个人思想。因此,倾向于提问一些公众性的问题来与对方进行交流,不把自己的私生活当作一种问候。同时由于地理环境的影响,也会对口语交际造成一定的影响。例如,英国是一个岛国,属于温带海洋气候,所以英国人一般见面问候的问题主要是与天气相关,当他们相见的时候,通常会先谈论关于天气的这些问题。语言与文化是相互依存、相互影响的,了解异国语言的特定文化背景,能够更好地帮助我们理解语言,理解文化,用语言去理解文化,从文化中升华语言。

1. 中西思维文化差异

(1) 主体思维与客体思维

①中国的主体思维。在中国文化中,道家和儒家的理论与哲学思想占据着重要和主导地位,两家思想都提倡以人本为主体。老子主张"人法地,地法天,天法道,道法自然"。庄子认为"万物以我为一",孟子亦云"万物皆备于我矣"。受这些思想的长期影响,汉民族逐渐形成了人本文化为主体的思维模式,即在观察、分析和研究事物的时候以人为中心的思维方式。这种思维在语言上的表现是,汉语中多以人或者有生命的事物为主语,如果人称不明确,则用"人们""大家"等词语来代替,或者使用无主句。[①]

下面通过一个例子来感受下英汉客体思维与主体思维的差异。

My fortune has sent you to me, and we will never part from each other.

我很幸运,能够得到你,我们将永不分离。

上述原文的主语是抽象名词 my fortune,译文则将其转化为人称代词"我",这样翻译符合汉语民族的思维习惯和行为习惯,从中也能体会到英汉民族思维方式的差异。

②西方的客体思维。英语民族的思维趋向客观的大自然和外部环境,主张通过人类的智慧和能力来征服自然和改造自然,在这一思想的长期影响下,形成了以客观世界为观察、分析、推理和研究中心的思维方式。这种思维方式通过语言就能发现其身影,如英语中常用物称表达法,既不用人称来叙述,而是通过事物以客观的口气来叙述,并且常使用被动句。例如,英美人在接电话说"是我"时,常用"It's him/he."来表达;在交谈中询问对方近况时,常用"Is everything OK with you?""What is up?",不直接加以询问,而是对对方周围的事情进行询问。再如:

The unpleasant noise must be immediately put an end to.

必须立即终止这种讨厌的噪音。

上述句子原文并没有用人称作主语,而是把感受到的事物作为主语进行叙述。

上述这些例子都说明英语中常用物作主语,行文的客体性特征多于主体性特征,也反映了英语民族偏重客体的思维方式。

(2) 具体思维与抽象思维

①中国的具体思维。汉语民族侧重具体思维,人们在说明问题和描述事物时习惯用形象和比喻法,具有"尚象"的特征。这种思维对语言的影响是,汉语用词具体,习惯以具体的概念来表达抽象的事物,而且句中常会出现多个动词连用的情况,读来生动形象。例如:

去年今日此门中,人面桃花相映红。

人面不知何处去,桃花依旧笑春风。

(崔护《题都城南庄》)

上述诗句用词简单,语言简朴,形象具体,用意清晰明了。作者用了"人面""桃花"等

[①] 蒋萍. 汉英思维方式差异与翻译[J]. 成功(教育), 2011 (20): 277.

具体义项,表达了对旧日美人的缅怀之情。类似这种的用具体名词或贴近生活的词语来表达抽象内容和情感的方式在汉语中十分常见。

②西方的抽象思维。英语民族侧重抽象思维,常用大量抽象的概念来表达具体的事物,反映事物内在的情况和发展规律,注重逻辑与形式的论证,具有"尚思"的特征。在语言的使用中,就表现为惯于用抽象的名词来表达复杂的理性事物。下面来看拜伦的诗句:

She walks in beauty, like the night,
Of cloudless climes, and starry skies;
And all that's best of dark and bright,
Meet in her aspect and her eyes;
Thus mellowed to that tender light,
Which heaven to gaudy day denies.

上述诗句的比喻中,主体和喻体的相似程度不高也没有关系。人的美和自然之美一样都是美的,将这两种美抽象地联系在一起,可以相互映衬,表明同一种意思。

2. 中西价值观文化差异

(1)金钱观念差异

《茶花女》中有这样一句名言:"金钱是好仆人、坏主人。"是做金钱的主人,还是做金钱的奴隶,这实际上是反映了两种不同的金钱观。所谓金钱观,就是指对金钱的看法和态度。简单来说,就是认为金钱是重要的还是次要的。金钱是适应商品交换的需要而产生的,随着商品经济的高度发展而逐渐成为财富的象征。对于任何民族而言,日常生活都离不开金钱的流通,而对金钱的不同态度则反映了不同的价值取向。了解中西方不同的金钱观,对于了解中西方文化差异有着很大的帮助。

①中国的金钱观。在中国传统文化中,人们固然认为金钱十分重要,但并没有将金钱的获得作为成功的标志或者生命的必须,而是"身外之物"。中国有句俗语说的是金钱"生不带来死不带走",实际上就是对金钱观的反映。在中国文化中,金钱和地位并不等同,所以中国人对金钱的态度要豁达很多。究其根源,主要是因为中国千百年来受儒家思想的影响,向来重农抑商,以农为本,以商为末,有"为富不仁""无商不奸""见利忘义"的看法。读书人认为谈钱有辱斯文和清高,并且以不言"阿堵物"为高尚。"金钱如粪土,朋友值千金",视钱财如粪土,重义轻利被认为是检验正人君子的标准,成为中华民族的传统美德。商人总是被人讽刺和轻视,被认为重利轻情。这种金钱观在语言上也有着鲜明的体现,如"君子爱财,取之有道""钱字有两戈,伤尽古今人"等。在当代社会,尤其是近些年来,随着社会经济的发展,人们对金钱的认识和态度发生了很大变化,追求财富成为人们生活的重要部分,挣大钱成为人们的重要愿望。与此同时,也出现了不少的现实社会问题,金钱成了衡量人能力的一个标准,在与金钱的博弈过程中,亲情、友情和爱情都败下阵来。这种拜金现象在语言中也有所体现,如"有钱能使鬼推磨""人为财死,鸟为食亡""一文钱难倒英雄汉"等。

②西方的金钱观。西方文化历来崇尚物质,西方人一向都是热情和大胆地追求物质利益,他们认为物质成就的获得代表着个人的成功,自我的实现首先是物质成就的实现,然后是其他层面的进步和满足。但是也有人有着不同的金钱观,认为人的生命是宝贵的,不要为

钱去拼命,而应该尽情地享受人生,因此多数人对金钱的态度是,金钱可以使人有权有势,但不一定使人幸福。

(2)自然观念差异。

①中国的"顺应"观念。中国位于亚洲东部的大陆上,地形复杂、气候多样、河流纵横的自然基础很早就萌发了初期的农业文明。可以说,中国文化起源于大河,黄河被称为中华民族的母亲河,除此之外,中国还有黑龙江、松花江、辽河、长江等各大流域。农耕文明与游牧文明的互动推动着中华文化的不断发展,总体上还是以农耕文明为主导。①

在农耕社会,自然条件的好坏直接影响着人们的生活状况,人们在当时无力改变自然条件,祈求自然的眷顾、赐予,希望风调雨顺、五谷丰登。中国古人认为,人要顺应统一的规律,和自然一致、和谐。中国人的自然观是中国产生集体主义价值观的重要根源。

②西方的"对立"观念。西方文化是主体与客体相对立的文化。人面对着自然,要么感到畏惧,要么就是想尽一切办法去征服,这就形成了人与自然的对立关系。

之所以形成这种状态,还要追溯到公元前3000年到公元前2000年左右的欧洲文明萌发期,即所谓"爱琴文明"时代。西方文明的发源地是古希腊。古希腊文明呈现出强烈的海洋性,发展了西方社会经济的商业文明。当时的人们通过航海和商业来谋生存,来发家致富。人必须具备冒险的勇气和探索精神,才能求得在海洋上的生存权利。因此,人与自然之间是一种认识、征服和改造的关系。人要勇于挑战自然,彰显人的价值和力量。

(3)道德观念差异。

①奉献与平等。

a.中国的奉献观念。孔子在他在《论语·里仁》中指出,"君子喻于义,小人喻于利",这种利义观影响中国社会几千年。所以,在中国,不乏具备奉献精神的人物,古有"先天下之忧而忧,后天下之乐而乐"的范仲淹,后有全心全意为人民服务的雷锋,今有感动中国的大学生志愿者徐本禹等。

b.西方的平等观念。西方的道德观念深受西方人文主义的影响。西方的人文主义是指那些发扬纯粹属于人和人性的品质的一种途径。在西方哲学史上,普罗泰格拉(Protagoras)第一次把人作为研究对象,强调了人的主体地位和能动作用,开创了西方人文主义的哲学思想。到了19世纪,人文主义认为,个人才能发挥促成的知识、财富、文明等方面的增长在物质和道德方面将人提高到前所未有的新高度。

人文主义倡导的自由、平等思想贯穿着中世纪以来的社会、政治、经济、文化等各个方面。西方的传统是崇尚法律,法律被认为是自由、平等、正义的象征。

②仁与德。

a.中国的"仁"观念。在中国,仁和义是最为重要的道德价值观念,其中"仁"位于仁、义、礼、智、信的首位。推己及人是儒家的一贯态度,这符合仁的真实情感。具体的修身程序为"学礼—约之以礼—自觉地循礼行事—存养仁"。但是,"仁"的实现并不意味着修身的终止,对"仁"的追求就如同对真理的追求,永无止境。

---

① 赵璐.基于语言与文化对比的英汉翻译探究[M].长春:吉林大学出版社,2019.

b.西方的"德"观念。在西方社会,智慧、勇敢、节制和正义一直都是人们所崇尚和遵循的道德价值观念。这一思想在柏拉图所著的《理想国》中有所体现,柏拉图从城邦正义、个人正义两个层面来阐述正义,他指出城邦正义就是城邦中的每一个人都只做自己的事情,个人正义则是指自己内心的各个部分不可相互干涉。正义还指人的智慧、勇敢和节制三种德性各司其职、和谐共处。正义使得人们安于自己在社会中的地位和职责,使得社会能够和谐有序地运行。

三、大学英语教学中文化导入的原则

英语教学中的文化教学应该包括两方面的内容:一是文化知识的传授,二是跨文化意识的培养。文化知识的传授主要是英语教学中导入文化的内容,因此也称"文化导入"。教师通过加强文化导入,进一步有效地提高学生的文化敏感性,以培养其跨文化交际能力。

既然语言与文化密切相关,相辅相成,中西文化差异又不可避免,因此,必须在大学英语教学中进行文化导入。中国大学英语教学中的文化导入对培养学生的文化敏感性,提高其跨文化交际能力起着不可低估的作用。正如许多语言学家所讲,我们不掌握文化背景就不可能教好语言。语言和文化相辅相成,不懂得文化的模式和准则,就不可能真正学到语言。那么,如何有效地加强大学英语教学中的文化导入?这已是亟待众多语言文化研究者及教育界人士解决的问题。鉴于语言和文化的复杂性,教师在大学英语教学中必须遵循一套有效的方法或原则。

(一)循序渐进原则

文化知识有着自己的科学体系,对此教师应遵循循序渐进原则,合理安排不同阶段的学习内容,以使教学内容符合学生的认知特点和发展规律,使学生由简到繁、由浅入深地掌握文化知识。文化不仅博大而且精深,它包括了文学、艺术、科学、技术等的方方面面。因此,学习文化不同于学习知识,靠突击强化往往是难以奏效的,必须遵循循序渐进的原则,在日常生活、学习中去慢慢地了解、思考、领悟,才能有所得。在大学英语教学中,教师进行文化教学时,也要遵循循序渐进的原则,文化导入的内容必须充分考虑学生的年龄特点、语言水平和认知能力等,注意由浅入深,由现象到本质,阶段性地把英语国家的社会文化知识与学生的日常生活相联系,要通过日积月累去培养学生对英语文化的感知,才能让学生感受到语言的魅力。

具体来讲,在文化教学的初始阶段,应该以日常生活的主流文化为主要教学内容。在中间阶段,可以教授文化差异带来的词语的内涵差异及如何正视这种差异。在最后阶段,就可以将一些文化差异导致的思维方式、心理方式及语言表达差异渗透到教学之中,使学生深层次地了解英语文化,从而达到文化教育的目的,逐步帮助学生提高其文化敏感性,以培养其跨文化交际能力。

第十章　文化视角下的大学英语教学创新思维

(二)开放性原则

英语文化内涵丰富,仅仅依靠大学英语课堂有限的教学时间,是无法帮助大学生建立起对英语文化的良好感觉的。因此,在大学英语教学过程中,教师在文化教学的过程中必须要秉持开放性的原则,既要保持日常教学对英语文化内容的开放性,也要保持教学形式的开放性。在英语文化内容方面,学生对英语国家的文学、科技和风俗习惯等都应进行适当了解;在教学形式方面,可以大力开展形式多样的第二课堂如鼓励学生观看英语电影,听英文歌曲,阅览英语杂志、书籍等。[1]

(三)以学生为中心原则

课堂教学应该本着以学生的需求为原则,因此,在大学英语教学中渗透文化教学时应遵循以学生为中心原则。大学英语文化教学的内容与目标扩大了数倍,但教学时间并没有随之增加,因此为了实现教学目标,教师需要在以学生为中心的前提下培养学生的自主学习能力,进而弥补课堂教学的不足,更加有效地培养和锻炼学生的跨文化交际能力。

(四)教师传授式与学生体验式教学模式相结合原则

在大学英语教学中开展文化教学时应该多注意传授式与体验式这两种教学模式的相互结合。

传授式教学模式是利用讨论、讲座等方式传授知识技能,提高学生认知理解能力,促使学生掌握语言和文化知识,其不足之处是学生多处于被动地接受状态,缺乏实践的机会。

体验式教学模式即让学生掌握一定的交际能力,通过运用英语展开交际。交际能力是人们为了对环境进行平衡而实施的一种自我调节机制。通过这种交际体验,能够不断提升学生的交际能力。

在交际过程中,交际双方需要建立在一定的语言交际环境的基础上,不断熟悉和了解交际双方的背景知识,从而将交际双方的交际技能发挥出来。我国的英语教学需要为学生营造能够进行交际体验的环境,这样才能形成一种双向的互动与交际模式。

这两种教学模式各有所长。对此,教师要注重将这两种教学模式有机结合起来,使课堂教学活动多样化,确保教学中既有语言与文化知识的讲解,又有促进认知、培养实践能力的角色扮演、模拟活动等。

(五)因材施教原则

学生的思维、价值观、世界观和文化体验等在大学英语文化教学中发挥着重要的作用,它们是语言和文化教学的基础,因为学生跨文化能力的培养需要从学生现有的文化体验出发,通过母语文化与目标语文化进行对比,从而提高学生的文化意识。

---

[1] 孙静.大学英语教学及改革新思维[M].北京:中国水利水电出版社,2017.

因此,在开展大学英语文化教学时,教师应针对学生的特点、个性、学习风格、学习基础等选用合适的教学方法,因材施教并尊重学生的个人体会、价值观念、思想情感等,不能对学生持有轻视、否定及批评的态度。

（六）文化整体性原则

文化总是具有很强的整体性,任何民族的文化都不会是单一的,每一种文化类型都具有多元性、丰富性、层次性的特征。在学习英语文化的时候,必须关注文化的差异,对文化要有一个整体的把握,才能准确地理解一个个具体的文化现象。[1]

在大学英语教学过程中,教师在进行文化教学时,不仅要注重培养大学生理解英语语言的文化思维,也要注重提升大学生对英语文化基本特性的理解能力。

（七）文化相对原则

文化的多样性决定了不同的国家或民族有不同的语言和文化。许多语言学家主张人们的思想和行为要以目标语国家的社会规范来评判,于是便提出了文化相对原则。在文化导入时,要时刻提醒学生语言和文化没有优劣之分,只存在着个性差异。我们在学习英语时,既不要因我国五千多年的中华灿烂文明而沾沾自喜,也不要盲目崇拜西方的新鲜事物。运用这一原则进行教学时,教师需要有意识地引导学生正确、客观地看待本土文化与外国文化之间的差异。一方面要使学生对外国文化持客观、宽容的态度,避免产生狭隘的民族主义；另一方面也要使学生坚持本国的优秀文化传统,避免盲目崇仰外国文化。

（八）文化发展原则

文化是不断发展变化的,永不停息。正因为如此,文化才能不断得到继承和发展。同时,随着社会文化的发展,人们的观念在不断更新,反映社会文化的语言也不断产生新词汇。例如,近代英语中我们使用"dinner time"而不是古英语中的"pudding time"。又如,"Irangate"（伊朗门事件）、"Whitewatergate"（白水门事件）、"Cartergate"（卡特丑闻）、"Nannygate"（非法雇佣保姆丑闻）、"Monicagate"（莫尼卡门性丑闻）等以"gate"所嫁接的新词频频出现在电视节目和舆论界内。这种现象可追溯至1972年发生在美国的"Watergate"（水门事件）,即尼克松丑闻事件。自此以后,"gate"在某些时候就带上了"scandal"（丑闻）的色彩。随着跨文化交际的加强,文化的演化特点将会越来越明显。因此,文化教学应遵循文化发展原则。

---

[1] 周标.大学英语语言教学中文化导入探究[J].英语广场,2018(01):68-69.

第二节　大学英语文化教学实施的意义

　　文化教学指的是在语言教学中将某个语言国的国情、文化背景、文化知识等融入语言教学中。将文化教学渗透到英语教学中，关注学生的情感态度，从而丰富学生的文化知识，培养学生的文化素养，使学生以积极的态度学习英语，通过这种多元化的途径来提高学生的英语综合能力。

一、文化教学是大学英语教学改革的必然要求

　　文化教学的开展对于大学英语教学意义重大，它对于提升学生的语言能力、培养学生的文化意识、提高学生的跨文化交际能力等都十分有利。而随着跨文化交际的深入和文化语言学的发展，文化教学已逐渐发展成为英语教学的重要部分，并对英语教学产生着深远的影响。

　　大学英语教学归根到底是为了培养学生运用英语进行交际的能力，为了实现这一目标，我们尤其要重视大学英语教学实质是一门跨文化交流教学的科目。语言是文化的物质载体，我们更要注意隐藏在大学英语教学之后的文化教学。同样一个词语可能在中英两种语言中有不同的表达意义，如"狗"（dog）这一个词，在外国人的文化中，狗是人类最忠实的伙伴，所以 dog 在英语中所潜在的隐含义是褒义的，他们会说人"lucky dog"，意思是祝你好运；但是对于中国人而言，狗的出现多是在一些贬义的词语中，如"落水狗""癞皮狗""狗腿子"等都是一些不好的含义。由此我们可以看出存在于语言之中中外文化的巨大差异。

　　所以，在大学英语教学中除了教给学生词汇、语音、语法之外，更要教给学生隐藏在词语背后的文化意义，以避免当学生和外国人交流的时候，因为文化差异而导致的交流障碍和矛盾。

　　可见，大学英语语言教学离不开文化教学，因为语言教学与文化教学两者是相互作用、相互影响、相互促进的。甚至从某种程度上来讲，语言教学中必须进行文化教学。

二、文化教学是激发学生学习兴趣的必然途径

　　在大学英语教学中渗透文化教学，能够有效地激发和提高学生的学习兴趣。激发学生的学习兴趣是激发学生积极主动学习英语的前提条件。在大学英语学习中，课文的题材选自于不同的方面，如生活、社会、地理等。如果教师只是单纯地讲解课文中的生词、语法，学生将会觉得非常枯燥和乏味。因此，在大学英语教学中，教师不止要做到课文知识的讲解，而且在课文讲解中可以涉及文化背景知识，不仅可以激发学生对英语的兴趣，而且也能使学生更好地理解课文内容。

　　总之，教师应该引导学生透过语言来看这种语言的内涵与文化，给语言教学注入新鲜的

文化内容，便能变枯燥的语言知识教学为生动活泼、富有趣味的文化教学，进而调动学生的学习兴趣，激发学生自主学习的热情，学生的学习效率自然也就能随之提高。

三、文化教学是文化全球化的迫切需求

文化教学是语言交际的内在需求，是跨文化交流的必然要求，是高校英语教学改革的基本要求。随着科学技术的进步和全球一体化的加快，学习一种语言，文化交流的内涵比语言交际更加广泛和深刻，除了准确掌握相关词汇、语法等基本知识，并正确运用以外，更重要的是懂得各种词汇在使用过程中对应的社会地位、语境及社会含义，在英语教学过程中进行文化导入，引导学生了解中英文化的差异，培养学生的文化素养，提高学生的跨文化交际能力，进而培养符合社会发展要求的英语人才。[①]

四、文化教学有助于提高学生的英语综合运用能力

英语的应用能力体现在听、说、读、写等层面，在传统的英语教学中，学生更加注重单词的记忆和语法的应用，导致只会做题却不会应用。语言离不开文化，如果学生在英语学习中脱离了文化的学习，在应用过程中就会产生一定的障碍。语言中渗透着丰富的文化内涵，要想学好一门语言，首先要掌握其国家的文化背景。

随着文化多元化和经济全球化的发展，在进行大学英语教学过程中，教师需要把大学英语教学与文化知识有效地结合在一起，这样可以使学生更好地掌握英语基本知识，不仅可以培养学生的多元文化意识，而且还可以全面提高学生的英语学习水平。

语言是受文化的制约的，所以在大学英语教学中我们要格外注意不同地区的学生受当地文化的影响会对同一种外语有不同的理解方式，也因为不同地区有不同的方言，发音方式也格外不同，从而产生不同的学习效果，也就会使学生的英语综合运用能力有所不同，同时也要关注整体中国人比较爱犯的错误。例如，中国学生为什么口语化能力远远比不上书面表达能力呢？除了与中国教育普遍关注笔试之外，更多的是受制于文化的影响。

五、文化教学有助于开阔学生的视野

教师在英语知识讲解中，通过介绍英语语言国家的文化背景，可以让学生了解一些涉猎历史、地理等方面的知识，拓宽学生的知识面，使他们对外部的世界更加了解，有助于他们成为具有国际视野的开放性人才。

综上所述，外语教学中的文化导入是至关重要的。因此，大学英语课堂的教学不仅是语言的教学，更应该加入西方文化的教学。同样，语言和文化之间的区别从来都不是明确的，二者是相互联系、互相影响的。学习英语的过程，也应该是了解和掌握英语文化背景知识的过程。因而，对文化背景知识的了解就直接影响到学习者的英语运用能力，尤其是学习者的口语实践能力。

---

① 李小艳.大学英语教育的文化思考与探索[M].北京：中国水利水电出版社，2018.

第十章　文化视角下的大学英语教学创新思维

如今,各大高校对英语教学非常重视,而传统的英语教学仅仅进行语音、语法和词汇的教学,让学生写出合乎语法规则的句子,很难提升学生的英语综合能力。所谓文化教学,是指在传统教学的基础上,引导学生多阅读一些英语书籍,观看一些英语视频、电影等从而了解中西方的文化差异,认识到西方文化所特有的魅力,实现渗透文化教学,使学生深入理解西方文化与语言的含义,培养学生的学习兴趣,逐步提高学生的文化素养,从而达到扩展学生文化知识面的目的。

近年来,尤其随着中西文化的交融,如何在英语课堂中进行文化教学已逐渐成为当前英语教学的首要问题。笔者认为,要进行文化教学就必须要了解和掌握母语和目标语之间的文化差异,也就是指英语和中文之间的文化差异,这里的文化不仅仅是指"Culture",而是一个更加广泛的范围,是指一个社会所具有的独特的信仰、习惯、制度、目标等,也就是指一个民族的全部的生活方式。所以,我们所面临的英语课堂不应该只包括语法教学、单词教学等,更应该穿插文化教学。语言的工具性和人文性决定了外语教学不仅是知识的拓展,更是文化的传承,蕴含着丰富的人文内涵和学术研究价值。

当前,外语教学研究的最大突破在于将文化置于语言环境之中,外语教师要重视外语教学中的文化导入和文化对比,树立文化教学意识,培养学生文化认知能力和跨文化意识,让外语教学真正实现学以致用的教学目标。因此,大学英语教学中应该融入文化教学,提升学生对语言的理解能力。

第三节　大学英语文化教学的具体策略

开展英语文化教学可以使学生在语言学习中理解与接受异域文化,从而为顺利展开跨文化交际做准备。对于我国高校英语教学的对象而言,在英语学习的过程中,不可避免地会有文化的学习。这一过程有助于帮助学生开阔眼界,建立文化身份,形成自身的批判性思维。有理念,就有方法论。方法形成之后,也不是恒定的,会随着理念的变化而变化。随着高校英语文化教学的理念深入人心,它的实施策略就需要被探讨。概括而言,大学英语文化教学的具体策略主要有以下几种。

一、师生互动策略

教师要努力尝试通过和学生的互动来实施高校英语文化教学。教学的本质决定了教学不应该是单向行为,而是双向行为。因此,高校英语文化教学应该真正回归到教学的本质上来。首先,教师要培养学生正确的文化心态,使学生平等看待一切文化。其次,教师要营造平等、自由和开放的互动氛围,鼓励倾听和表达,使得学生尽情发挥,畅所欲言。在互动过程中,教师和学生扮演不同文化中的角色,使学生理解外来文化。

二、文化引入策略

（一）背景说明

在中国,学生一直浸润在母语环境中,周围的英语环境极其缺乏,甚至是空白的,因此学生对很多文化背景知识可能是不太了解的。要将说明介绍的工作做好,教师需要提前在课外时间做好准备工作,搜集一些与教学内容相关的典型文化知识,并通过自己的消化理解将其恰当地应用到课堂之中。

通常情况下,教学材料中的作者、内容和事件发生的时代可能都蕴含着一定的文化内涵,学生必须广泛学习这些背景知识,否则就难以准确理解所学材料。例如,当学生读到《21世纪高校英语》第一册第十单元 *Cloning: Good Science of Bad Idea* 中的 "Faster than you can say Frankenstein, these accomplishments, triggered a worldwide debate（不等你说出弗兰克斯坦,这些成果就已经引发了世界范围的大辩论）" 这句话时,可能不明白如何解释 Frankenstein,因此也不明白整句话的意义。在这种情况下,教师需要介绍以下三点与理解该材料有关的背景知识。

（1）英国女作家 Mary.W.Shelley 写了一部科幻小说,并以自己的名字为这部科幻小说命名,而这部小说描写了一位发明怪物并被它消灭的年轻医学研究者,名字叫做"Frankenstein"。

（2）在英语中,有个成语为"before you call say Jack Robinson（开口讲话之前）","Faster than you can say Frankenstein" 就是根据这个成语创造出来的。

（3）文章中的人物是在一定的社会背景下出现的,当时克隆技术大肆蔓延,作者极度担心克隆技术会对人类社会造成重创,因此读者就将克隆技术与小说情节相联系起来。

（二）比较分析

有比较,就有结果。只有在比较中,事物的特性才会表现得更加明显。中国和西方国家在长时间的历史积淀中形成了不同的文化。

（三）文化互动

考虑英语文化教学中存在多种问题,很多专家、学者从不同的视角提出了不同的解决方案,但是总体上都不能让人满意。文化的双向传递指的是在英语教学中,以中西方文化作为中心,以对文化的学习来促进语言的学习,从而建构学生的中西方文化知识结构,培养他们的跨文化交际能力。

文化互动目的是克服因英语教学中单向西方文化输入产生的问题,尤其是"中国文化失语"现象的出现,而是用中西方文化的双向输入;克服零散的点的输入,而是用系统的文化输入。在英语教学中实施文化因素互动模式,有利于对学生的文化知识结构进行优化,对本土优秀文化进行弘扬,保证中西方文化的平等对话。

当前,多数英语文化教学将西方文化作为教授的内容,多以西方文化作为教学重点与资源,但是未将中国文化传播纳入教学之中,因此主张采用文化双中心原则。虽然当前基于全球化背景,文化研究多是以西方范式作为主导,但是我们也不能忽视本土文化。很多中国学者呼吁应该进行中西方文化的平等对话,而要想实现平等对话,主体必然是中国人,将中国文化教学与西方文化教学相结合,实现二者的并重,这样才能真正地做到知己知彼,才能避免出现"中国文化失语"的现象。

(四)文化讨论

文化讨论是教师进行高校英语文化教学的重要策略,首先这一策略充分尊重了学生的主体地位,其次学生在讨论过程中可以学习关于文化的各种知识,最后讨论策略有助于提高学生对文化学习的积极性和主动性。

三、附加形式策略

以附加形式实施高校英语文化教学,就相当于一碟开胃菜,形式可以多样化。教师也可以将优秀的但是传播度不高的英语书籍介绍给学生,并以书中的文化知识为主题开展讨论、戏剧表演、知识竞赛等活动。这些活动都需要在教师的指导和监督下进行,以便活动真正实现高校英语文化教学的目的。以戏剧表演为例进行说明,微型剧包括 3~5 幕,每一幕包含一两个文化事件,学生在参与戏剧的过程中,可能会导致一些文化误读的现象,通过反思、调查之后,就能找出文化误读的根本原因,从而学习了文化知识。

四、外教辅助策略

客观条件优越的学校可以适当地聘请一些外籍教师授课。外教的到来对高校英语文化教学具有以下几个作用。

(一)外教对学生的影响

外教不仅可以提升学生的英语学习兴趣,还能真正促进学生跨文化交际能力的提高。外教作为异域文化中的成员,比较能够引起一批学生的好奇心,能真正提高英语文化敏感度和英语交际能力。另外,学校可以定期利用外教组织英语角,这样就为学生创造了纯正地道的英语环境和文化环境,有利于英语听力和口语能力的提高,从而使得跨文化交际能力也有一定的进步。

(二)外教对教师的影响

在中国的大环境下,很多中国英语教师虽然出身于英语专业,集各种英语等级考试证书于一身,但是由于口语的练习机会很少,英语口语表达能力依然比较欠缺。另外,外教是在另外一种不同的文化氛围中成长和学习的,其教学模式可能更加有趣、生动,中国的英语教师就可以汲取他们的教学模式中的优势,也有利于提高教学水平。

当中国教师的跨文化交际能力和英语教学水平提升以后,直接的受益者就是学生。中国教师的英语教学水平提升了,在实施高校英语文化教学中就能取得更好的效果。

如果外教的学校教学工作让他们获得了良好的感受,外教往往会把国外的教育行业的朋友或者机构等介绍给学校,这样学校就可以通过夏令营、冬令营的形式和国外的教育机构进行互访、学习和交流,从而提高学生的跨文化交际能力。

第十一章　生态视角下的大学英语教学创新思维

21世纪被认为是生态世纪,生态学的思想被人们所熟知,成为人们生活与工作的新方法。对于高校英语教学而言,从生态学层面进行研究也符合可持续发展的规律。可以说,就生态语言学而言,高校英语教学是一个完整的微观生态系统。因此,本章就对生态视角下的大学英语教学创新思维进行研究。

第一节　大学英语生态教学简述

教育要以人为本,因此高校英语生态教学也应该这样。人的生命发展具有多元性,而学生个体的发展具有多样化,这包含他们身心和谐的发展、个人的求知欲、与他人和谐相处的能力等。但是,学生个体的发展不能牺牲他人,因为教育面向的是全体学生,因此要兼容并包,对其他学生要予以尊重。因此,高校英语生态教学的本质就在于通过生态课堂,让学生逐渐汲取成长所需的营养,同时通过物质、能量等转换对生态课堂产生影响,为他人的成长创造条件。可见,高校英语生态课堂本身是一个良性循环的过程,是物质、能量与信息的转换,不仅促进学生生命成长,还促进了社会的可持续发展。谈到高校英语生态教学,首先来谈一谈生态课堂,进而分析高校英语生态教学的本质与生态课程的构建。

一、生态化教学的定义及特点

(一)生态化教学的定义

所谓生态化教学,就是指在课堂教学中坚持以学生的发展为主题,课堂生态因子之间的协调和运作,从而产生相互激发、共同参与合作的学习环境,实现教学相长、持续和谐发展的课堂教学追求。通过分析,笔者认为,所谓生态化教学,就是在生态课堂中运用生态学的原理和方法,通过情景再现,充分调动学生学习知识的兴趣和爱好,让学生参与课堂教学活动之中,使师生之间、学生之间始终处于平等和谐的教学环境之中,进而推动学生全面发展的一种教学模式。[①] 生态课堂就是运用生态学原理与方法研究课堂教学现象及教学规律,它将课堂教学及其生态环境紧密联系在一起,并以其相互关系及其机理为研究对象,采用

[①] 尚宁华,王林侠.构建生态化大学英语课堂探究[J].山海经(故事)(上),2017.

生态学的方法来剖析课堂教学的内外部系统,进而分析课堂教学生态功能并揭示生态教学基本规律,这是课堂教学和生态学相互渗透的结果。

(二)生态化教学的特点

1. 整体性

生态课堂的整体性是指学习活动被视为一个小的生态系统,它以群体的组织形式展开学习,建立制度,协商分配角色,相互帮助、相互传授,从而借助集体的力量来维护生态系统的良性循环。

2. 多样性

生态课堂的多样性是指在生态化教学活动中,学生的思维方式、学习水平、学习环境、学习心理以及教师的授课方式、方法、对教材以及学生的熟悉程度等方面的多样性。教师常用多样化的通信方式,比如QQ群、微信、E-mail以及微博等方式加深与学生的交流互动。

3. 互动性

生态课堂的互动性是指在生态化教学环境中,师生之间的交流以及学生之间的合作交流等。教师不再是课堂的唯一的主体,学生也处于和教师同等的主体地位,这是生态化教学的一个亮点,体现生态主体之间的平等地位,促进师生之间的友谊,有效缓解"生态失衡"现象。

4. 情景性

生态课堂的情景性是指在课堂中通过创设情境、设置悬念和问题,使学生处在和谐的生态化的教学氛围中。情境创设是教材"活化"的具体体现方式,提出的问题是教师、学生、教材间知识、能力与情感的相互交流过程,体现了三维目标的统一。情境创设是实现生物教学改革的目的,实现生态化课堂的必要步骤。

5. 生成性

生态课堂的生成性是指教学过程与预先设想的课堂之间的不同之处。美国心理学学家维特罗克认为,学习是一个主动的过程,学习者积极参与其中,主动地构建自己对信息的解释,并从中做出推论,这遵循了生态主体的发展性原则。[1]

二、高校英语生态教学的理念

无论对于教师还是学生而言,高校英语生态课堂都是一个全新的教育观念,需要每一位教师付诸自己的心血来经营和追求。要想构建一个完整的高校英语生态课程系统,这个过程是十分困难的,包含创设课堂环境、和谐师生关系、加强课堂互动、构建多元评价机制等。下面就来具体分析这几项内容。

---

[1] 扈玉婷.大学英语生态化写作教学研究[M].北京:北京理工大学出版社,2019.

第十一章　生态视角下的大学英语教学创新思维

（一）创设和谐生态课堂环境

对于师生而言，课堂是他们演绎生命意义的舞台。创设一个和谐的课堂环境，是师生完整生命能够自由成长的基础与前提。生态课堂创设，不仅涉及物理环境的创设，还涉及心理环境与文化环境的创设。[①]

1. 物理环境创设

高校英语生态教学中生态课堂的物理环境，是由自然环境和一些教学设备构成的，自然环境包含照明、光线、噪音等，教学设备包含教师布置、书桌布置等，这些在课堂教学互动中发挥着不同的生态意义与功能。

（1）适当的光线和照明

在课堂中，适当的照明与光线对于教师和学生都有重要作用，尤其是对学生的健康与心理影响较大。例如，如果光线太弱，那么学生在学习中就会感到视觉疲劳，甚至产生厌倦心理；如果光线太强，那么学生就会受到过度的刺激，导致对健康产生影响等。

（2）降低噪音

噪音会对人的生理机能产生影响，这是不容置疑的，而且会让人感觉到非常的不舒服，也会影响学生的心理，如使他们感到焦虑，记忆力下降，甚至思维变得迟钝等。在教室中，噪声大小与教室位置、班级学生密度有关，与位于城市的位置有关。也就是说，班级人数多，那么噪声就偏大；离城区越近，噪声就越大。

另外，学生对噪声的承受能力会因为个性、性别等产生差异。因此，要想构建一个高校英语生态课堂，在位置上要远离城市中心或者比较喧嚣的地方。其次，对于班级的规模也应该予以控制。一般来说，公共英语的班级较大，教师应该根据具体的情况，对不同形式的教学活动进行安排，从而减少噪音。

（3）布置教室

作为课堂活动的场所，教室的教学设备、内部构架等都需要精心的设计与安排。教室内课桌的摆放以及墙壁等的布置是否整洁干净等，都会让师生感觉到精神上的舒适感与愉悦感。

形状不同的教室，其有着不同的优点。一般来说，梯形的教室适合讲座，长方形的教室适合课堂讲授，因为这样的教室便于安排座位；圆形的教室适合小组交流与讨论，这样座位的布置也是圆形的。

另外，教师站立的位置与座位编排会对师生之间的互动产生影响。因此，教室的布置应该具体问题具体分析，考虑课堂活动的要求和内容，一般需要考虑：是否对师生的课堂互动有利，是否对生生之间的讨论与交流有利，是否对开展小组学习与自主学习有利等。

（4）编排座位

传统课堂中的学生座位一般是采用"秧田式"的编排方式，即横成行、纵成列，学生面对

[①] 王翠英，孟坤，段桂湘. 大学英语生态课堂与生态教学模式构建研究 [M]. 西安：西安交通大学出版社，2017.

教师与讲台。此外,还有"圆桌式""半圆形""马蹄形"和"客厅式"等座位编排方式。

在课堂环境中,座位编排也是非常重要的,其对学生的态度、情感、行为等都会产生影响。根据研究,一般依赖教师较强的学生往往学习积极性都较高,并习惯坐在最前排;对教师依赖性差,喜欢开小差的学生往往学习积极性不高,习惯于坐在后排;而那些希望引起教师注意的学生则往往会选择中间的位置;比较胆怯的喜欢挨着墙坐。

但是,由于教学活动的类型与形式多样,学生的个性特征也呈现了鲜明的特色,因此并没有固定的座位编排,甚至每一堂课、每一个教室,学生都会变换位置,这就要求高校英语生态课堂的座位安排应该考虑教学活动,同时兼顾学生的自由与健康,保证每一位学生都有一个舒适的学习环境。

2. 文化环境创设

在高校英语生态课堂中,文化环境包含物质文化环境与精神文化环境两类。前者指的是符号化与物化的结果,属于一种表层的文化环境;后者指的是态度、情感等,属于一种深层的文化环境。

在高校英语生态课堂中,物质文化包含课本、教室、教学设备等这些硬性文化,或者可以称为显性文化,这些文化会对人的行为产生不知不觉的影响,因此在创设生态课堂文化时,能够调动各种物质文化的积极性,如班训、班报等,这样可以使课堂更富有气息等。

生态课堂中的精神文化环境包含学生个体的思想与个性发展、学生群体的精神风貌与其他学生之间的关系、师生关系等,这种文化是隐性的,属于一种软文化。对生态课堂中精神文化环境的创设需要将课堂中各个力量凝聚起来,形成具有特色、集体观念的生动课堂。

3. 心理环境创设

在高校英语传统课堂中,很多学生受学业压力的影响,存在一定的心理问题。因此,为了减轻学生的压力,教师需要考虑学生的健康情况,为学生创设一个自由、轻松的环境。

首先,家长要转变教育观念,对孩子的期待也要有一个限度,不能给孩子施加过多的压力,这样才能让孩子成为一个健全的人,而不仅仅是一名"好学生"。

其次,教师要做到以德育人、以理服人、以知教人,做到与学生和谐共处,平等相待。

最后,学校应该设立心理辅导课,发现学生的各种心理问题,并给予恰当的解决方法。

(二)确立民主平等师生关系

在开展有效教学的过程中,民主平等的师生关系是基本的前提。生态课堂中的民主指的是师生关系的民主,平等是师生地位的平等。在高校英语生态课堂中,每一位学生都有平等参与课堂活动的机会,教师应该扮演每一位学生的激励者与合作者的角色。

在高校英语生态课堂中,要保证师生关系的民主与平等,可以考虑从如下两点着手。

就教师层面来说,应该充分考虑学生的实际需求,对每一位学生的问题都要认真对待,发挥学生的主动性与积极性,尊重每一位学生的人格与个性发展,并多与每一位学生交流,真正地了解每一位学生的情况。

就学生层面来说,应该充分尊重教师,并接受教师的指导与帮助,在日常学习中也要积极地配合教师。

总之,师生之间应该建立一种平等对话的关系,彰显课堂的活力,彼此之间没有压力与猜疑,共同探讨与研究,学生可以畅所欲言,从而使课堂呈现一种和谐之美。

(三)构建师生互动课堂交往

对于任何课堂而言,教与学都是其活动的中心,当然高校英语生态课堂也不例外,而师生之间的良好互动是课堂活动能够顺利开展的主要形式。

与传统课堂相比,高校英语生态课堂中的教学能够保障师生之间的平等交往,师生之间处于平等的地位。这种平等交往式的教学能够使师生之间展开有效对话与互动,而不是机械地教授与被动地学习。

在平等的师生互动下,必然会产生有效的课堂,即学生处于主体地位,也呈现了课堂的真实性。在这种互动状态下,师生都是一种教学资源,虽然他们有着不同的内涵,但是他们的地位是平等的,共同处于课堂双向互动的状态之中,共同实现知识信息的共享。

三、生态化教学心理环境的创设

生态化教学心理环境的创设是实施生态化教学的一个重要基础性条件,因为它牵涉到教学主体之间的相互关系,而这种微妙的关系又影响着生态化教学的教学效果和教学质量,因此就显得十分重要。下面主要从师生、学生自身和学生之间来阐述生态化教学的心理环境。[①]

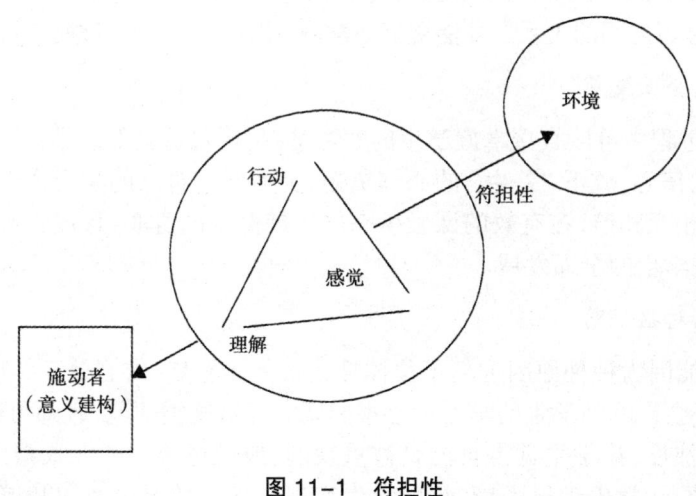

图 11-1 符担性

(资料来源:徐淑娟,2016)

---

① 吴美兰.大学英语教育的教学方法和探索[M].天津:天津科学技术出版社,2018.

(一)构建师生和谐对话的生态化教学环境

教师在生态化教学过程中,通过平等对话、提问、讨论以及合作学习等方式,将教学活动变为师生积极主动交往、共同发展的过程,这主要体现在以下三个方面。

1. 确立学生的主体地位

把学生看作课堂的主体,充分体现了学生个性发展的特征。因此,在生态化的教学活动中要真正体现和强化学生的主体地位,鼓励学生积极主动参与,激发学生的积极思维,让学生在参与中获得乐趣和满足感。

2. 发挥教师的主导作用

教师的主导作用主要体现在把学生自主性和主体作用充分发挥出来,通过循序渐进地引导学生的思考,鼓励学生发现问题、提出问题并努力解决问题,这不仅改变了"灌输式"和"填鸭式"的传统教学弊端,而且有利于培养学生的创新精神和实践精神。

3. 解决学生的实际需求

生态化的教学设计应以学生的实际情况为基础,在充分了解学生原有的知识储备和能力水平的前提下,了解学生的需求,在课堂上做到有的放矢,实现教学目标的不同要求。

(二)构建学生自身和谐的生态化学习环境

学生自身的学习态度、学习方法和适应能力都将直接影响学生的学习状况。学生只有正确处理好自身与学习之间的关系,才能更好地学习,提高学习效率,进而实现自身的价值。

1. 扬长避短,全面发展

教师在教学过程中可以直接掌握学生的学习情况,通过认真的总结和分析,发掘学生的优点,找到学生的信心,放下"差生"的心理负担,努力调整自己的学习态度和状态,达到自身与学习之间的相互和谐,在有效的课堂生态中发展健全的身心,形成正确的人生观、价值观和世界观,促进学生的全面发展。

2. 关爱弱者,对症下药

部分学生可能因为种种原因远离了集体抑或被集体忽略,内心处于"孤独"状态,不愿与人交流,这势必会影响到学生的学习和心理健康。针对这类情况,教师可以在课堂上加强对这类学生的关注度,让学生觉得自己是被重视的,或通过谈心的方式帮助学生找出原因的症结,对症下药,让学生走出困境,帮助学生实现自身与学习之间的和谐,更好地投入生态化的学习环境之中。

(三)构建学生和谐与互动的生态化学习环境

通过开展课堂的民主管理,更新教学方法,组织课外活动拉近学生之间和谐的关系,为学生和谐关系的形成营造良好的外部环境，最终形成一个情感交融、生动活泼、积极向上的学习氛围。在生态课堂中，学生之间的交流是反映学生思维和学习状态的一个重要过程，学生不只是接受知识，还可以发表自己的观点，对知识进行深入的探讨和学习。

生态化教学中学生互动的学习方式能够激发学生高度的求异思维，拓宽学生的思路，开启学生的心智和激发学习的兴趣，使学生间产生彼此促进性的互动作用，加深学生之间的相互了解，也有利于培养学生的动手操作能力，为生态化教学的实施和生态化教学质量的提高创造条件，从而使课堂主体之间处于一种和谐的生态化教学环境中，这也体现了生态化教学的互动性特点。

第二节 大学英语生态教学实施的意义

从研究方法上看，以往的研究主要从理论层面探究了生态化教学的优势、课程设置、课程体系框架等。此外，国内有两位研究者进行了实证研究：一位通过对教学状况的调查和访谈，初步构建了英语专业研究生的生态教学模式；另一位将生态教学引入大学课堂，发现优化后的生态学习环境总体趋于平衡发展。[1]

从"生态化"教学模式所取得的效果来看，西安交通大学的课改项目——独立学院大学英语课程体系的实践，就将多元生态化课程体系作为主要的教学手段。课改实践证明，该教学模式适应了学生语言能力发展的实际需要，能够满足学生多元化和个性化的需求。国外实践也表明，这一模式可以促进学习者更强烈持久的学习动机。[2]

总之，生态化教学模式已在一些英语课堂上得到应用，但关于其在大学英语教学中对于人才综合素质培养和提高中的推动作用的研究比较少，有待进一步深入研究。[3]

第一，生态化教学有利于实现"课堂教学+第二课堂+社会实践"等在人才培养"教""学""练"等方面的完美结合，有助于培养基础知识宽厚、综合素质优良，实践能力扎实的创新创业型人才。

第二，生态化教学有利于构建"以学生为中心+个性化学习"的生态化创新型教学模式，学生转而成为生态课堂的主人，享有充裕的自由发挥空间和第一话语权。

第三，生态化教学有利于培养"自主学习+创新意识"的具有独立思考能力的创新型人才。紧紧围绕各种人才培养模式，致力于培育具备较强创新意识的精英人才。

第四，生态化教学有利于打造"组织者+指导者+促进者"的大学英语教师新形象，教师因材施教，并组织学生不断开展自评和互评工作，从而帮助学生提高学习效果。

第五，生态化教学有利于搭建"师生+生生"深度良性交互的共建式课堂生态环境。在这一课堂中，对话是基本方式，交互作用是轴心，动态生成是最终目的。

---

[1] 莫英.信息化背景下大学英语教学改革与创新思维[M].成都：四川大学出版社，2018.
[2] 王妍.大学英语"生态化"教学模式初探[J].读与写（教育教学版），2015.
[3] 扈玉婷.大学英语生态化写作教学研究[M].北京：北京理工大学出版社，2019.

第三节 大学英语生态教学的优化与重构

在新时代背景下,由于人们并未对高校英语教学生态系统有一个正确的认识,忽视了高校英语生态教学的规律、原则与特点,导致系统内教师、学生、环境等出现了矛盾,形成了各种失调现象。为了保证高校英语生态教学系统的这些问题与矛盾能够得到有效的处理和解决,使生态失衡现象重新达到平衡,就需要从生态学理论出发,对生态因子之间的关系进行分析与协调,从而使各个因子能够兼容发展,最终实现整个生态系统的优化与重构。

一、大学英语生态教学的优化原则

众所周知,所谓原则就是说话、行事所依据的准则。要优化大学英语生态教学环境,就要遵循该系统优化的原则,只有在一定的原则指导下,才能保证优化方向的正确性,从而提出切实可行的策略和步骤。陈坚林认为理想的外语生态教学应该注重以下两条基本原则:稳定兼容原则和制约促进原则。除此之外,要优化大学英语生态教学,还需要在思想上和行动上遵循以人为本的原则、可持续发展的原则。[1] 高校英语生态教学的优化需要按照一定的原则展开,从而保证优化目标的明确。具体来说,需要坚持如下几项原则。

(一)稳定兼容原则

所谓稳定兼容,即对教学结构进行稳定,对教学要素加以兼容。就生态学角度而言,稳定与平衡有着密切的关系,兼容与和谐有着密切的关系,其中稳定是目标,兼容是实现目标的方法。

高校英语生态教学中必定包含很多要素,如教学要求、教学目标、多媒体等,这些要素在高校英语教学中起着十分重要的作用。一旦某个要素消失,整个教学结构就会呈现不稳定性,因此教学稳定的必要条件就是教学要素之间的兼容。

随着信息技术逐渐融入高校英语生态教学之中,必然会对一些教学环境产生干扰,进而影响系统内部各个教学要素的关系。这时候,本身兼容的各个要素之间也会因为新要素的引入呈现不和谐现象,这时候就要求教师、管理人员、学生等都需要进行一定程度的改变,从而促进信息技术与各个要素之间的融合与发展。就教学管理层面而言,要改变传统的管理模式,给予教师充分的知识,优化教学的环境,从而使信息技术与各个要素更好的融合与发展。就教师层面而言,教师要不断转变自身角色,不能仅作为分析者与讲解者。就学生层面而言,学生也应该发挥自身的主动性与积极性,从而主动探究知识。[2]

可见,各个要素只有在自己的生态位上发挥应有的作用,才能实现兼容,才能保证教学

---

[1] 杜艳霞,贡灵敏.信息技术语境下大学英语教学环境生态探究[M].北京:九州出版社,2017.
[2] 莫英.信息化背景下大学英语教学改革与创新思维[M].成都:四川大学出版社,2018.

结构的稳定与平衡。

（二）制约促进原则

所谓制约促进原则，即对教学运转形成制约作用，促进个体的进步与发展。就生态学教学而言，教学中各个要素都有着特定的时空位置与功能，它们在自身的生态位上发挥作用。但是，每个要素功能的发挥要遵循一定的原则，不能无限发挥，而制约就是这样的一种约束手段，目的是为了使高校英语生态教学环境更为优化。

信息技术的介入使学生能够自主学习、个性学习。实际上，在教学中出现很明显的信息技术误用情况，如对信息技术的过度使用、滥用使用、低值使用等，这些误用对学生的个体发展是极其不利的，导致我国高校生的自主学习能力与应用能力下降。信息技术的使用要考虑具体的教学目标，以学生为中心，运用恰当的方法，不可过度使用，也不能不使用，从而促进学生的发展，保证各个要素都能在各自的生态位上发挥作用，并且彼此之间相互依存。当然，功能的发挥需要设定在一定的范围内，不能随意扩大，也不能丧失他们的作用，要综合看待各个要素的功能，从全局出发进行把握，也不能失去微观意识。

总而言之，制约是为了更好地促进，促进又是合理制约的结果。这样高校英语生态教学才能更自然的进步与发展。

（三）可持续发展原则

可持续发展是21世纪教育的根本。1992年，巴西里约热内卢召开的联合国环境与发展大会上提出了《二十一世纪议程》，其中明确应该面向可持续发展对教育进行重建，从而将这一理念融入教育之中。

高校英语系统是高等教育的一个生态系统，应该坚持可持续发展原则。而社会的可持续发展主要归结于人的可持续发展，因此高校英语生态教学的发展也必然依赖师生的这些教学主体的可持续发展。就学生而言，是培养学生的可持续发展能力，在这一观念下，教学的目标不仅在于知识的传授。

现代教育包含四大支柱：教会学生认知、做事、共同生活、生存。学生的能力也是随着这些理念逐渐发展起来的。高校英语教学改革的目的在于提升学生的英语学习可持续发展能力。这种能力指的是高校生在高校阶段及以后的学习和生活中，应该不断完善自我，不断发展。

从学科性质上说，这种能力指的是学生自主学习与自觉学习的能力。教师应该对学生的个性特点予以尊重，发挥学生学习的积极性与主动性，培养他们的探索意识与自身潜能，完成教学实践。

从教师层面上来说，要想实现教育的国际化，教师也需要遵循可持续发展原则，即如果仅仅是一些传统的教学理念，显然不能满足当前教学的要求，因此教师应该考虑国际化的形式，努力拓宽自己的视野，拓宽自己的知识领域，培养自身的学术能力与思辨能力。

但需要指出的是，教师、学生与其他生态因子都是教学生态系统可持续发展的重要组成成分，因此这些因子之间不能损害各自的利益，任何一个因子的缺失都会影响其他因子的发展,影响稳定性与和谐性。

二、大学英语生态教学的优化策略

高校英语生态教学系统的优化需要在坚持上述原则的基础上,结合各个生态因子之间的关系,采用恰当的优化策略。当然,这是一个复杂的过程,在这一过程中,需要以教师作为突破,因为教师在高校英语生态教学中的作用非常关键,教师教学的态度、理念等如果发生改变,那么就会影响具体的教学情况。因此,只有保证教师的生态化发展,才能保证教学的优化。具体来说,需要从如下几点做起。

(一)促进教师的生态化发展

只有拥有好的教师,才能搞好教育。因此,要努力打造一支技术精湛、道德高尚的教师队伍,这是当前教育改革与发展的重要目标。

就教育生态学而言,教育生态系统主要由教师、学生、环境等构成,在这一系统中,教师是一个完整的生态主体,其对整个生态系统起着非常重要的作用。教师与其他环境之间要多进行能量与物质上的转换,因此其生存、发展必然是周围环境相互作用的结果。同样,高校英语教师在整个生态教学系统中也发挥着巨大的功能,教师的行为、理念等会对学生、教学等其他因子产生巨大影响。当然,要促进教师的生态化发展,需要做到如下两点。

1. 优化教师的生态位

在教育生态系统中,各生物主体之间与环境间是直接、间接的关系,这种关系可能是竞争关系,也可能是共生关系,他们共同对系统中的资源进行消耗。在系统中,每一个生物主体的位置都是特定的,这就是所谓的生态位。在生态环境中,教师要服从学校中的各种要求与规则,从而保障生态系统的稳定,同时还需要不断发展自我,不断适应变化的环境。显然,教师几乎与系统中的各个部分都有着密不可分的联系,生态位在这之中起着中介的作用。

在高校英语生态教学中,教师需要明确自己的地位,以学生作为中心与出发点。在信息技术背景下,教师需要有强大的适应能力。可见,教师是信息技术与高校英语生态教学整合的关键层面,对高校英语生态教学的发展起着十分重要的作用,并且随着环境的改变而不断完善与发展。

2. 提高教师的专业素质

一名合格的高校英语教师需要具备如下素质。

第一,专业知识扎实,专业技能充足,即词汇、语法知识与听、说、读、写、译能力。

第二,人品修养与个人性格较高,即好学、谦虚等品质。

第三,现代语言知识具有系统性,也就是高校英语教师要系统了解语言的本质与规律,并能够用语用知识对教学进行指导。

第四,外语习得理论知识要把握清楚,尤其是要了解外语习得与外语教学的特殊性质。

第五,掌握一定的教学法知识,将教学法的优劣把握清楚,并取长补短。

第十一章　生态视角下的大学英语教学创新思维

当然,进入 21 世纪,除了具备上述素质外,教师还需要具备信息技术知识,不断转变自己的观念,提升自己的专业素质,从而向生态化方向发展。从内部来说,教师需要培养自身的反思精神,从外部来说,教师需要创建外在生态学习网络,通过参与与分享,提升自己的科研意识与水平,实现英语知识结构的更新,促进个人生态的进步与发展。

(二)建立和谐的师生关系

高校英语生态教学系统是相互联系的整体,在这一整体中,师生之间通过不断的交互,构成一个整体。在高校英语生态教学中,师生无疑是最重要的关系,是一种和谐共生的关系,他们通过交流与对话达成一致,教师以特殊的方式对自己的灵魂进行塑造,学生在教师的心里留下印记。

人本主义心理学指出师生关系的三个要素。

第一,真实,即真诚,要求师生之间在交往时应该坦诚相待,诚实表达自己的观点与看法,教师不能将自己的意愿强加给学生。

第二,接受,即教师要相信学生能够进行学习,接受学生遇到问题时的那种犹豫和恐惧,同时要接受学生的冷漠。

第三,移情性理解,即教师要对学生的内心世界、生活环境等有所了解与把握,从学生的角度看待问题,真心地为学生着想。

可见,师生之间的交往活动不能仅依靠教师的话语来实现,还要与学生紧密相连,如果没有学生的发展,教学的价值荡然无存。高校英语生态教学不仅是为了传输知识,还是师生之间情感的互动,而要想实现教学目标,这样的互动是必不可少的。

高校英语生态教学属于一种人文教学,即培养素质与人格的过程。就语言学习层面来说,学是首要的任务,而不是教,因为学习的过程就是在教师的指导下传递情感与信息的过程。师生之间要建立和谐的关系,需要做到如下几点。

首先,师生之前的地位要平等。这是开展课堂教学的前提条件,也是高校英语生态课堂的基本特征与心理环境,能够保证课堂生态系统的平衡,激发学生学习的动力与积极性。在高校英语生态教学中,师生这两大教学主体是有思想、有感情的人,彼此作为独立的生态因子,应处于平等的地位。

其次,师生之间要不断增进交往,拉近彼此之间的距离。由于中国学生谦虚、不张扬的性格使得他们很少与教师展开交流。尤其是当学生进入高校之后,教师上课来下课走的情况更使得彼此之间交流甚少,师生之间比较淡漠,缺乏互相了解,这让教学活动很难真正地展开。既然学生的性格不能主动找教师,那么教师就需要多和学生接触,努力创造了解每一位学生的机会和时间,使学生对教师产生依赖感与信任感,或者他们可以通过邮件或者QQ、微信等进行交谈,这样避免了面对面的交谈,也使得学生减少一些尴尬。

(三)转变教学环境中的限制因子

教育生态学中的限制因子定律具有自身的特殊性。在教育生态学中,所有的生态因子都可能被认为是限制因子,如果某些生态因子的量比临界线低时,就可能出现限制作用,但是如果某些生态因子的量比临界线多时,也可能会产生限制作用。教育生态系统中的有机体不仅对限制因子具有适应性的作用,而且能够采用恰当的方法,创造条件对限制因子进行转换,成为非限制因子。这一定律对于高校英语生态教学是非常适用的,即在高校英语生态教学中,每一个生态因子都可以进行转换,限制因子也同样可以转换成非限制因子。

教学生态系统即将复杂人际关系包含在内的系统,是一个集合智力、非智力等因素的系统,也是一个复杂的信息管理系统。要想对高校英语生态教学过程中的失衡现象加以调节,不断提升高校英语生态教学的质量,就需要明确这些限制因子,并将它们找出来加以改善,只有找准这些因子,才能对其进行转化。当然,要想找到这些限制因子,首先就需要进行观察,要认识到这些限制因子的限制界限,以及这些限制因子是如何阻碍教学发展的。

就目前的高校英语生态教学而言,教师需要从当前形势出发,使用信息技术展开教学,当然使用信息技术并不是说过多使用信息技术,要把握好使用的度。实际上,信息技术就是一种限制因子,因为如果学生不能进行网络自主学习,也同样对其自身发展不利。

当然,只找到限制因子还不充足,还需要将这些限制因子转变成非限制因子,这样才能将这一复杂过程进行简化,发挥师生的主观能动作用,加强交流与合作,创造有利条件,消除限制因子的不利方面,推动高校英语生态教学健康、和谐的发展。

(四)构建开放和谐,多维互动的语言环境

在生态系统中,生物并不是孤立的成分,而是与其环境有着紧密的联系。环境对生物产生影响,生物也会对环境产生影响。受生物影响发生变化的环境又可以对环境产生反作用,二者是不断的协同进化的过程。因此,在高校英语生态教学中,要对自然、社会中的物质环境、人文环境展开分析和探讨。

课堂是教学的主体,是教师、学生与环境组成的基本系统。高校英语生态课堂的物质环境不仅对师生的身心健康产生影响,还会对学生自主学习能力的发展产生影响。因此,课堂良好的物质环境能够使课堂更有活力。高校英语生态教学的课堂可以被认为是一个小的自然生态系统,其不仅需要广阔的场地,还需要光线、温度等因素,还不能有噪声的影响。只有这些物理环境达到标准,才能实现彼此之间的协调。同样,教室内座位的编排也是非常重要的,因为在课堂这一系统中,需要时时刻刻的交互活动,这样才能保证课堂的动态性。

构建开放互动的语言环境,还需要为语言学习营造氛围。在高校英语生态课堂上,只有创造愉快、和谐的氛围才能让学生在学习的过程中得到解放,才能将自己生命的活力展现出来。在具体的教学过程中,教师应该考虑英语学习的特点,通过演讲、小组活动等,为学生创设语言交际的情境。

语言学习并不是将知识机械地传输给学生,而是多种因素综合的结果和行为。用语言展开交际是语言学习的目的,其需要语言来参与其中,因此教师需要从教材出发,做到将教材中的教学情境真实化,这样才能让知识的教授更加生动。当然,在高校英语生态教学中,还需要为学生创设轻松的心理环境,这样有助于师生之间的交往,促进班级的和谐,教师要为学生营造一个有助于互动的班风,从而打造有助于多维互动的心理环境。

第十一章　生态视角下的大学英语教学创新思维

三、大学英语生态教学的重构

（一）高校英语生态教学重构的前提

对高校英语生态课堂进行重构,应该基于信息化语境下,对现代信息技术的生态位进行重新审视。具体来说,就理论层面而言,高校英语生态课程的重构可以从如下三条路着眼。

第一种是在外语教学中完全放弃现代信息技术,使课堂生态重新回到平衡状态。

第二种是运用系统的组织与反馈能力,逐渐实现系统的自然平衡。

第三种是通过积极主动的调节,帮助系统重构信息技术环境下高校英语生态课堂的平衡。

显然,从这三条路上可以看出,第三条路是最可行的方式。

第一条路是一种倒退的做法。当前社会就是一个信息化的社会,而且信息化在当今社会有着重要性与不可逆转性,也是社会对教育现代化的要求。因此,要用发展、动态的眼光来看待信息技术,从而推进教学信息化。

第二条路对自然生态是一个不错的选择,但是从教育生态上来说,其需要耗费较大的时间成本。如果完全依靠自我调节而保持平衡与稳定,那么就会经历一个长期的过程,有的甚至是很难实现的,因为生态系统的自我调节能力是有一定的限度的,这就是所谓的生态阈值。如果外来的冲击超越了这一生态阈值,那么就会导致自动调节能力的下降甚至消失,也很难再恢复生态平衡。因此,对于高校英语生态课堂这一人工生态系统而言,正确的方式就是采用合理的调节和干预,尤其是要以现代信息技术作为前提,运用信息技术的牵引力,在远离系统平衡态的区域中建立一个结构,从而实现系统的阶段化演化。

第三条路是在信息化语境下,对高校英语生态课堂进行重构,要发挥信息技术的作用。随着信息技术的发展,以及其在教学上的运用,信息技术的角色也在发生改变。具体来说,在信息技术背景下,教与学的方式应该发生改变,应该从教师中心转向学生中心。

总而言之,在高校英语生态教学课堂上,信息技术已经在教师、学生、环境等生态主体与环境因子中渗透与融合,对各个生态因子之间的交互起着十分重要的作用。在对高校英语生态课堂进行重构时,要对现代信息技术的生态位进行准确的理解和把握,减少生态因子之间出现重叠的情况,避免发生排斥与竞争。

（二）大学英语生态教学重构的路径

1. 发挥信息技术作为主导因子的引领作用

在高校英语生态教学改革中,应该对信息技术在课堂教学中的生态位有一个准确的定位,进而发挥信息技术的引领作用,对课堂中其他因子进行调整,从而修复改革初期信息技术对高校英语生态课堂造成的失衡状态。

（1）在政策层面敢于推进高校英语教学信息化进程

要想发挥信息技术的引领作用，需要在政策上进行调整与号召。教育部高等教育司对教育信息化的趋势进行了明确的认识，并分析了高校英语教学改革的情况，制定了相关的政策与举措推进信息化背景下的高校英语教学，打破了已经丧失的教学的死平衡，这给高校英语生态教学带来了契机。

（2）实现信息化教学的常态化和深层化

要充分发挥信息技术的引领作用，必须实现信息化教学的常态化和深层化。

要想保证高校英语生态教学的可持续发展，需要推进信息化教学的深层化与常态化。前者指的是信息技术要与高校英语生态教学有机整合，后者指的是信息技术的运用要具有广泛性。这样才能促进信息化教学从粗放型转向内涵式，从而提高高校英语生态教学的效率与效果。

2. 恢复信息化课堂的生态功能

在信息化背景下，信息技术进入高校英语生态教学中，并逐渐发展成为一个重要的环境因子，这给系统结构造成了一定程度的扰动，系统内部各个要素之间也会随着这一扰动而不断发生改变，因此需要对课堂生态系统进行调节与优化，从而逐渐恢复已经弱化的系统功能。

高校英语生态课堂受信息技术的影响，逐渐成为一个与平衡远离的系统，如果学校能够大力投入外语教学信息化的软硬件，那么信息技术就会拉动系统内部其他组分，从而进入平衡状态。

当然，这就需要建立一个课堂生态恢复机制，从而更好地对其内部的因子加以调控。调控过程一般遵循"认知—调控—获取反馈—再调控"的范式（图11-2），先了解影响因子的特点和作用方式，再针对影响因子采取相关举措，观察和获取系统对于调控的反馈信息，采取适当的调控措施。[①]

总而言之，信息技术与课堂教学的有机整合，有利于解决系统内部的失调问题，包括教师教学理念、教学角色与英语教学实践的失调，学生学习习惯、信息素养与英语学习目标的失调，多媒体、立体式教材使用方法与英语教学效果的失调，新的英语教学模式与传统英英语教学系统的失调，传统评估方式与英语教学目标的失调等。[②]

[①] 陈军，王冰，田文明. 大学英语课堂教学研究[M]. 沈阳：辽海出版社，2019.
[②] 刘长江. 信息化语境下大学英语课堂生态研究[M]. 北京：世界图书北京出版公司，2014.

第十一章　生态视角下的大学英语教学创新思维

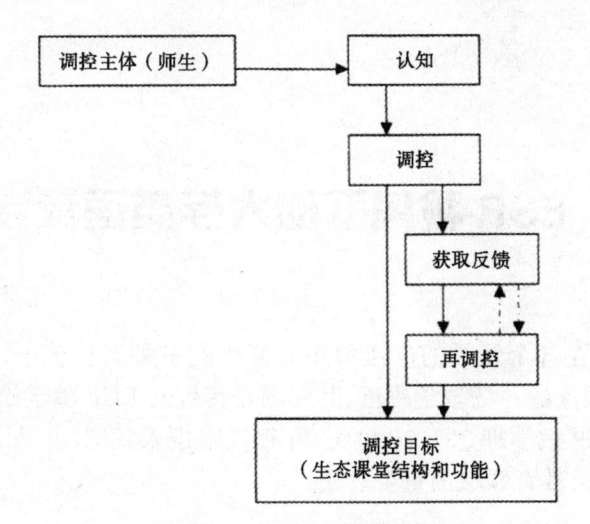

```
┌──────────────┐      ┌──────┐
│ 调控主体(师生)│─────→│ 认知 │
└──────────────┘      └──┬───┘
                         ↓
                      ┌──────┐
                      │ 调控 │
                      └──┬───┘
                         ↓
                      ┌────────┐
                      │ 获取反馈│
                      └──┬─────┘
                         ↓
                      ┌────────┐
                      │ 再调控 │
                      └──┬─────┘
                         ↓
                 ┌──────────────────┐
                 │   调控目标       │
                 │(生态课堂结构和功能)│
                 └──────────────────┘
```

图 11-2　课堂生态恢复机制

（资料来源：刘长江，2014）

第十二章　ESP 视角下的大学英语教学创新思维

ESP 是伴随英语在各个领域的广泛引用而诞生的一种新型英语,而 ESP 教学始于 20 世纪 60 年代初西方国家的一场教学改革,其起因是传统的 EGP 教学模式无法满足学生、社会和时代的要求。ESP 教学理念于 20 世纪 70 年代末进入我国,并从 20 世纪 90 年代开始逐渐成为我国高校英语教育领域的重要议题。

第一节　大学英语 ESP 教学简述

ESP 教学也被称为"专门用途英语教学",是在时代发展的要求下出现的新的英语教学方式。随着我国大学英语教学改革的推进,ESP 教学的重要性愈加凸显。本节将对高校英语 ESP 教学的相关内容进行具体说明。①

一、ESP 的界定与分类

1960 年,国际上首次召开了特殊用途语言(Language for Special Purposes)大会,这次会议打开了特殊用途语言研究的大门。在之后的十年当中,大量与特殊用途语言相关术语开始出现,这其中就包括 ESP。

ESP 是 English for Specific Purposes 的缩写,指的是"专门用途英语"或"特殊用途英语",如商务英语、旅游英语、医学英语等。第二次世界大战之后,世界各国经济开始逐步发展,科学技术也有了迅猛突破,而且各国在经济经济、政治文化、科学技术等方面的交流变得日益频繁,英语逐渐成为国际交流的通用语言,其国际地位日益凸显,世界上出现了学英语的浪潮。在这种情况下,ESP 应运而生,而且随着学生学英语热的持续升温而迅速发展。②

ESP 的定义一直都在不断演变,并在演变中不断充实,其中比较具有代表性的是以下几位学者给出的定义。

1964 年,语言学家韩礼德(Halliday)提出了 ESP 的概念:"English for civil servants; for policemen; for officials of the law; for dispensers and nurses; for specialists in

---

① 孙静.大学英语教学及改革新思维[M].北京:中国水利水电出版社,2017.
② 王洪宁.浅谈 ESP 理论对公安人员英语教学的指导作用[J].北华航天工业学院学报,2010.

第十二章 ESP 视角下的大学英语教学创新思维

agriculture; for engineers and fitters."[①]（公务员英语、警察英语、法官英语、护士英语、药剂师和护士英语、农业专家英语、工程师和装配师英语。）韩礼德认为，ESP 实际上是指不同职业领域所使用的英语。韩礼德这一定义明确了 ESP 使用的领域，但并没有解释到底什么是 ESP。[②]

1988 年，斯特雷文斯（Strevens）将 ESP 定义为："ESP is a division of English Language Teaching, the only other member of which is English for General Purpose (EGP)." 斯特雷文斯认为，ESP 教学课程本身不是职业目的就是教育目的，因此他基于这两个目的，并根据课程的时间对 ESP 进行了划分，具体如图 12-1 所示。

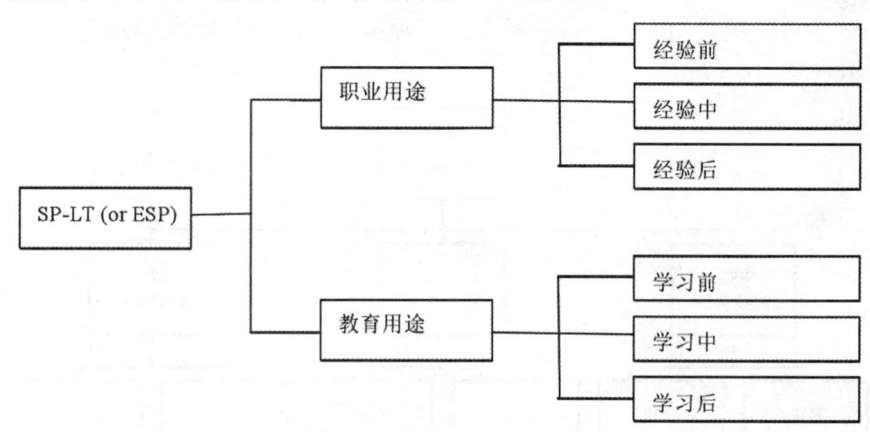

图 12-1 Strevens 对 ESP 的划分

（资料来源：张雪红，2014）

1998 年，达德利·埃文斯和圣约翰（Dudley-Evans & St. John）从广义上对 ESP 进行了界定："The careful research and design of pedagogical materials and activities for an identifiable group of adult learners within a specific learning context whose principal distinguishing characteristics are needs assessment and discourse analysis."[③] 这一定义是从课程与教学的角度进行界定的，涵盖了几乎整个课程体系，包括 ESP 的教学对象、教材以及课堂教学等，教学和情境是其核心，突出了 ESP 的需求分析特征。[④]

罗宾逊（Robinson, 1991）认为对 ESP 做出一个普遍实用的界定是不可能的，但也明确地发表了自己的看法："It is an enterprise involving education, training and practice, and drawing upon three major realms of knowledge: language, pedagogy and the students'/participants' specialist area of interest."[⑤]

[①] Halliday, M.A.K., Mcintosh, A. & Strevens, P. *The Linguistic Sciences and Language Teaching*[M]. London: Longman, 1964: 190.
[②] 沈庆丰. ESP 理论在军队院校军事英语教学中的应用[J]. 创新教育研究，2019.
[③] Dudley-Evans, T. & St John, M.J. *Developments in English for Specific Purposes*[M]. A multi-disciplinary Approach. Cambridge: Cambridge University Press, 1988: 298.
[④] 周纯岳；李岩. ESP 学习者的学习特点研究[J]. 英语广场（学术研究），2016, 72 (12): 135-13.
[⑤] Robinson, P.. *ESP today: a Practitioner's Guide*[M]. Hemel Hempstead: Prentice, 1991: 1.

上述定义将培训放在了 ESP 的框架中,认为 ESP 是一项涉及教育、培训、实践的事业。这里的 ESP 不仅是理论,更多的是教育上的实践,引导人们从更广阔的空间和视野来理解 ESP,它不仅涉及语言知识、教育学理论,还涉及学习者专业领域的学习。可以说,罗宾逊的定义为 ESP 课程的开发和实施指明了方向,提出了指导。①

关于 ESP 的分类,不同的学者也有着不同的观点,以下简要分析几位具有代表性学者的观点。②

哈钦森和沃特斯(Hutchinson & Waters,1986)通过一个树形结构对 ESP 进行了划分。他们采用二分法和三分法相结合的方式,将 ESP 分为三种类型,即科技英语(EST)、经贸英语(EBE)、社会科学英语(ESS)。每一种类型又根据一定的分类标准划分成两小类,具体如图 12-2 所示。③

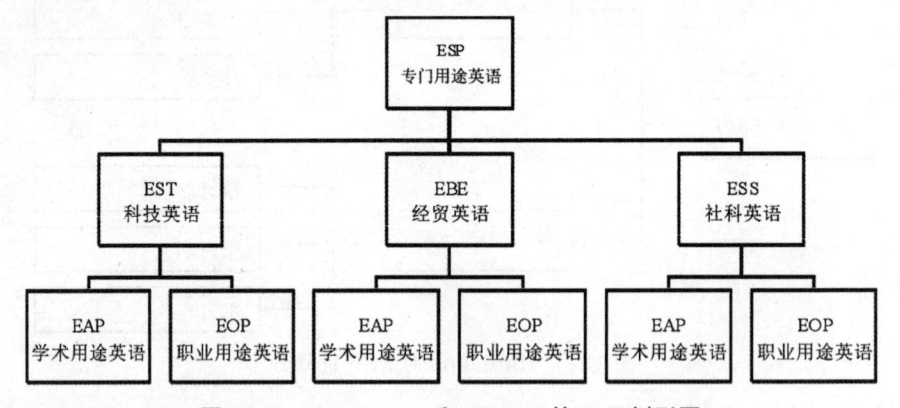

图 12-2 Hutchinson 和 Waters 的 ELT 树形图

(资料来源:张雪红,2014)

罗宾逊按照自己的观点,采用二分法和三分法相结合的方式对 ESP 进行了分类,具体如图 12-3 所示。

罗宾逊的分类直观清晰,而且说明了英语学习本身就是专门用途英语学习这一性质。

根据上述 ESP 的定义和特征可知,如果不将通用英语和专门用途英语加以区分,那么对专门用途英语的研究也就失去了意义。因此,这里在罗宾逊分类的基础上进行修正,将 ESP 分类如下,如图 12-4 所示。

---

① 梦红,于艳春,赵越.ESP 框架下应用型本科院校大学英语教学模式研究[M].长春:吉林大学出版社,2015.
② 平原春.大学英语教师向专门用途英语(ESP)教师转型研究[M].重庆:重庆大学出版社,2016.
③ 董艳.中外合作学位项目中的学术英语课程设计和评估[J].上海理工大学学报(社会科学版),2017(2).

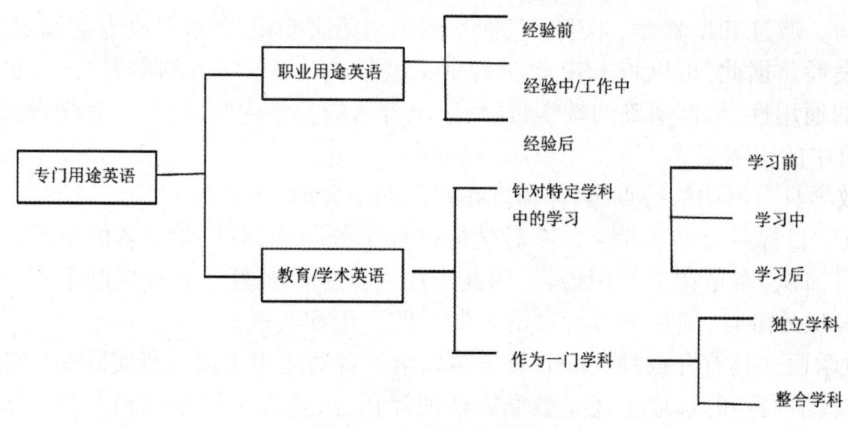

第十二章　ESP视角下的大学英语教学创新思维

图 12-3　ESP 树形图

（资料来源：张雪红，2014）

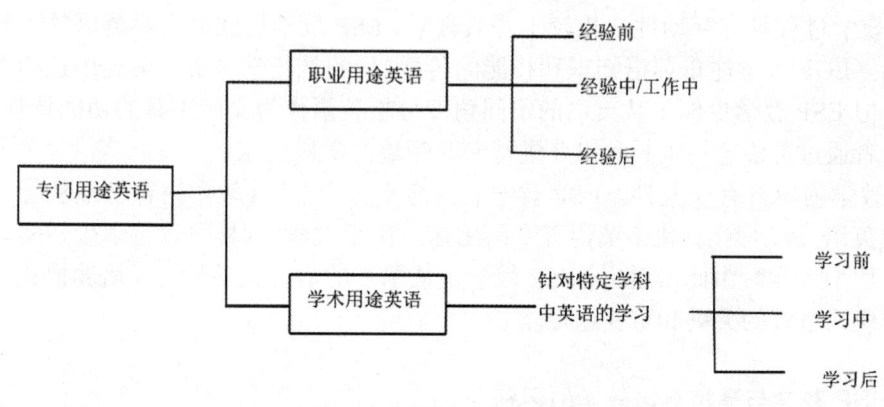

图 12-4　ESP 分类结构图

（资料来源：张雪红，2014）

二、ESP教学的界定及分类

关于ESP教学，学界已经进行了多年研究，但对其内涵一直存在争议，没有形成统一的界定。以下就对一些具有代表性的学者的观点进行介绍分析。

哈钦森和沃特斯认为，ESP教学是以满足英语学习者的需求为基本理念，其目的是以英语学习者的目的为出发点。[①]

罗宾逊认为，ESP教学是基于需求分析的，具有特定目标导向的英语教学。

尽管不同学者对ESP教学的解释有所不同，但在本质认识上已经达成了共识，即都认为ESP教学是满足学习者需求、目标导向的教学模式。相较于EGP教学将英语语言学习作为教学重点，ESP教学更侧重于将利用英语完成工作和实际交流作为教学的重点和终极目标，更注重让学生通过英语学习来获得专业的知识和技能，强调以学生的实际需求

---

① Hutchinson, T. & Waters, A. *English for Specific Purposes*: *A Learning-cencerted Approach*[M]. Cambridge: Cambridge University Press, 1987: 12.

为目标导向。通过 ESP 教学,学生不仅能学到英语语言知识,还能学到专业知识和技能,实现专业化发展。据此,可以将 ESP 教学的定义概括为:基于学者的学习需求,超越传统的 EGP 教学的通用性,依据明确的教学目标,选定合适的教学内容,将英语教学发展成为不同专业和学科中的交际工具。[1]

ESP 教学具有鲜明的特点,具体体现在以下四个方面。[2]

(1)教学目标具有实用性。ESP 教学的目标十分明确,英语学习者的学习目的并不在于学习语言知识,而是在于使用语言,因此实用性极强。其教学目标更侧重于语言与某学科或专业知识的融合,关注学习者对语言学习的应用和实践。

(2)教学模式具有开放性。ESP 教学是以学习者对运用英语进行实际交流的需求为导向,无论在教学内容的选取上还是教学方法的运用上,都以不同领域和专业的学习者的实际需求为标准,强调英语语言知识的掌握和英语的使用的整合,突出"做中学""学中悟"的理念。

(3)教学过程具有互动性。相较于普通教学,ESP 教学更强调发挥英语的工具性和媒介性功能。EGP 教学注重英语知识和技能的传授,目的是让学习者了解英语这门语言的普遍共性。但 ESP 教学更侧重从英语的不同角度分析英语作为交际工具的功能特殊性,目的是让学习者通过英语这一工具和媒介进行专业领域的学科交流。

(4)教学内容具有专业性。ESP 教学的内容十分专业,其教学内容已经从普通英语拓展到机械英语、医学英语、化工英语等专门用途及用于教学,这样可以将学生切实培养成复合型和实用型人才。由此可看出,ESP 教学是从单一的语言文学的人才培养模式向应用型人才培养模式过渡的关键和重要途径。

三、ESP 教学与高校英语教学的区别

理论上而言,ESP 与高校英语之间的差别并不明显,而且二者还有着十分密切的联系,但就教学实践而言,二者的差异十分显著,具体体现为以下几点。

(一)教学方法不同

ESP 教学与高校英语教学的不同性质,决定了这两种有着密切联系的教学会采用不同的教学方法。由于 ESP 教学是以学生的学习需求为依据的,因此 ESP 教学与高校英语教学之间在教学方法上必然有所不同。

受普通教育目标的影响,高校英语教学主要以传授英语语言知识和技能为目的,为的是普及英语和服务于各类考试。但 ESP 教学中的学生有着明确的英语学习目的和特殊的英语学习需求,这就决定 ESP 教学的内容和方法不同于高校英语教学。例如,ESP 教学中的学术写作、文章体裁等在高校英语中就较少涉及。通常,高校英语教学主要将教学重点放在

---

[1] 白蓝.从 EGP 到 ESP:大学英语教学改革的发展趋势[J].吉首大学学报(社会科学版),2019,40(5):139-145.
[2] 同上。

第十二章　ESP视角下的大学英语教学创新思维

"知"（knowing）上,也就是将掌握语言的普遍规则放在首位。而ESP教学基于明确的目的和实际需求,将英语语言能力的培养放在"行"（doing）上,也就是让学生通过实践培养英语能力。通过比较可以看出,ESP教学有着更加明确、具体的目标,而且多采用任务型教学法。

（二）需求不同

在高校英语教学中,学生对英语学习通常没有明确的需求,他们学习英语主要是迫于考试的压力。但在ESP教学中,学生的学习需求十分明确,即为了学术研究或者为了某一职业的明确需求而学习英语。下面以阅读为例来进行分析。根据图式理论,阅读能力受三种因素的影响,即语言图式、内容图式和形式图式。语言图式是指阅读者对文章所使用语言的掌握程度;内容图式是指阅读者对文章内容所属领域的熟悉程度;形式图式则是指阅读者对文章所用体裁的熟悉程度。基于图式理论,在学生的阅读过程中,语言图式发挥着重要的作用,而内容图式和形式图式起着辅助性作用。但在ESP学习阶段,学生已经具备语言图式能力,此时将会根据学习目的,按照内容图式和形式图式的要求,展开阅读,有效提高阅读水平。很显然,ESP教学中的这种明确目的和特殊需求是高校英语教学所没有的。

（三）教材选择不同[①]

高校英语教学的教材主要是依据教学大纲来选择的,教学大纲规定"教材中需要包含语音、词汇、语法等知识",所以主要包含这些内容的就可以选作教材。具体而言,《高校英语》《21世纪高校英语》以及《新编高校英语》等是目前高校英语教学中的常用教材。[②]

不同于高校英语教学选材,ESP教学选材主要依据的是学生的实际需求,只要符合以下四项标准,就可以作为ESP教学的教材。[③]

（1）原文真实。ESP教材的选作应靠近原文,不应是后期节选、改编或者翻译过的书籍,而且要与学生所学专业或所从事的职业密切相关。

（2）内容广泛。ESP教材的内容要广泛,不仅要包含语音、词汇、语法等基础语言知识,还要包括与学生专业相关的语言项目和相应的文化北京、社会知识等。

（3）难度合适。ESP教材的难度要适中,既然是为了满足学生的实际需求,那么教材的选择就要以学生的需求为依据,难度太高或太低都不利于学生的学习。[④]

（4）与ESP教学大纲相兼容。在ESP教学中,教学大纲是依据需求分析设计的,因此ESP教材要体现教学大纲的价值,与教学大纲相兼容,实现教学大纲的目标。[⑤]

[①] 张静,杨佩聪,胡瑞娟,李玲玲,薛礼杨,樊晓培,姚晓盈.现代英语教学的理论、实践与改革研究[M].北京:中国水利水电出版社,2016.
[②] 吴元霞.英语教学与文化融合[M].北京:光明日报出版社,2017.
[③] 严明.大学英语翻译教学理论与实践[M].长春:吉林出版集团有限责任公司,2009.
[④] 张静,杨佩聪,胡瑞娟,李玲玲,薛礼杨,樊晓培,姚晓盈.现代英语教学的理论、实践与改革研究[M].北京:中国水利水电出版社,2016.
[⑤] 陈仕清.英语教师专业发展新路径[M].南宁:广西教育出版社,2012.

（四）教学评估不同

在高校英语教学中，教学评估主要是以测试的形式进行的，如期中考试和期末考试。测试的内容主要局限于课本内容，学生只要熟读课本，通过考试就不成问题。

但在 ESP 教学中，测试并不是主要的评估方式，还包括课外实践应用。评估内容也更加宽泛，不只限于课本内容，还包括其他内容。具体来讲，ESP 教学评估包括内部评估和外部评估两种形式。内部评估的主要目的是检查学生课堂所学，类似于高校英语教学评估。外部评估调查问卷、跟踪调查、讨论会等多种形式，而且相较于内部评估更能检测出学生的英语水平。

四、ESP 教学优化

为了提高高校生的英语素质，使学生满足社会的实际需求，有必要对当前的高校英语教学模式进行改革，使之与学生学习、工作的实际需要更加贴合，使学生英语水平与实际需要脱节的问题得以解决。而 ESP 教学则是与这一需求相符的一种教学理念，将 ESP 教学引入高校英语教学，将有利于改善当前教学现状，提升学生的英语素质，培养优秀的英语实用人才。[1]

（一）教学以需求分析为基础

针对学习者学习的积极性，需求分析也会产生重要的作用。高校英语 ESP 教学要以需求分析为基础，这主要体现在以下两个方面。

首先，教学目标的设定要以需求分析为基础。教学目标要以学生和社会的需求为基础，要培养出既有学术素养又有职业素养的优秀人才。

其次，教学内容的选择要以需求分析为基础。在明确教学目标之后，需要选取教学内容，教师要根据本学校的具体培养方向与自身实际情况来选择教材，因为教学内容体现于教材中。教学内容的选取也需要遵循需求分析原则，结合学生需要与社会需求，采取合适的手段进行目标情景需求分析、当前情景需求分析和学习者情景需求分析，了解未来工作场景对学生语言能力的要求、学生已有知识结构及其掌握程度、学生需求和渴望掌握的知识、学生易于接受的教学方法和主要学习障碍等信息。通过分析这些信息，可使教学内容更加明确，教学更具有针对性和高效性。

受我国英语教学的特点所影响，教师是教学活动的重要指导者与实践者。在 ESP 教学中，需求分析对教师教学方法的改进也有着重要的影响。[2]

（1）课堂管理者。教师的主要任务是进行课堂管理，如与学习者的交互活动、课堂的时间控制等。

---

[1] 吴秀英．英语教学基础理论诠释及创新视角研究 [M]．长春：吉林大学出版社，2019．
[2] 李园园．商务英语教学与人才培养研究 [M]．北京／西安：世界图书出版公司，2018．

第十二章　ESP视角下的大学英语教学创新思维

（2）编写教材。教师在缺少合适的教材或者教材不足的情况下可以根据具体的教学实践和教学经验进行教材的编写。

（3）精心备课。在ESP课程的教学中，教师需要精心备课，将真实的教材与真实的交际情境合理地融合在一起。

（4）使用现代教辅设备。在授课过程中对教辅设备的合理使用能够使教学过程更加清晰。这些教辅设备包括语言实验室、录像、录音、计算机等。

（5）编测试题。

（6）课程评估。课程评估指的是教师对授课内容是否达到教学目标、是否满足学生的学习需求进行评估。①

（二）实现英语教学与专业教学相融合

推进高校ESP教学思路的发展，首先应在课程上实现英语学习与专业学习的有机结合，从单一的语言教学向跨学科教学转变，促进知识学习与技能训练的融合。换言之，就是师生教学相长，在互动交流中实现知识间的融合。英语教学是师生互动的过程，而且这种互动是双向交往的过程，学生能够在平等交往中理解ESP教学的思想和内容，并获得专业技能。在这种互动过程中，ESP教学应以学科专业为媒介，将专业知识、学科思路和教学方法融入高校英语教学中，鼓励学生进行跨学科思考，锻炼学生的专业思维能力和综合应用能力，在"做中学"中实现育人目标。②

（三）遵循主体性原则

虽然高校ESP教学受多种因素的影响和制约，但"以学习者为中心"的理念已经深入人心。因此，高校ESP教学也要坚持主体性原则，突出学生在学习过程中的主体地位，了解学生的不同特征，充分挖掘学生的内在潜能，激发并调动他们的学习积极性和主动性。高校ESP教学以培养学生在目标情景中英语的实际应用能力为宗旨，学生始终是所有教学活动的主体，教师是为学生服务的。在高校ESP教学中，不论是教师角色的定位，还是教学内容、教学方法、教学策略等的选择和制订都要从学生主体的角度去考虑，要能充分发挥学生的主动性，充分体现出"以学习者为中心"的设计意识，促进每位学生在知识、技能、情感等方面的全面发展以及学生的个性发展。

（四）多元教学方法相整合

高校ESP教学具有多元性特性，因此要同时兼顾英语教学与专业教学，不仅要保留传统的教学方法，还要采用新的教学方法，使得教学方法多元化，从而激发学生的学习兴趣与信

---

① 丁睿.大学英语教学发展研究[M].长春：吉林人民出版社，2019.
② 白蓝.从EGP到ESP：大学英语教学改革的发展趋势[J].吉首大学学报（社会科学版），2019，40（5）：139-145.

心。具体而言,可以从以下几点入手。[1]

首先,教学方法要具有多样性与针对性,使教学形式丰富起来,使学生多反思,多互动,激活专业英语语言思维。

其次,教师可采取案例教学法、角色扮演法、多媒体教学法等方法,注重学生的实践参与,体现学生的主体性地位,让学生积极参与到教学活动中。

最后,不同的学生有着不同的英语基础和学习需求,对此教师可有效运用分层教学法。教师首先要对学情有所了解,然后对学生进行合理分层,同时制订合理的教学目标、教学内容、教学方法以及评价方式使教学面向全体学生,充分满足学生多样化的学习需求。[2]

第二节 大学英语 ESP 教学实施的意义

近年来,很多学者都提出了 ESP 教学是大学英语教学发展的新方向。同时,为了顺应教学改革的大背景,大力发展 ESP 教学已经成为大势所趋,这不仅有利于进一步深化教学改革,同时还迎合了社会对人才需求的变化,并且对我国大学英语教学向纵深方向发展有着至关重要的作用和意义。[3]

一、衔接基础阶段的教学和双语教学

在教学改革的大背景下,ESP 教学能够在大学英语基础阶段的教学和双语教学的衔接方面发挥着重要的作用。ESP 教学之所以能够发挥重要的衔接作用,主要基于以下方面的原因。其一,从内涵层面对 ESP 进行分析,它属于一门课程,该课程的设置是按照学习者的特定目的和特定需要开设的,学生只有通过这门课程的学习才能逐渐掌握在某一专门化领域中运用英语的能力。其二,从本质而言,ESP 教学属于语言教学的一种类型,其实质在于它和学习者的工作、学习所存在的某一特殊需要的密切联系。上述的这些特性使 ESP 教学在衔接基础阶段的教学和双语教学方面具有了现实的可能性。[4]

就我国国内当前的课程设置来看,通常都是在大一、大二这两个学年开设大学英语课程,这两个学年往往是以讲授语言技能为主的通用英语的教学,并且在学习材料的选择方面具有十分广泛的特点,没有对某一专业领域的英语词汇、句法以及文体等特意进行强调。学生在历经两年时间的大学英语学习后,到第三学年就开始步入双语阶段的学习。[5] 在这一阶段,教师也开始将其侧重点放在英语专业知识的讲授方面,在此过程中,无形中会遇到很多专业的词汇以及表达方式等。如果学生没有相应的专业术语的积累,很容易在这一阶

---

[1] 莫英.信息化背景下大学英语教学改革与创新思维[M].成都:四川大学出版社,2018.
[2] 陈爱莉,史伟,郭张箭.现代体育教学功能解析与科学发展研究[M].北京:中国商务出版社,2017.
[3] 姜丽.现代英语教学的综合视野[M].北京:中国水利水电出版社,2018.
[4] 安然.功能语言学理论指导下的英语教学研究[M].北京:中国纺织出版社,2018.
[5] 孙媛.高校英语教学与思辨能力培养[M].北京:中国水利水电出版社,2018.

第十二章　ESP视角下的大学英语教学创新思维

段的学习中受挫,更为严重的还会使其对双语学习丧失信心和兴趣。[1] 如果基于教师这一角度进行考虑,很多专业课的教师也不可能将语言作为教授重点,在学生的需求和教师的实际教学间就存在非常明显的矛盾,这一矛盾使得我们将ESP教学环节引入大学英语后期的教学中成为必然可能。在英语基础阶段的教学中,英语语言的共核是教学的重心。而在双语教学阶段,获得专业信心和知识等则是教学的关键点。ESP教学就处在基础阶段的教学和双语教学的中间环节,该环节侧重专业英语中的语言共核即各类专业所具有的共性的一面,并将各大专业学科领域中的共有的语言现象、特点等当作教学重点。[2]

二、有利于英语教学的长远发展

开展ESP教学还有利于我国英语教学的长远发展。前些年,国内中学阶段的英语教学普遍存在着教学质量偏低的现象,进而导致很多刚步入大学的新生的英语底子薄弱,整体水平也相对比较低。[3] 因此,大学英语教学将主要精力放在基础英语教学方面有其必然性。

但是,就目前来看,国内学生的基础水平以及外部人才市场对人才的需求发生了相应的变化。根据最新颁布的《高中英语课程标准》,高中英语课程主要以培养学生的英语综合语言能力为目标,并且要求优秀的高中毕业生的词汇量应达到4500个。这与新近修订的《大学英语课程教学要求》所要求的两年大学基础语言阶段后词汇量应达到4500个相同。除此之外,在高中英语课程的设置中,同样要求开设与大学英语课程相类似的课程。例如,报刊阅读、综合英语等。上述这些变化都充分表明当前的高中英语教学目标已经迈向了一个更高、更新的台阶。同时,认为应将中小学课程与大学英语课程接轨的"一条龙"观点也受到我国外语界的普遍接受和认可。受到这种新形势的影响,将ESP教学作为我国大学英语教学的主要发展方向也就成为必然,必将对我国英语教学的长远发展有着关键性的影响。[4]

三、迎合社会发展所需

ESP教学顺应了经济全球化、文化多元化、科技一体化等时代背景下社会发展的客观需要,特别是我国加入WTO使对外交流扩展到社会的科技、经济、文化等各个层次和领域,进而导致不同行业对既精通业务同时又具备较强外语能力的人才需求日益变大,并且社会对外语能力的需要也日益呈现出专业化、多元化的趋势,一般水平的外语技能已经很难适应人才市场的需要。在这种对英语人才所呈现出的应用性、工具性日益明显的背景下,在高校英语教学中强化ESP教学就非常重要。

---

[1] 林玲,倪高升.教学改革背景下的大学英语教学新探[M].北京:中国水利水电出版社,2017.
[2] 王晓红.学习共同体视域下高校英语教师专业发展研究[M].北京:科学出版社,2018.
[3] 林玲,倪高升.教学改革背景下的大学英语教学新探[M].北京:中国水利水电出版社,2017.
[4] 姜丽.现代英语教学的综合视野[M].北京:中国水利水电出版社,2018.

四、学生学习的客观需要

大学生经历了基础阶段的英语学习之后,往往只具备最基本的语言技能。事实上,这些基础阶段的学习能为后期的 ESP 教学和学习起到一定的奠基作用,并使学生具备了接受 ESP 专业训练的能力。同时,通过对我国当前各个阶段的英语学习进行分析不难发现,学生在英语各阶段的学习中始终都在围绕打基础转悠。学习没有止境,打基础也是相对的。但是,当前的很多大学生已经开始意识到社会对外语能力要求日益提升这一趋势,学生也直接或间接地认识到英语专业知识和实际工作中的应用能力二者缺一不可。这样一来,学生在其学习中也有着比较强的实用性和目的性要求,并相应地产生了日益强烈的对 ESP 学习的需求和愿望。因此,在教学改革的大背景下,贯彻 ESP 教学能将学生的学习同实际需要有机结合起来。这样,对学生本身而言,不仅有利于优化其知识结构,拓展学生的知识面,同时还能使学生在择业时更具竞争力,缩短其工作的适应期,有利于学生实现最终的学习目的。

第三节 大学英语 ESP 教学的创新路径

一、创新教学目标,完善教学设计

推进高校 ESP 教学的改革首先要创新教学目标,确定教学内容和完善教学设计。教学内容的设计受教学目标的影响。高校 ESP 教学是基于学术知识和专业知识融合基础上的,因此教学内容可分为学术知识和专业知识两大部分。学术知识指的是英语理论知识,专业知识指的是学科专业英语知识,二者密切相关,不可分离,前者是后者的基础,而后者是前者的开展应用。高校 ESP 教学就是要实现二者的融合。具体来讲,可以根据学生的实际情况和学科的特殊用途来设计课程,对传统的英语教学内容重新加以安排,并将专业学科内容巧妙地安排到教学中,进而满足学生需求和提高学生的英语应用能力。

在具体的教学过程中,渗透式教学和分层次教学相结合,有助于学生适应教学模式的转变。渗透式教学和分层次教学相结合就是综合设定高校四年的 ESP 教学,在大一、大二进行 EGP 教学,培养学生基本的英语技能,同时渗透 ESP 教学,以大三为节点设置 ESP 教学,根据不同专业需求设置相应的 ESP 课程,满足学生的专业发展需求。

在设计教学活动时,要注意将教学内容与语言提高紧密地结合起来。可以鼓励学生通过小组合作学习的方式来学习,合作学习强调知识建构,教师在对教学内容充分了解的基础上,要创设一定的语言情景,让学生在小组谈论过程中积极建构专业内容,不断提高语言应用能力。其中,创设真实的语言情景能帮助学生明确英语学习的目的,激发学生学习的兴趣,培养学生发现问题、解决问题以及提高学习能力,实现教学的目标,提升教学的效果。

二、充分利用空间,建立多元交互的课程体系

实现课程设置与教学风格的统一,是有效开展高校 ESP 教学的前提,因此教师需要在高校 ESP 课程设置上投入一定的时间和精力。具体而言,要注意以下两点。

首先,充分利用必修课与选修课。例如,可以对大一新生进行英语摸底测试,测试通过的学生可以直接接触 ESP 课程,根据自己的英语水平、个人专业和兴趣爱好选择专业英语。此外,可以按照难易程度对课程进行划分,简单的课程可用作必修课的补充课程,供有富裕时间的学生选修,难度较大的课程可用作三年级的选修课程。不同的高校可以根据自身的具体情况进行合理安排。

其次,建立多元交互的课程体系。多元交互的课程体系以 EGP 教学为基础,目的是巩固学生的基础知识,以 ESP 教学为核心,目的是摆脱传统应试教育的束缚,使学生接触和了解学术英语和职业英语,培养学生的实践能力。同时,在此基础上设置跨文化交际课程,拓展课程范围,丰富教学内容,利用基础英语、学术和专业英语来帮助学生了解中西文化特色与差异,培养学生的人文素养,提高学生的跨文化交际能力。这样一个"EGP—ESP—多文化"交互课程体系就建立起来了。

三、利用现代化教学手段,拓展学习空间

随着多媒体、网络技术的发展,学生获取知识的途径越来越多样化,碎片化的学习机制不断涌现,这些变化都对高校 ESP 教学产生了不小的影响和启示作用。

首先,要充分利用现代信息技术手段开展教学。高校 ESP 教学立足于培养具有国际视野的复合型人才,因此在具体的教学中要合理运用多媒体、网络技术,综合现代化教学模式,如微课、慕课、翻转课堂等,丰富教学手段,拓展教学渠道,更新教学内容。

其次,要营造学习氛围,拓展学习空间。让学生身临其境地感受和学习英语知识,有利于学生转换角色,适应专业需求。例如,商务英语就需要在商务环境中学习,可以采用情境法模拟商务场景,培养学生的商务能力。

四、注重教材的多元性,开发辅助资料

教材是学习的重要载体,也是教学体系中的重要组成部分。当前,很多高校 ESP 教学处于辅助地位,主要的一个原因就是缺乏科学完善的 ESP 教材,英语基础知识和专业知识不能密切关联,教师无法系统深入地开展教学,因此开发 ESP 教材是完善 ESP 教学的重要途径。各高校可以根据教学大纲、学校宗旨、办学条件、专业特点、学生需求等选择合适的教材。目前,我国高校 ESP 教学尚处于初步阶段,还没有相对健全的 ESP 教材,对此高校可根据自身情况,组织英语教师和专业教师合作编写 ESP 教材。在具体的编写过程中要注意以下几点内容。

首先,教材要具有衔接性、针对性和实用性。高校 ESP 教学是由多个模块课程构成的,

在编写教材时,要确保不同模块课程的衔接性。此外,高校 ESP 教学的性质也决定了其教材内容要具有专业性、针对性和实用性,要充分考虑学生和市场的需求,突出教材的专业性和实用性特点。

其次,教材要融合专业性和趣味性,同时兼顾职业性要求。所编写的教材不仅要有利于学生学习专业知识,还有具有趣味性,能够激发学生的学习兴趣,实现寓教于乐。

最后,开发利用辅助资料。仅仅依靠教材,是难以实现教学效果的提升的,还要开发运用相应的配套资料。因此,在编写 ESP 教材时,应注重辅助性资料的开发。具体而言,可以设置开放性的教材体系,建立基于信息技术平台的 ESP 学习资料库,将有关专业的语料囊括进去,扩大 ESP 学习资料,保障学生学习资料的丰富性和真实性。

五、校内校外实训相结合

语言学研究表明,人的语言能力如果停留在认知的水平上是很容易遗忘的,语言能力必须通过语言行为才能得到不断强化和保持。学生要能使用所学过的语言,并拓展到新的语境中,还要作为一名语言使用者,根据实际需要创造新的话语。这是英语实践运用能力的重要表现,也是高校英语教学的最终目的。高校教育学在突出"应用"教学特色的过程中,强调专业教学要进行实践训练,组织学生经常练技能,到现场实施教学,提高学生的动手能力,实现高校毕业生的高就业率。高校 ESP 教学作为职业技能和素质培养课程,在教学改革过程中也应当改变"重理论,轻实践"的倾向,要将校内实训教学与校外实训结合起来。

六、提升教师教学能力,加强师资队伍建设

高校 ESP 教学对教师提出了较高的要求,教师不仅要掌握相关的专业知识,而且要具备 ESP 教学理念和方法。对此,高校英语教师应转变观念,学习研究某个学科专业的基本知识、原理,掌握专业知识理论框架,了解对各学科之间的联系。

此外,教师要钻研 ESP 教学方法,提供给学生与专业相关的学习材料,设计符合学生语言水平、专业水平的任务。对于学生已经完成的任务,教师需要及时做出评价,并给出意见。

总体而言,相较于 EGP 教学,ESP 教学更能有效培养学生英语应用能力,更能满足学生的发展需求和社会对英语人才的需求,所以 ESP 教学已经是高校英语教学的必然发展趋势。高校英语教学应有意识地融入 ESP 教学理念和思路,并采用相应的 ESP 教学策略,从而提高学生的英语综合素质,使学生发展成为满足国家、社会、时代要求的应用型人才。

参考文献

[1] 何树勋. 跨文化交际下的大学英语教学改革模式研究 [M]. 成都：四川大学出版社，2019.

[2] 钱满秋. 现阶段大学英语教学改革研究 [M]. 北京：北京理工大学出版社，2017.

[3] 张全，范应红. 英语教学改革理论与实践研究 [M]. 昆明：云南大学出版社，2014.

[4] 吕爱娟. 高校英语教学改革与实践 [M]. 昆明：云南人民出版社，2019.

[5] 李杰. 大学英语教学改革 [M]. 天津：天津科学技术出版社，2017.

[6] 常焕辉. 现代英语写作理论及教学改革研究 [M]. 北京：团结出版社，2018.

[7] 薛燕. 基于教学改革的大学英语教学实践 [M]. 延吉：延边大学出版社，2018.

[8] 王淑花，李海英，孙静波，等. 大学英语教学模式改革与发展研究 [M]. 北京：知识产权出版社，2018.

[9] 冯琳. 多元化英语教学改革聚焦 [M]. 哈尔滨：黑龙江人民出版社，2019.

[10] 李国金. 大学英语教学基础理论及改革探索 [M]. 北京：北京理工大学出版社，2018.

[11] 王轶普. 多元环境下英语语音教学改革创新研究 [M]. 长春：东北师范大学出版社，2019.

[12] 倪坤鹏. 多维视角下英语教学改革与创新 [M]. 延吉：延边大学出版社，2019.

[13] 肖莉. 大学英语教学与改革 [M]. 天津：天津大学出版社，2019.

[14] 束定芳. 高校英语教学现状与改革方向 [M]. 上海：上海外语教育出版社，2015.

[15] 陈传斌，刘冲亚，沈丹. 英语教学改革理论与实践研究 [M]. 沈阳：辽海出版社，2019.

[16] 周晓玲. 网络环境下大学英语教学改革理论与实践 [M]. 苏州：苏州大学出版社，2013.

[17] 牛园媛，田志远，石莉. 大学英语教学改革与创新研究 [M]. 沈阳：辽海出版社，2019.

[18] 罗瑞. 大学英语教学改革与探索 [M]. 北京：新华出版社，2017.

[19] 薛美薇. 大学英语教学改革方法与途径 [M]. 北京：新华出版社，2018.

[20] 王利娟. 大学英语教学改革的多视角探索 [M]. 长春：吉林教育出版社，2018.

[21] 陈玢. 英语教学改革：教学模式创新与学生能力培养研究 [M]. 武汉：武汉大学出版社，2019.

[22] 贾振霞. 大学英语混合式教学中的有效教学行为研究 [D]. 上海外国语大学，2019.

[23] 蔡基刚. 高校外语教学理念的挑战与颠覆：以《大学英语教学指南》为例[J]. 外语教学, 2017, 38（01）: 6-10.

[24] 何莲珍. 新时代大学英语教学的新要求——《大学英语教学指南》修订依据与要点[J]. 外语界, 2020（04）: 13-18.

[25] 王文宇, 王海啸, 陈桦. 构建具有校本特色的个性化大学英语课程体系[J]. 中国外语, 2018, 15（04）: 18-26.

[26] 向明友. 试论大学英语课程体系建设[J]. 中国外语, 2016, 13（01）: 4-9.

[27] 葛春萍, 王守仁. 跨文化交际能力培养与大学英语教学[J]. 外语与外语教学, 2016（02）: 79-86+146.

[28] 韩佶颖, 王俊菊, 郑鑫. 大学英语教师教学目标取向与教学方式的特征及关系探究[J]. 现代外语, 2017, 40（06）: 825-836, 874.

[29] 孙倚娜, 李翠英. 大学英语课程设置优化与大学英语教师的可持续发展[J]. 中国外语, 2016, 13（01）: 19-24.

[30] 王守仁. 转变观念 深化改革 促进大学外语教学新发展[J]. 中国大学教学, 2017（02）: 59-64.

[31] 屠国元, 胡东平, 范丽群. 传承·发展·创新——大学英语课程设置新体系构建之思考[J]. 中国外语, 2016, 13（06）: 4-9.

[32] 陈金诗, 董金伟. 全能提高型大学英语课程教学体系的创构与实践——以广东外语外贸大学为例[J]. 山东外语教学, 2018, 39（06）: 52-61.

[33] 毛伟, 盛群力. 聚焦教学设计：深化我国大学英语教学改革的关键[J]. 外语学刊, 2016（01）: 106-109.

[34] 贾国栋. 《大学英语教学指南》与高校大学英语教学改革[J]. 当代外语研究, 2017（06）: 62-65.

[35] 白蓝. 从EGP到ESP：大学英语教学改革的发展趋势[J]. 吉首大学学报（社会科学版）, 2019, 40（05）: 139-145.

[36] 杨港. "立体化教材+互联网资源"驱动的大学英语教学设计研究[J]. 外语电化教学, 2019（01）: 23-29.

[37] 秦秋. 大学英语教学改革与教师素质提升[J]. 江苏高教, 2016（05）: 68-71.

[38] 马亚伟, 廖芸. 试论ESP视角下大学英语教学改革与实践[J]. 中国教育学刊, 2017（S1）: 110-112.